媒介·文化·社会丛书

宁波帮的文化产业研究

周兴华 ◉ 著

中国社会科学出版社

图书在版编目(CIP)数据

宁波帮的文化产业研究／周兴华著. —北京：中国社会科学
出版社，2015.7

ISBN 978 – 7 – 5161 – 6729 – 8

Ⅰ.①宁…　Ⅱ.①周…　Ⅲ.①文化产业－研究－宁波市
Ⅳ.①G127.553

中国版本图书馆 CIP 数据核字（2015）第 173986 号

出 版 人	赵剑英
责任编辑	宫京蕾
特约编辑	高川生
责任校对	石春梅
责任印制	何　艳

出　　版	中国社会科学出版社
社　　址	北京鼓楼西大街甲 158 号
邮　　编	100720
网　　址	http：//www.csspw.cn
发 行 部	010 – 84083685
门 市 部	010 – 84029450
经　　销	新华书店及其他书店

印刷装订	北京市兴怀印刷厂
版　　次	2015 年 7 月第 1 版
印　　次	2015 年 7 月第 1 次印刷

开　　本	710×1000　1/16
印　　张	19
插　　页	2
字　　数	283 千字
定　　价	68.00 元

目　　录

引　言

　　“文化产业”这一概念最初是由德国法兰克福社会学派的阿多诺与霍克海默在 1947 年提出的，其意在于阐述文化与经济之间的关系。随着全球化时代的到来，文化产业已经被放在与国家利益和国家安全相关的高度上加以重视。因为文化产业所生产的文化产品具有内在的象征意义，当它作为商品传达到消费者那里时，它所代表的特定国家的意识形态同时也得到了传播，并且在接受的过程中合理化。尽管文化产业与经济有着千丝万缕的联系，但是它又会超越经济范畴而影响人的价值观、思想及传统。忽视文化产业的发展，就会沦为文化产业发达国家文化商品的消费市场，并且进而引起自身文化体系的变质和文化认同性的丧失。正是在这样的背景上，中国于 2003 年在国家层面成立了“文化产业统计研究课题组”，并且以国家统计局的名义发布了一个认同度较高的“文化产业”概念：“文化及相关产业是指为社会公众提供文化、娱乐产品和服务的活动，以及与这些活动有关联的活动的集合”，其外延包括提供文化产品、文化传播服务和文化休闲娱乐的活动，与文化产品、文化传播服务、文化休闲娱乐活动有直接关联的用品、设备的生产和销售活动，以及相关文化产品的生产和销售活动等，根据其性质的不同分别划入文化产业核心层、文化产业外围层、相关文化产业层。①

　　显然，这是一个具有当代特征的界定方式，显现了文化产业中文化与经济、文化产业与科学技术发展之间的密切关系。按照国家统计

---

　　① 《国家统计局关于印发〈文化及相关产业分类〉的通知》（国统字［2004］24号），载中华人民共和国文化部编：《中华人民共和国文化法规全书》，文化艺术出版社 2008 年版，第 435—443 页。

局的分类说明，文化产业核心层包括新闻、书报刊、音像制品、电子出版物、广播、电视、电影、文艺表演、文化演出场馆、文物及文化保护、博物馆、图书馆、档案馆、群众文化服务、文化研究、文化社团、其他文化等；文化产业外围层包括互联网、旅行社服务、旅游景点文化服务、室内娱乐、游乐园、休闲健身娱乐、网吧、文化中介代理、文化产品租赁和拍卖、广告、会展服务等；文化产业相关层包括文具、照相器材、乐器、玩具、游艺器材、纸张、胶片胶卷、磁带、光盘、印刷设备、广播电视设备、电影设备、家用视听设备、工艺品的生产和销售等。按照这样的划分来衡量，我们会发现，尽管作为概念的"文化产业"一词直到 21 世纪才在中国被广泛使用，但是与其内涵相关的文化产业实体却早在清末民初就已经开始萌芽并且迅速发展壮大。

19 世纪末，20 世纪初，伴随着科学技术的发展，以上海、香港、北京为中心，中国的电影电视业、娱乐业、演艺业、广告业、唱片业、报业、出版业、文博业等文化产业如雨后春笋般蓬勃生长，并且取得了辉煌的成就。在这些辉煌的成就当中，宁波帮的贡献尤为醒目。张石川的明星公司、邵氏家族的电影公司、黄楚九的"上海大世界"、周信芳的海派京剧、王万荣的荣昌祥广告公司、张啸林的长城唱片公司、张静庐的上海杂志公司、马衡主持的故宫博物院、马承源主持的上海博物馆、张寿镛等人的私人藏书楼等，以辉煌的业绩共同推动了文化产业的发展与繁荣。到了 20 世纪末，21 世纪初，魏纪中的体育产业、陈逸飞的视觉艺术创意产业又开创了文化产业的新时代，为宁波帮的成就又增添了浓墨重彩的一笔。在中国文化产业发展的过程中，宁波帮不仅引领了一个时代的潮流，而且还留下了许多宝贵的经验与深刻启示。

不过，尽管宁波帮在文化产业方面创造了如此的辉煌，但是从研究现状上看，无论是文化产业理论研究、文化产业史研究，还是宁波帮研究，都未能全面呈现宁波帮文化产业的价值与地位。在文化产业研究方面，理论研究著作中凡是涉及中国文化产业发展历程信息的，其时间点大多会聚焦在改革开放以后或者 20 世纪 90 年代以后，而此前的历史则被隔绝在研究者的视线之外，如刘吉发等人的《文化产业学导论》①《文化产业学》②，欧阳友权的《文学产业通论》③，李思屈的《文化产业概论》④ 等均是如此⑤；研究文化产业历史的学者当然会追溯到更为久远的年代，如李向民的《中国文化产业史》⑥ 从洪荒年代写起，一直写到新中国成立以来，中国文化产业的发展历史在他的钩沉中浮出历史地表，但是一本书囊括了这么大的时间跨度，有关历史的描述必然是粗线条的，宁波帮的文化产业状况往往只能是极为简括的片断。一些文化产业的专门史，如李向民的《中国美术经济史》⑦，其结构布局与《中国文化产业史》接近，描述了中国史前至民国各个时期的书画、工艺美术、建筑艺术等领域的生产、交换和消费活动，依然比较宏观；沈芸的《中国电影产业史》⑧ 对百年电影产业进行梳理，涉及宁波帮在文化产业界的作为，但是由于只涉及电影产业，因此无法整体地显现宁波帮在中国近现代文化产业发展中所起的作用。还有一些专门史，如中国电影史、中国广告史、中国出版史等也曾记载过宁波帮的重要贡献，但是显然各专门史的侧重点在于通过现象探讨其文化意义，并未充分挖掘其文化产业的价值。有关宁波帮的个案研究虽然已经做得扎实而全面，一些重要的人物与史实都已得到研究和发掘，但是由于这类研究的关注点主要集中于宁波帮的实业经营，而对于近年才热起来的文化产业研究视角还未给予充分注意，因此其研究成果也难以从整体上观照宁波帮文化产业及行业精英所体现的多方面价值。

正是基于上述的理由，才有了本书的写作构思。本书以人物为线

---

① 刘吉发、陈怀平：《文化产业学导论》，首都经济贸易大学出版社 2010 年版。

② 刘吉发、岳红记、陈怀平：《文化产业学》，经济管理出版社 2005 年版。

③ 欧阳友权：《文化产业通论》，湖南人民出版社 2007 年版。

④ 李思屈、李涛：《文化产业概论》，浙江大学出版社 2007 年版。

⑤ 蔡尚伟的《文化产业导论》是个例外，书中涉及中国文化产业的发展时，谈到了古代及晚清民国的内容。

⑥ 李向民：《中国文化产业史》，湖南文艺出版社 2006 年版。

⑦ 李向民：《中国美术经济史》，人民出版社 2013 年版。

⑧ 沈芸：《中国电影产业史》，中国电影出版社 2005 年版。

索，围绕宁波帮文化产业这一核心，兼顾宁波帮文化精英人才的特质，呈现宁波帮在中国现代文化产业发展进程中的地位与贡献。具体来说，一方面对宁波帮文化产业的崛起要素、产业类型、经营管理方略及经典案例等进行描述分析，展现宁波帮文化产业的示范价值；另一方面则对行业精英的成功要素进行梳理挖掘，从正反两个方面展示其现实意义，希望抛砖引玉，使宁波帮文化产业研究发扬光大。

第一章

宁波帮文化产业的崛起

"文化产业"在中国的两次崛起，都发生在新旧世纪的交汇点上。第一次是 20 世纪初叶中国文化产业的初兴，第二次则是向 21 世纪迈进时的重振。在这两次崛起中，宁波帮的文化产业立足于上海、香港、北京等城市，开拓出自己的一片天地。无论是在电影业、娱乐业、演艺业、广告业、视觉艺术业，还是在新闻出版业、博物馆业、体育业，宁波帮都取得了骄人的成绩。张石川等人的电影公司，黄楚九等人的娱乐产业，鲍咸昌、张静庐等人的出版公司乃至马承源主持的上海博物馆、陈逸飞的视觉艺术产业，创造了上海不同时代的文化繁荣，邵逸夫的电影产业更是香港影视产业的一个传奇。在北京，宁波帮的文化产业虽然并不发达，但是也有故宫博物院的领头人马衡及新时代的体育产业的领军人物魏纪中做代表。在历史转型的大势中，只要"天时"允许，宁波帮人就可以借助于"人和"的优势，寻找到适合文化产业生长的"地利"平台。时代的机遇，城市的平台与宁波人的价值追求，构成了宁波帮文化产业的历史土壤，他们以自己的创新意识与专业造诣引领了时代的风尚，成为中国文化产业发展进程中的时代先锋。

第一节　天时：宁波帮文化产业崛起的历史机遇

宁波帮文化产业崛起的第一个重要条件是"天时"。这里的"天时"是指时代的机遇。进入 20 世纪，城市得到了大发展，世界因此而进入了一个新的历史阶段。人口的增加、经济的繁荣、科技的进展、交通的便利、电力的使用，奠定了文化产业兴起的物质基础，科学技术的进步与引入又带来了人们思想观念的转变，这一切共同构成了宁波帮文化产业的兴起与发展的有利条件。

一　科技引进与宁波帮的文化产业

文化产业属于高科技含量的产业，科技进步为文化产业的发展提供了物质基础及技术支持。文化产业的主要产品，如电影、电视、广播、唱片、广告、出版等，都是科技发展的结果。宁波帮的文化产业之所以走在全国的前列，与他们对科学技术的重视及引进有着密切的关系。

电影作为自 19 世纪起最具有影响力的媒体艺术之一，是科技发展的产物。从世界电影技术史上看，首先完成的是摄影技术的突破。1872 年斯坦福与科恩对马奔跑时蹄子是否着地的争执，促使爱德华·麦布里奇发明了从一个镜头里 1 秒钟内获取若干底片的摄影机，解决了连续摄影的问题。美国的罗文瑞德·汉内堡·古德温制造了世界上第一条硝酸纤维的电影胶带。1891 年爱迪生发明了活动电影放映机，将拍摄的东西放映出来。电影技术史上有真正突破的是卢米埃尔兄弟，1895 年他们在巴黎格兰德咖啡馆的地下室放映的短纪录片构成的影片，将电影这门新兴艺术推到舞台的中央。不过，电影诞生后很长时间是"哑巴"艺术，不能满足观众对影片音色配合的期望。1910 年爱迪生发明了把声音和图像联系起来的电影机，声音和图像在同一时间被记录下来。1923 年利·狄佛瑞斯特发明了声音胶片，制作的过程是将声音转换为光波，再将其复制在胶片边缘的感光带上，解决了声音和影像同步的技术障碍。1926 年华纳兄弟电影公司的"维太风"录音系统带来突破性进展。1927 年的影片《爵士乐歌手》，主角的一句"等一下，等一下，你们还什么也没听到呢"，标志着有声电影时代的到来。第二年华纳又推出"百分百的有声片"《纽约之光》，自此有声电影全面推开。早期的电影是黑白影像，二元色调与多彩的现实世界全然不符，影响了电影的艺术表达，只有将色彩添加在"拷贝的世界"才更富于感情。1900 年法国的梅里埃斯和帕特，采用模板机械印制法逐幅画成彩色胶片。1908 年法国的倍儿通发明了一种透镜加法，将红、绿、蓝混合相加得到彩色图像。1936 年在德国出现多层乳剂彩色胶片。第一部彩色影片是 1932 年迪士尼公司拍摄的《花与树》，采用三基色染印法。1935 年罗伯特·马默里安拍摄了世界上第一部三色染色工艺的长故事片《浮华世家》。从 20 世纪 30 年代中期起，彩色电影开始全面普及。

中国电影在技术层面少有自己的发明，但是在世界上出现先进技术时会快速引进，引导产业的发展，而领风气之先的往往是宁波帮人士。在中国电影史上，张石川于 1913 年拍摄的《难夫难妻》，开了中国人拍摄故事片电影的先河，1931 年他又率先结束了中国电影的默片时代。明星公司投入了巨大的人力、物力和财力，采用了当时世界流行的"蜡盘发声技术"拍摄《歌女红牡丹》，这部中国最早的有声电影于 1931 年 3 月公映，立时轰动海内外。"天一"电影公司对电影的新技术也极其关注，并且不断改进自己的技术装备。1929 年，邵醉翁积极筹备有声影片的试拍工作，1930 年天一公司开始蜡盘发声的短片《钟声》试制。不料，中途摄影棚失火，影片烧毁，第一部有声片便被明星公司占了先机。邵醉翁并不灰心，他重建了摄影棚，又不惜重金从美国聘请了摄影师、录音师来华，并且租借了这些美国人的有声器材，拍摄了片上发声的《歌场春色》。片上发音比蜡盘配音有着明显的优势，蜡盘配音制作虽然简单，成本也低，但是质量差，往往影音不能同步，而片上发声虽然制作复杂，成本高，但是音画不对位的问题却能够有效解决。1931 年 10 月 10 日，天一公司这部片上发声的《歌场春色》，在上海"光陵""南京"两家电影院首映。影片充分发挥了有声片的优越性，穿插了许多歌舞场面，这是中国继蜡盘录音有声片后，最早问世的片上发音的有声片之一。公映后，曾经轰动一时。正是这些努力，使上海市民在观看电影中能够获得全方位的感官满足，"影剧无敌地在上海市民的娱乐生活中占据了最高的位置"[①]，成为 20 世纪 30 年代上海市民最主要的休闲消遣方式之一。

---

① 上海通社编：《上海研究资料续集》，上海书店 1984 年版，第 538 页。

先进的印刷技术与现代出版业、广告等息息相关。仅以宁波帮的商务印书馆为例，它之所以成为现代著名的出版机构，不仅是因为他们在传播文化知识上做出了巨大的贡献，同时也是因为他们在引进西方现代印刷技术以及技术革新方面领风气之先。

在鲍咸昌主持商务印书馆的时代，极其重视技术上的先进性。在凸版印刷技术方面，商务印书馆从创办开始即采用了当时先进的铅活字印刷，在印刷速度和印刷质量上一开始就处于领先地位。1900年，商务印书馆收购了日本人在上海开设的修文堂，从而掌握了浇铸纸型的技术，使商务印书馆成为国内民营印刷机构中最早采用纸型的产业；1921年，商务印书馆购置了当时新型的压型机，将手工打型的覆纸、涂浆、刷打、热烘等工序简化，通过机器一次压型成功，大大提高了劳动效率；1903年，商务印书馆聘请日本技师到馆摄制照相网目版，使印制书刊中的插图相当精美；1904年，商务印书馆聘请日本人柴田到馆进行雕刻黄杨版的指导，使图书印刷技术上了一层楼；1909年，商务印书馆又聘请美国技师施塔福来上海改进照相铜锌版，同年商务印书馆又试制成功了三色版；1911年，商务印书馆采用发电机镀铜版法，使制版速度更快；1909年，商务印书馆聘请徐锡祥镌刻了2号楷书铅字字模，使中国的活字印刷增加了新的字体，之后商务印书馆又聘请人刻制了少数隶书及黑体活字字模；1913年，商务印书馆开始使用汤姆生自动铸字机，每天可铸字1500个，而且铸出之字可以马上使用，不像手摇机所生产的字必须经过铲边、磨身、刨底等工序，自动铸字机效率高，铸出之字质量好，并且特别适合铸造大号字；1922年，商务印书馆又引进德国制造的滚筒纸轮转印刷机，可以双面印刷，并且有折页设备，大大促进了生产率的提高。

在平版印刷方面，商务印书馆同样毫不落后。商务印书馆创办之初便引进了照相石印术，减少了传统石印中手写上版的麻烦，同时很好地保持了原文的字形，尺寸大小又可以随意放大缩小。1905年，商务印书馆聘请日本石印技师和田、冈野、松冈等8人到馆传授彩色石印技术，使所印的山水、花卉、人物等颜色逼真，几与原稿无异；1907年，商务印书馆即开始采用珂罗版印刷；1912年，商务印书馆派沈逢吉到日本专门学习雕刻铜版技术，后来商务采用这一技术印刷过图片和画册，其效果与原作惟妙惟肖，形神兼备；1920年，商务印书馆又引进了更先进的照相石印术，直接将照相摄制的阴文落样于亚铅版上，再一次简化了手续，同时使印刷质量又一次得到了提高，胶版印刷传入我国后，商务印书馆首先使用；1922年，商务印书馆又从国外引进了双色胶印机，同时能够印刷两色，大大提高了印刷速度；1923年，商务印书馆得知东京某影写版印刷公司遭火灾，这个厂的德国技师海尼格准备回国，于是重金聘请他来华传授影写版技术，从此开始用这一技术印制杂志插图和画片；1930年，中国历史上著名的画报——良友图书印刷公司出版的《良友画报》改由商务印书馆采用影写版技术印刷，使这份画报成为当时中国印刷最精美的画报。商务印书馆以对西方现代印刷技术的大力引进和改革参与激烈的市场竞争，通过积极引进先进的技术，占领市场，获得发展，并且最终使其他的出版、印刷机构只能望其项背。

宁波帮文化产业之所以能领风气之先，显然得益于科技的发展。凭借着科技进步的翅膀，他们抢占先机，走到了时代的前列。

二　观念变革与宁波帮的文化产业

科技进步为文化产业发展提供了物质和技术基础，人们精神消费的增长与大众文化的需求也促成了文化产业的兴起。近代上海文化产业化发展，首先得益于这一时代上海居民由简朴到奢靡的消费方式转变。香港影视产业的兴盛也与人们的消费心理相关，而上海与香港正是宁波帮文化产业活跃的主要区域。

开埠后的上海，商业门类、商业规模和商业性质都有了质的飞跃，无论是富商巨贾还是普通市民都能够感受到商业对他们的影响，商业能够带来盈利的机会，也能够带来生活上的便利，因此人们对商业给予了充分的关注。除此之外，租界内外侨带来的豪华、高档、享乐的生活方式，也为不同阶层树立了消费的榜样，人们的生活观念也因此发生了巨大的改变。人们不再把传统的节俭当作生活的准则，而是崇尚奢侈的消费之风。以买办、进出口商、新型工商业主为主体的富裕阶层，随着财富的积累，更加注重享受生活，为此甚至可以一掷千金。同时，他们还渴望得到和其经济实力相应的社会地位，便借助于"炫耀过市"的消费方式表现出来，生活极度奢靡。正是在上述原因的作用下，富商大贾大摆豪宴，"万钱不惜宴嘉宾，朝上同新暮复新。同嗜甘鲜贪口腹，那知滋味菜根真"①，他们的家居布置越来越西化，生活方式也越来越西化，上海租界内种类繁多的休闲娱乐行业也就成了他们日常的消遣场所。流行于上海社会中的"七耻四不耻"的价值观念，从一个侧面映射了一些阶层的消费状况。所谓"七耻"是："一耻衣服之不华美，二耻不乘轿子，三耻狎身份较低的妓女，四耻吃价钱不贵的饭菜，五耻坐便宜的独轮车，六耻身无顶戴，七耻看戏坐价值最廉的末座。""四不耻"是："身家不清不为耻，品行不端不为耻，目不识丁不为耻，口不能文不为耻。"② 显然，"七耻"与经济实力和消费行为有关，"四不耻"同出身和个人的品行修养有关。这种将消费水平同个人荣辱联系在一起的民间说法，表明当时上海社会已经以金钱的占有和消费的档次作为评定人物地位的标准。

　　在都市化进程中，普通市民阶层休闲娱乐观念也在改变。中国人以前并没有七日一休的概念，开埠通商后，西方人带来了七日一休息、做礼拜的习俗。每逢星期日，洋行关门，其他与洋行贸易有关的商务活动也随之消歇。由于当时很多公司或政府部门都有西洋雇员，或者很多中方雇员在西人机构中做事，在外商习惯的影响下，逢礼拜休息便成为工商界乃至全体市民的作息节奏。而大批进入上海的农民成为产业工人之后，也在生活节奏和生活习惯的改变中改变了他们的娱乐习惯，最终养成了休闲消费的观念。人们不再把每周休息一天的制度视为西人懒惰的表现，而是感受到了这种休息周期适合于人的身心需要的好处。七日一休能使人经常消解身体的辛劳和心理的愁苦，使人的身心经常处于积极愉悦的状态，从而使人的生活更快乐。有了特定的闲暇时间，这特定的闲暇时间需要填充，娱乐休闲消费便因此

---

① 《洋场咏物诗》，《申报》1872 年 8 月 12 日。
② 海上看洋十九年客：《申汇陋习》，《申报》1873 年 4 月 7 日。

成为可能。过去，他们生活在乡村，遵循着日出而作、日落而息的生活准则，与家人、族人或乡邻之间的喝茶谈天是其主要的消闲娱乐方式。现在他们的生活变了，机械枯燥的程式化工作占据了他们生活的大部分时间，他们心理的饥渴已经无法用简单的聊天喝茶来满足，需要新的娱乐方式来放松和缓解。这个庞大阶层的精神需要，不仅推动了中国传统娱乐形式的转型，同时也是催生文化产业兴起的重要力量。电影业、娱乐业、演艺业、书业、报业、广告业等一系列文化产业就是在这样的基础上创立起来的，看电影、去游乐场、看书阅报、逛商场作为人们日常生活的一种方式，一方面使戏曲演出从茶园式演出场所逐步过渡到突出舞台功能和剧场整体效果的大舞台演出；另一方面也使过去在节庆、市集、庙会上的民间艺人演出活动向现代游乐场的模式转变。电影由外国人垄断的状态转变为国产电影的崛起，招徕顾客的广告也频频变换样式，路牌广告、橱窗广告、霓虹灯广告、车辆广告、月份牌广告、报纸广告、广播广告五花八门，不一而足。

　　女性观念的改变也对文化产业的兴起起到了推动作用。传统中国是男尊女卑的封建社会，女性不能到娱乐场所消闲娱乐，不能出外工作，更不能从事娱乐演出活动，因此占总人口一半左右的女性文化市场一直处于沉寂状态。近代以后，随着上海的开埠以及洋人的到来，男女平等思想开始以租界为中心传播开来，女性开始出入戏园等娱乐场所，加入文化娱乐消费队伍。最初前往戏园观戏的女性主要是游离于社会道德约束之外的青楼女子，她们或为客人邀请，或作为请客之人走进了戏园。随后突破封建道德藩篱的是富商大贾的家眷，她们在商业化城市生活的熏陶下，开始追求开放自由的生活方式，以往只许男人出入的娱乐场所，也成为她们经常光顾的地方。"每当白日西坠，红灯夕张，鬓影钗光，衣香人语，纷至沓来，座上客常满，红粉居多"①，妇女看戏已蔚然成风。民国后，男女平等思想更加普及。女子出入戏园、影院已经不再是颇具争议的事情，而成为新派生活的象征。女性观众走入戏园等娱乐场所，戏剧、电影中的女演员以及舞厅

---

　　①　《邑尊据察严禁妇女人馆看戏告示》，《申报》1874 年 2 月 23 日。

中伴舞女郎的出现和数量也在不断增多，这使得娱乐市场得以扩大，而且凭借其独有的审美心理，促进了娱乐产业自身发展水平的提高。

不同阶层、不同性别的人群对娱乐有着不同的需求，不同的文化产业也能够给人不同的消费体验和不同的精神满足。为了赢得这些消费者，文化产业家们可谓煞费苦心，无论是新技术的使用，还是新潮流的兴起，乃至广告的盛行，其实都与此有着密切关系。宁波帮的文化产业就是在满足市民要求的过程中不断开创、不断变革并寻找自己的特色的。张石川率先创办电影公司，率先让电影发声，邵醉翁大倡"稗史片""古装片"，黄楚九的大世界百戏杂陈、雅俗共赏，商务印书馆不断提升自己的印刷品质，都是为了迎合市场的需要，满足受众的好奇心和闲情雅致。

邵逸夫的电影产业在香港的雄起也与当时消费观念有关。20世纪五六十年代的香港，电影产业既不必像内地电影这样成为政治宣传的工具，也不必像台湾那样必须是政治宣教与娱乐的结合，而是越来越清晰地定位在大众娱乐消闲上，而这一定位的前提就是香港经济繁荣后普通大众的消费主义心理。资本主义的生活方式，拼命赚钱的生存现实助长并膨胀了香港人的消费欲望，在特定的政治、经济及文化氛围中，香港观众也形成了特殊的欣赏口味——重视感官刺激，拒绝意义的深度获取。邵逸夫以受众的消费欲求为生产依据，以受众的审美趣味为电影经营的出发点。早年在香港、台湾和南洋的华人观众中普遍受到欢迎的家庭伦理剧电影，逐渐被邵氏公司出品的黄梅调歌唱片、新派武侠片、历史宫闱片与大型歌舞片所替代。这些场面巨大、设计豪华的彩色宽银幕类型化商业电影，在特定的时代机遇中迅猛发展，新派武侠电影、歌舞片、喜剧片甚至色情片，大行其道，火爆异常。邵氏的电影朝着票房至上、迎合观众的趣味主义制片方向发展。而在"邵氏兄弟"察觉到香港社会的观赏心理开始了悄然变化，除电影外，电视等其他娱乐媒体在人们日常生活中的地位越来越重要的时候，他们马上实行战略重心转移，在添加剂电视广播有限公司（亦称作"无线电视台"，TVB）锐意创新，以多种多样的栏目、剧集以及选秀造星活动赢得了广大的观众，在机遇的把握中占尽商机。

到了 21 世纪初，文化产业进入国家发展战略视野，这种自上而下的推动方式，使得观念的变革有了新的特点。受众往往在产业的带动下才去改变观念与习惯，这就要求产业家要有超前意识，引导时代的潮流。在新的形势下，宁波帮很快便崭露头角，成为时代的先行者。陈逸飞意识到视觉产业将成为中国经济发展的一个新的兴奋点，因此率先全力拓展自己的视觉产业，把视觉艺术带到影视传播、模特文化、环境艺术、时装服饰、景观建筑、时尚家居、产品设计、出版传媒等更为广阔的领域和空间，他也因此被公众誉为"中国时尚产业、视觉产业的开拓者"，"中国倡导创意产业观念和实践的第一人"。魏纪中的体育产业虽然是受命而建，但是其运作也体现了观念上的创新。在北京奥运会期间，他开发奥林匹克花园，将体育精神与房地产投资结合起来，以奥林匹克的精神内涵来打造家园，满足人们的内心期待。而在人们生活水平普遍提高，越来越关注身体健康，许多人已经将体育锻炼纳入了个人或家庭的日常消费预算的时候，他建立连锁式的中体倍力健身俱乐部，推动休闲健身的体育运动开展。

科技的进步，观念的变革，社会的需求，国家的支持，是文化产业发展的基本条件，这些要素在特定的时代、特定的历史背景下，造成了利于文化产业生成与发展的境遇或机会。宁波帮便利用这种"天时"，抓住了难得的历史机遇，针对受众的消费心理采用相应策略，最终创造出了一个时代的辉煌。

第二节　地利：宁波帮文化产业依托的主要城市

有了"天时"，还需"地利"。上海、香港作为宁波帮文化产业建立与发展的主要城市，属于宁波帮创业的"地利"因素，这里有适宜文化产业生长的土壤。上海是宁波帮文化产业起步的地方，在 20 世纪上半叶，宁波帮的电影产业、娱乐产业、图书杂志出版产业、报业、唱片产业在全国产生了广泛的影响。1949 年后，由于政权的更迭，宁波帮的文化产业大多收归国有，而早年南下的邵氏电影产业则在香港闯出了一片新天地。世纪之交，在国家推动文化产业发展的决策下，宁波帮的视觉创意产业和体育产业又在新的机遇中写出了新的篇章。其依托的城市已不局限于某一地，而是遍地开花，因此本节着重分析上海、香港与宁波帮文化产业的关系。

一　上海与宁波帮的文化产业

上海之所以能够成为宁波帮文化产业建立的起点，主要在于鸦片战争后上海这座港口城市的迅速发展。上海开埠后，外国商人带着发财热梦跨洋而来，第一年就有 8 家英国洋行向当地中国人租借土地，建造洋房。租界设立后，外国商船来往频繁，商务日渐兴旺。而太平军攻占江浙地区时，又引起江浙一带人口和资金流向上海，上海的实际影响日益扩大。江浙一带的富户豪族到上海避难所带来的大量资金，为上海当时的繁荣和以后的经济发展产生了持久深远的影响。据统计，在鸦片战争前，上海全县人口为 50 多万，到 20 世纪初，上海人口已经突破 100 万，1919 年上海人口达 240 万，1930 年近 316 万，抗日战争爆发以后竟已经接近 400 万，成为当时国内人口密度最大、人员组成最复杂的城市。上海长期以来存在着地域广大的"租界"，由于它特殊的体制以及经济的高度繁荣，极大地促进了人口向上海汇聚。20 世纪 30 年代，有来自英国、美国、日本、俄罗斯、法国、意大利、印度、葡萄牙、德国、菲律宾、丹麦、韩国、西班牙、瑞士、希腊、拉脱维亚、挪威、捷克、南斯拉夫等 20 个国家的 3.6 万多人，同期公共租界的华人则来自江苏、浙江、广东、安徽、山东、湖北、湖南、河北、河南等 21 个省的 91 万多人[①]。"城市人口的增加，不仅使实物商品市场扩大，服务业、娱乐业等非实物商品市场也同时扩大"[②]，上海为这些寻梦的异乡人提供了大量的工作机会，造就了上海繁忙而有秩序的都市职业人群，也使得缺乏心灵沟通的移民社会有了

---

① 罗志如：《统计表中之上海》，国立"中央研究院"社会科学研究所 1932 年版，第 27—29 页。

② 樊卫国：《激活与生长——上海现代经济兴起之若干分析（1870—1941）》，上海人民出版社 2002 年版，第 71 页。

休闲娱乐的要求。文化产业的兴起与发展，就与这个庞大的消费群体有着直接的关系。黄楚九就曾说过："上海有这么多人，只要每个人来一次楼外楼，那收益就不得了啦。"① 消费群体是决定文化产业兴起与发展的主要力量，上海恰好是拥有庞大消费群体的城市，宁波帮便看准了这块土地，把它当做开创自己事业的根据地。

城市设施的现代化也为文化产业的建立提供了物质基础。上海开埠以来的对外贸易发展，带动了上海内贸、交通运输、电讯通信、金融、工业等各部门的发展，西式街道、煤气灯、电、电话、自来水、汽车、电车等现代都市生活的绝大多数设施日益完善。一幢幢现代化的高楼开始拔地而起，新建的宽敞街道四通八达，商业店铺满街遍地，一派繁荣景象。在商业氛围的熏陶下，休闲娱乐活动也带上了商务交际的社会功能，人们越来越需要休闲这一载体来沟通信息、结交同行。都市化过程中的市政建设、能源利用，也直接影响了上海市民休闲娱乐生活的时间分配和便利程度，有效延伸和拓展了现代城市休闲生活的新时空。比如，路灯的设置，煤气灯、电灯等新式照明工具的普及，使人们的休闲生活不再受昼夜的约束，休闲夜生活的广泛性和普遍性得以全方位、多层次地体现出来。白天忙碌之后，晚上到休闲娱乐场所会客吃饭、喝茶听戏等享受夜生活，几乎成了上海市民的家常便饭。于是，霓虹灯拉开了"夜上海"的绚丽序幕，汽车缩短了空间的距离，经济的发展促进了人们交际的需要，也增加了内在精神生活的需求，这些都为文化产业的兴起与腾飞提供了良好的条件。

宁波帮的文化产业正是在这片土壤上发芽、生根、长大的，它从20世纪初开始起步，到二三十年代达到高峰。电影业在宁波帮的手中率先兴起。电影作为一项崭露头角的大型文化娱乐产业，需要资金的投入，也需要足够的具有开放观念的观众，这些条件上海都具备，张石川的明星公司，邵氏兄弟的"天一影片公司"，柳氏兄弟的"国华""国泰"影片公司等就在上海这块肥沃的土壤上发芽长大。他们以自己拍摄的影片，为中国电影留下了许多"之最"与"第一"，也

---

① 秦绿枝：《海派商人黄楚九》，上海书店出版社1999年版，第89页。

建立了许多电影设施。1925 年张石川联合他人购下申江大戏院，改为中央大戏院，专映明星公司影片和其他国产片，从此中国人有了自己经营的专映国产影片的专用剧场。1926 年张石川又和他人一起筹资，承租西班牙商人雷玛斯在上海的 5 家影戏院，由中央影戏公司统一管理。他们既放映电影，也兼营戏剧演出，使上海市民多了一些娱乐休闲的好去处。与中央大戏院功能相似的金城大戏院，系宁波人柳中浩兄弟于 1933 年创办，首映《渔光曲》时曾经连续放映 84 天，盛况空前。

电影产业的兴盛培养了一大批电影人，从制片到编导、演员，从摄影、录音、美工到剪辑、服装、道具、化妆，从电影评论家到电影管理者，催生出了无数个宁波籍的行家里手："编导方面有中国一流的电影大师张石川、袁牧之、应云卫、桑弧等；……在电影表演艺术方面有老一代的张翼、舒适、陈燕燕、韩非、白穆、乔奇、王丹凤；……在电影摄制方面早期有郑崇兰、余省三、周诗穆、董克毅等，后期又涌现出费俊庠、罗从周、葛伟卿等；……在电影工业方面，有发明制造中国第一台 35 毫米有声摄影机，填补这一领域空白的郑崇兰等；而在电影录音、美工、音乐、剪辑等门类中，宁波人更是涉足者众多，如研制出中国第一台电影磁性录音机的录音技师林圣清，美工师张云乔、俞翼如、谢棪前，洗印师夏国伟，动画设计师楼青蓝、洪德顺，特技美术师史久铭、谷家栋，作曲家陆仲任、车明，电影剪辑师黄汉、朱小勤、姜兴隆，化妆师乐羽候，道具师徐国梁，服装设计师夏亚一等。"①

上海这座城市像万花筒一样绚丽多姿。栖居租界的数 10 万市民，稍有安定，便希望有娱乐场所以做消遣。黄楚九便抓住这个机遇开拓自己的事业——在"十里洋场"还没有什么娱乐场所的时候，他首先在"新新舞台"的屋顶上办起了"楼外楼"娱乐场，而后又创办了出奇制胜的"新世界"，在被排挤出局后，又建造了闻名中外的"大

---

① 郭学勤：《宁波帮与中国近现代电影业》，中国文史出版社 2006 年版，第 10—11 页。

世界"。在这个"新奇别致，百戏杂陈"的地方，全国南北戏剧于此会聚，各种休闲设施齐备，那种强烈的海派文化色彩以及在娱乐之中透射的时代气息，吸引着成千上万的海内外宾客，以至于有了"不到大世界，枉来大上海"的说法。甬人周信芳顺应时代的潮流对京剧进行改革，顺应特定时代、特定地域的观众的欣赏趣味，编演时装戏、连台本戏，并且在不断汲取艺术精华的过程中形成了独具风格的"麒派"艺术。而在越剧流派的形成过程中，宁波人更是以异彩纷呈的风格显现了各自的独创性，戚雅仙的"戚派"、金采凤的"金派"、毕春芳的"毕派"、陆锦花的"陆派"、徐天红的"抖抖腔"等，她们的艺术探索丰富了越剧的表现方式，征服了无数戏迷。甬剧作为较早进入上海的剧种，虽然一直处在不断的变革之中，但是也曾经留下了"四大名旦"（筱姣娣、孙翠娥、金翠玉、金翠香）和"四小名旦"（赛芙蓉、王瑞香、项翠英、傅彩霞）的英名。20 世纪 40 年代上海特色剧种滑稽戏的形成，有赖于姚慕双与周柏春这对"超级黄金双档"的不断努力，作为"滑稽泰斗"级别的人物，至今无人能够超越他们的水平。在无时不觅商机、无处不找生意的市场社会里，宁波人的聪明才智得到了极大的发挥。他们在经营中引领娱乐业风气之先，无论是游乐场、戏院，还是舞台、电影院都办得出奇制胜，让人流连忘返。

　　除了这些娱乐性的产业之外，文化出版业也在西风东渐的背景下兴旺起来。鲍咸昌的商务印书馆是中国现代出版业最引人注目的企业，在他的谋划之下，商务印书馆一跃成为中国以及亚洲最大的文化出版企业。作为早期出现的中国民营企业，商务印书馆不仅打破了外国人垄断中国近代印刷业的局面，也成为中国近代印刷业全面崛起的标志和动力。商务印书馆开展以出版为中心的多种经营，编写各类教科书，编纂《辞源》等大型工具书，译介西方学术名著，出版当代著名作家的文学作品，整理重要古籍，编辑"文库""丛书"，出版各类杂志，创办东方图书馆、尚公小学校，制造教育器械，甚至拍摄电影等，创造了中国现代出版业的诸多第一，在海内外铸造了民族出版业最著名的品牌。

办过许多书店的宁波人张静庐也在城市文化需求剧增的年代首创中国第一家以代定、代办、代理杂志发行业务为专业的新型书店。他仅以20元起家，却在战乱的年代出版了许多图书与杂志，并且开办了许多分店。他把自己的出版经历写成自传，又把收集和保存的大量第一手中国近代出版史料编辑成书，从而为中国文化史、出版史留下了一批极为宝贵的重要文献。

宁波帮的广告产业也颇为引人注目。王万荣的荣昌祥广告公司专营路牌广告，由于做事认真、业务精通、质量过硬、服务周到、对客户讲究信誉，几乎上海周边城市每块大型路牌广告都是"荣昌祥"经营的。

在中西交汇的大环境中，上海这座城市给了移民上海的宁波人很多机遇。城市的现代化进程导致了文化产业的萌芽与生长，文化产业的成长壮大又给上海这座城市带来了进一步繁荣。上海逐步成为中国经济中心和文化中心，被称为"东方纽约""东方巴黎""远东第一大都市"。不过，时局的变化让上海的文化产业充满变数，宁波帮的经营也因这座城市的整体局势而大受影响。战争、竞争、体制变革等因素，使得宁波帮的文化产业在1949年后发生了巨变，只有邵氏的电影产业在南迁香港后保留了下来。

首先看战争的影响。1932年日本侵略"一·二八"事变，日军进攻上海，他们的频繁轰炸和纵火焚烧，令闸北等地几乎被夷为平地。设在闸北、虹口、江湾等地的影院、戏院、游乐场及电影公司大多被毁，娱乐场所大多无法正常营业。由鲍咸昌创立的商务印书馆损失也极为惨重。这座当时远东最大的出版社的整座大楼，连同五楼的东方图书馆中数十万册孤本善本古籍全部毁于一旦。侥幸躲过"一·二八"事变的产业，又在1937年"八·一三"事变中遭到重创。在宁波帮的文化产业中，张石川的明星公司制片基地遭到日军炮火严重破坏，总厂厂址随即被日军占领，又于1939年被全部烧毁；黄金荣的黄金大戏院也一度改作难民营。

其次是竞争的激烈。20世纪二三十年代是中国电影产业发展的黄金时代，随着电影公司数量的增加和影片产量的提高，中国电影业的商业竞争也开始崭露头角。自 1925 年以后，在相当长的一段时间里，"明星""大中华百合""天一" 3 家电影公司在市场上呈三足鼎立之势，其中又以资格最老的"明星"公司为老大。"天一影业公司"在题材上追求最大限度的本土化、通俗化以求合乎观众口味，使得它的发展非常迅速。"天一"的迅速发展，使上海滩上的大小电影公司感受到了威胁，于是联合起来结成反"天一"联盟。从 1927 年开始，"明星"公司组织上海明星、大中华、民新、友联、上海及华剧公司联合组建"六合影业公司"，与"天一"展开激烈的竞争，并且与发行商签订严厉的规定，即任何发行商与他们签订了合同，就绝对不能购买"天一"出品的影片。这场被称为"六合围剿"的惨烈商战，使邵醉翁的"天一"公司损失了在上海的部分市场，只好转而发展南洋的发行网，并且于 1937 年南迁香港。

最后则是政治经济体制的变革。那些经过战乱苟活下来的产业，在 1949 年后，随着国家政策与措施的出台，有些被国家接管，有些则在工商业改造运动中被公私合营。黄金荣的娱乐产业被收归国有；邵洵美的德国印刷机被国家征用，他所经营的书店也因为在政治上受到指责而陷入绝境；柳氏兄弟经营的"国泰""大同"会同其他公私合营和私营电影厂一起加入上海联合电影制片厂；王万荣的荣昌祥广告公司 1956 年公私合营后改名为上海美术工厂。宁波帮在上海的文化产业因此而全面消失，直到 20 世纪末，21 世纪初，随着国家政策的改变，文化产业才又有了重生的机会，而在抓住先机的人中，就有宁波人陈逸飞，他从 20 世纪 90 年代创立的文化创意公司逸飞集团现在拥有 8 家公司，包括逸飞文化影视传播有限公司、逸飞环境艺术公司、逸飞模特文化有限公司、逸飞服饰有限公司、逸韵广告公司、逸飞之家、《艺术家》杂志及上海星汐洋商贸有限公司等，事业横跨纽约、香港、北京、上海。陈逸飞用自己的努力使创意产业在 21 世纪的中国萌芽生长，实现了对时代的超越。

二　香港与宁波帮的电影电视产业

宁波帮的文化产业在 1949 年后因时局的变动失去了在上海发展

的空间，而早年南下的邵氏影业却在香港闯出一片天地。香港在 1842 年成为英属殖民地之前，还只是一个小渔村。进入 20 世纪，英国人虽然在这里建立起了最初的城市规模，然而它的经济文化发展程度还是无法和当时中国内地最发达的城市上海相比，所以它的电影工业发展十分缓慢。20 世纪 30 年代上海联华电影公司以及邵氏电影公司的南迁，使香港的电影业真正起步；1945 年后，受内地政局动荡的影响，大量内地人陆续移民香港，使香港人口激增。1945—1949 年，共有超过 120 万的内地人跨越边界来港，香港人口超过了 180 万。南下的移民潮也使部分资本南迁香港，建立电影制片企业，投资拍摄电影。同时大批抗战时期在日本人控制下的制片厂谋生的上海影人，由于受到"附逆"指责而南下香港，他们和其他一些欲到香港电影界拓荒的内地影人共同汇成了第二次南下的洪流。内地资本和人才的涌入使得在缓慢复苏之中的香港电影业得以迅速发展。新中国成立后，内地和香港的关系有了根本性的变化。此后 40 多年，内地和香港被隔绝成为两个世界，双方的社会、政治、经济开始朝着不同的方向发展。

　　香港作为一个被英国殖民的地区，资本主义经济能够自由充分发展，这是产业得以存在的基础。而本地文化基础的薄弱（虽然有粤剧等地方民间文化），上海电影的脉络才能够在这里得到延续、转换和发展。自由资本主义为香港文化铺垫下商业火种，遂使香港文化浸淫了商品利润的游戏规则。随着香港日渐发达的资本主义商业系统的建立和健全，文化也无法规避商品性这一整体的社会现实。在香港的文化格局中，并不存在体制与市场因素的抵牾情况，重经济效益而轻社会效益的文化格局在电影文化中尽显无遗。英国殖民政府奉行的"积极不干预"政策，最终目的是使香港民众醉心于生活的满足感与娱乐的自由感，从而逃避对现实政治与文化方面的思考。与周边的中国台湾、新加坡等地相比，香港较少政府干预、现代化进程快，其本身已经具备了电影业起飞的条件。不过，香港毕竟只是一个弹丸之地，其地区面积和人口数量都提供不了大电影工业所需要的发行放映市场。因此，邵氏电影产业早年将生产基地设在上海，而后移到香港，而它的另一个分支则开在了东南亚。20 世纪以后，东南亚、南美、北美各地都有一定数量的华侨势力，其中以东南亚的马来半岛、菲律宾等地为最。据统计，在马来西亚的门户港口马六甲一地，有华人血统的居民就占总人数的3/4。在东南亚的华侨有的从事种植业，有的做生意，有着雄厚的经济实力。因为远离祖国，思乡心切，在当地又没有亲人，没有其他的娱乐，所以这些华侨成为国产电影的最好观众之一。在国内的激烈竞争和战乱的时局中，邵氏公司选择东南亚作为主要电影发行放映市场，为自己培育了一块有广大观众的基地。他们在这里完成的原始积累，不仅帮助香港的邵氏公司在战火中保存了实力，也为1957年以后邵氏电影产业达到巅峰时的辉煌成就奠定了基础。

　　1957年，邵逸夫从新加坡来到香港坐镇邵氏企业。他接手香港邵氏公司，改名为邵氏兄弟（香港）公司。邵逸夫以他在新加坡的雄厚财力，斥资兴建邵氏影城。这个规模庞大的制片厂，是邵氏大制片厂制度的物质基础。接着，受当时公映的大陆影片《天仙配》的启发，邵氏兄弟公司推出了它的第一部影片——古装黄梅调电影《貂蝉》。这部影片票房大获成功，并且在第5届亚洲影展上囊括了5项大奖。这部影片在香港影坛掀起了古装黄梅调电影的热潮，并且直接带动了香港国语片的振兴及香港电影的起飞。经过30多年的资金和经验积累，香港的邵氏兄弟公司以成熟的大制片厂制度把邵氏家业推向顶峰。生产—发行—放映一体化的国际格局，使邵氏晋升为当时世界上最大的私营电影公司。邵氏摄制了超过1000部影片，并且不断打破各地票房纪录，在各种影展上获奖46次。它的《梁祝》在台湾连续放映3个月，万人空巷，不仅带动了台湾国语片市场的繁荣，而且为香港电影开拓了台湾市场。《天下第一拳》则由美国华纳影片公司负责在美发行，打入美国商业电影发行网，在西班牙也大受欢迎。张彻导演的《独臂刀》打入日本市场，主演王羽成为日本影迷的偶像。邵氏还与日本、韩国、意大利、美国多家大公司合作拍片，不仅为影片开拓了市场，而且形成了国际交流。工场式的生产，有助于邵氏多元化影片的出品，比如由它首创的两大商业类型片（古装黄梅调电影和新武侠片），需要大布景，众多人力、物力才能拍摄，工场正可以发挥自己的优势。在这里，邵氏培养出了大批具有国际知名度的导演和

演员，如李翰祥、张彻、林黛、凌波等，现在港台电影业的高级管理
人员，也有很多是从邵氏出来的。

　　然而，邵氏电影到了 20 世纪 80 年代却走向了衰落，电视的兴起
对电影产生了强烈的冲击。不过，有先见之明的邵逸夫早在 1967 年
就涉足电视业，他参与创办的香港电视广播有限公司很快便成为业务
遍及全球的香港第一大电视台，其主要业务包括电视广播、收费电
视、节目制作及发行、动画代理、卫星电视、杂志出版等，它由免费
电视起步，渐趋多元发展。公司播出的频道有翡翠台、明珠台等。翡
翠台为粤语台，主要播出通俗的市民娱乐节目；明珠台为英语台，主
要播出文化层次较高的白领文化节目。两台一雅一俗，明珠台以购买
境外节目为主，翡翠台以自制节目为主，所制作的节目包括新闻、电
视剧、电视电影、情景剧、纪录片、音乐节目、综艺晚会、旅游节
目、访谈节目等，每年的节目制作量超过 6000 小时。

　　香港电视广播有限公司号称拥有技术设备非常先进的总控制中心
以及 50 个录像带剪辑配音房，15 个拍摄电视剧和晚会的大小演播厅。
共雇约 4500 名全职员工，其中包括合约艺员及海外附属公司员工。
公司成立 40 多年来，为全球最大的中文栏目制作商，拥有全亚洲最
具规模的商业电视制作及营运中心，累计栏目超过 80 万小时，建立
了一个庞大的栏目宝库。香港电视广播有限公司还拥有庞大的制作资
源，旗下拥有众多艺人、歌手和专业制作人员，栏目产量更高达每年
1.65 万小时，其质与量都稳占全球中文电视栏目的领导地位。TVB
制作的娱乐、新闻及公共事务节目及宣传短片等屡获殊荣，获得国际
重要奖项逾 300 多项。①

　　宁波帮的文化产业依托于上海、香港这两个主要城市创立了不同
时代的辉煌，而在世纪之交，宁波人魏纪中领衔的体育产业也在国家
大力发展文化产业政策的引导下，在全国政治经济文化中心的北京迈

---

　　①　2011 年年初邵逸夫将手持 TVB 股份卖出，2011 年年底辞任 TVB 董事局主席。2012
年 1 月 1 日香港无线电视台正式宣布第二任主席邵逸夫退休，主席之位由梁乃鹏接任。不
久邵逸夫妻子方逸华也辞任 TVB 副主席及董事总经理职务，从此 TVB 正式告别邵逸夫
时代。

出了可喜的一步。虽然它的长育环境以及所有制都有别于当年的宁波帮，但是无疑在当代文化产业的开创和发展过程中，宁波人的精神与智慧都会为后人提供有益的借鉴。

第三节 人和：宁波帮文化精英共同的价值追求

如果说宁波帮文化产业崛起的历史机遇属于"天时"，城市平台属于"地利"因素的话，那么另外一个重要因素就是"人和"。人常说，人心齐，泰山移，人的主观能动性可以改变个人的命运，也可以改变世界的面貌。宁波帮的文化产业之所以能够带来一个时代的文化繁荣，与文化产业家和文化精英的价值追求有着极密切的关系。超越平凡的梦想，自我实现的渴望，心灵满足的追求，使他们义无反顾地选择自己感兴趣的方向，并且在不断的努力中走向事业的巅峰。他们因杰出的贡献而青史留名，也因慷慨的奉献为世人铭记，在宁波帮文化精英身上，显现了共同的价值追求。

一 超越平凡追求人生辉煌

每个人都有一种超越平凡的渴望，渴望换一种与父辈不同的活法，不愿意再几代人重复着同样的故事。宁波帮的文化精英们把这种渴望化作实际行动，他们走出家乡闯天下，失败不气馁，成功不骄傲，在开拓进取中创造了人生的辉煌。

宁波帮文化精英的人生辉煌首先表现为史册载入了他们首开先河的创举。他们顺应时势，占尽先机，在文化产业初兴的时代创造了多个第一：张石川组织经营了中国第一个电影制片公司新民公司，导演了中国第一部有情节的故事片《难夫难妻》、中国第一部新闻片《上海战争》、中国第一部多集武侠片《火烧红莲寺》、中国第一部有声电影《歌女红牡丹》。他把自己创办的"明星影片公司"办成了赫赫有名的企业，为中国早期电影产业竖立了标杆。黄楚九创办了中国第一家屋顶花园"楼外楼"、中国第一家综合娱乐场"新世界"，建立了远东第一大游乐场"大世界",创办了中国第一家发行量最大的娱乐企业报《大世界报》,直到今天,"大世界"仍是一个标志,见证了中国现代市民文化的过去与现在。马承源建好了新的上海博物馆,还使藏品从建馆之初的1.8万件增加到60万件,占了江南文物的半壁江山。陈逸飞的视觉艺术创意产业以"大美术""大视觉"的文化观念涉足影视、时装、模特、杂志、家居装饰、环境设计等领域,为艺术经济的发展开出了一条新路。他创办的视觉产业链逸飞集团,开创了文化产业的新领域。

宁波帮文化精英的人生辉煌还表现在他们的英名被广泛传扬。在文化产业界的各行各业,都有人们耳熟能详的名字:在电影界有创造中国电影诸多第一的电影导演张石川、袁牧之、应云卫、干学伟;有广受观众喜爱的电影明星王丹凤、韩非、乔奇、陈思思、周星驰、王志文;有在电影技术领域做出卓越贡献的董克毅、余省三、周诗穆;在书画界有国画宗师指墨画家潘天寿,花鸟画家、工艺美术家陈之佛,书法泰斗沙孟海,有屡创华人油画家国际拍卖纪录的陈逸飞和被称为"中国梵高"的沙耆;在音乐界有屡获殊荣的大提琴演奏家马友友,一流的小号演奏家朱起东,以演奏《梁祝》而闻名的小提琴演奏家俞丽娜,创作过《救亡进行曲》的作曲家孙慎,创作过《采茶舞曲》的周大风,名扬海内外的歌唱家赵梅伯、斯义桂、钱曼华,著名歌星林忆莲、周冰倩,指挥家俞锋、钢琴教育家周广仁、吴乐懿;在戏剧界有京剧大师周信芳(京剧麒派创始人),越剧名家戚雅仙、毕春芳、金彩凤,有甬剧名角孙翠娥、徐凤仙、金玉兰,滑稽戏艺术家姚慕双、周柏春,有戏剧家马彦祥、顾仲彝、朱端钧;在收藏界有古泉收藏家郑家相、张迥伯,邮品收藏家郑介初;在报刊图书界有因报纸时评引起政界注意的陈布雷、与新华社共同成长的陈克寒,第一个写出中国近代出版史的编辑家张静庐、有完成《申报》影印与《新文学大系(1927—1937)》编写的丁景唐;在体育界有著名的体育活动家首位中国奥委会委员王正廷、应昌期、魏纪中,首位奥运会篮球决赛裁判舒鸿,著名教练傅其芳、钱澄海,围棋高手日本首位名人本因坊林海峰,著名运动员叶佩素、贺慈红、杨波等。这些文化精英以自己精深的专业造诣和创造性成果在行业中脱颖而出，成为文化产业发展的重要力量。他们在追求中超越了平凡，达到了事业的巅峰，实现了人生的辉煌。

二　无怨无悔追求自我实现

超越平凡追求人生辉煌的动力来自于自我实现的内在渴求。美国心理学家马斯洛认为，人的追求目标分为 5 个等级：第一层是人的基本需求，如对水、食物等的需求，属于生理需求，一个人在饥饿时不会对其他任何事物感兴趣，他的主要动力是得到食物；第二层是安全需求，包括对人身安全、生活稳定以及免遭痛苦、威胁或疾病等；第三层是归属需求，满足温饱与安全需求后，人需要社会交往，要求属于某个团体，包括对友谊、爱情以及隶属关系等的需求；第四层是爱与敬的需求，人在自己所属的团体中总是希望得到其他成员的喜爱和尊重，他们关心的是成就、名声、地位和晋升机会，当他们得到这些时不仅赢得了人们的尊重，同时就其内心因对自己价值的满足而充满自信；第五层是自我实现需求，人总是希望充分发挥出自己的天赋、才能和潜力，以取得自己一直追求的某种成就，这就是自我实现。

一个追求"自我实现"的人，会对自己的事业投入持久而强大的热情，会最大限度地发挥自己的潜能，以一种献身精神对待自己热爱的事业。在很大程度上，他们工作不全是为了金钱、名誉和权利，而是在工作之中享受乐趣。比如，张石川自从进入电影界就一直在这块阵地上坚守，他的搭档郑正秋曾经因为喜爱文明戏而一度离开影业，张石川却拍了一部电影就再也放不下，整整干了一辈子。作为以拍电影为生的人，他自然崇尚"票房价值"，但是他是把电影当作事业而不是买卖来经营的，所以他会连续几天几夜站在水银灯下而不顾惜身体，甚至还冒着生命危险亲自赴前线去拍战争纪录片。1932 年，张石川冒死拍摄十九路军抗日血战的历史场景，这在当时上海民营影业中属第一人。在日常的生活中，张石川的心中只有一件事，那就是拍电影。他平时生活极其单调，除了拍戏，还是拍戏。他唯一的嗜好是看美国电影，但是目的不在娱乐而是想从中学到一些东西。张石川晚年身体很糟糕，可是一听到柳中亮请他帮助办好"大同"，立刻就生知遇之感，马上答应打起精神再干一场。他在病榻之上替柳家筹划一切，一点一滴地指点柳和清工作，还勉力拍了一部《乱世的女性》。从艺术的高度去评价张石川的电影，大概精品不多，然而他视电影为生命支柱的敬业精神至今仍然给人留下深刻的印象，电影使张石川找到了自身的存在感和价值感，所以他才对电影如此专注，如此投入。

张静庐也是如此。比起张石川，他有更清晰明确的事业意识。他说："我是个'出版商'，20 年来生活在这圈子里，姑不论对于文化工作做到如何成绩，对于社会影响达到怎样程度，但是，我是个'出版商'而不是'书商'，希望认识我和不认识我的朋友们对于我有这最低限度的了解！——这是'差之毫厘谬以千里'的分界线。"① 在张静庐看来，出版商和书商虽然都是在做关于书的生意，都关心利润，但是他们的追求目标却十分不同。出版商有自己的责任和使命，他所关心的并不仅仅是账单。而书商则将盈利放在首位，出版或书只不过是赚钱的工具而已。正因为这样，张静庐才会对只有薄薄 6 本的所谓《高尔基全集》充满愤怒，认为这"丢尽中国出版家的脸"②。他是以做文化事业的精神来做文化产业，其境界要远远高于商业的追求。这当是"宁波帮"在文化产业经营中非常突出的一个表现。

追求自我实现的人，不单对自己热爱的事业投入持久而强大的热情，而且还对自己与世俗功利相悖的人生选择无怨无悔。邵洵美为了文化普及与文化教育的理想，以一种"堂吉诃德"式的精神致力于出版事业，最后不仅倾尽精力也赔光了家产。他的金屋书店 1928 年成立，但是他出版的书大都具有唯美色彩，很少有畅销书。他重视图书的装帧，他的书有各种开本，各种版式，用纸考究。他出版的书籍，封面装帧常是独具一格，别出心裁。他把资金全部投入对艺术的追求，根本不考虑经济利益。后来他又投资办《时代》画报，为了使画报达到最佳效果，他于 1932 年年初用出卖房产所得的 5 万美金，从

① 张静庐：《在出版界二十年》，江苏教育出版社 2005 年版，第 136—137 页。
② 同上书，第 123 页。

德国订购了全套影写版的照相、制版、印刷设备，这套德国机器也是中国印刷界正式使用的第一套影写版印刷设备，代表了当时的最高水准。《时代》画报画面精美，完整地展现了 20 世纪 30 年代的许多事件，刊发的几万幅照片、几千篇文章堪称一个巨大的宝库，任何领域从事研究的人都能够从中发掘出宝藏。他后来创办的许多刊物都在负债经营，但是只要能够给读者"心灵的灌溉"，让人们能够在愁苦中发出"会心的微笑"，他就觉得一切都值得。

将心灵价值放在第一位的人，会毫不犹豫地将世人看得很重的东西轻易放弃，戏剧、电影导演应云卫便是如此。为了他所热爱的戏剧、电影事业，放弃了收入丰厚的稳定职业，去做生活没有保障的"戏剧买办"。没有人仔细计算过应云卫在戏剧事业中究竟耗费了多少钱财，但是他为了自己钟情的戏剧事业，很快从富人变成了穷人，最后成了债台筑得最高的艺术家，一度生活窘困到连自己的孩子都只能寄养在亲戚家里。在这一类人的心中，金钱与功利并不是人生的终极目标，自我价值的实现才是最重要的，所以袁牧之会为了戏剧放弃人人都认为前途无量的法学学业，马承源会在政治突出的年代辞掉政治职务而专心于文物，应云卫、邵洵美为了自己心爱的事业败掉了家业仍然无怨无悔；还有周信芳、丁景唐、林海峰这一群人，他们以高超的专业能力在各自领域里独领风骚，那种兢兢业业的事业心，使他们超越世俗功利将文化的发展与传承作为生命的寄托和目的。这是他们给自己设计的人生之路，超越金钱，超越功利，指向信念，指向心灵。这条路纵然让他们历尽磨难与挫折，依然能够做到义无反顾。这就是"宁波帮"文化精英的迷人风采，他们以商人的精明，推动了中国传统商业向现代商业的转型，推动了近代中国文化产业的发展，又以书生的操守，在对事业的执着追求中体现了超越性的人生境界。他们对所做的一切无怨无悔，因为他们从中能够体味到自我实现带来的满足感。

三　赤诚奉献追求精神升华

追求自我实现的人并不将"拥有"当作人生的最大满足，分享这种"拥有"对宁波帮的文化精英来说才是最大的快乐，也是个人价值实现的具体形式。以专业造诣名世的人会向世人奉献他们创造的精品，而创造了财富的人则会把金钱奉献给社会。这样的行动使他们的精神境界得到了升华，并赢得了广泛的尊重。

邵逸夫就是一个典型。多年来，邵逸夫一直稳居香港超级富豪排行榜上，但他视金钱为身外之物，乐善好施，热心公益，他的座右铭是"我的财富取之于民众，应用回到民众"。这位以"大丈夫贵兼济，岂独善一身"为人生信条的影视巨子，于1975年成立香港邵氏基金，大额捐赠予世界各地的教育、医疗或其他福利事业，总捐款额已经超过百亿港元。现在内地受惠学校及教育项目近5000个，包括50所大学。以他名字命名的图书馆、教学楼、体育馆、科技馆及其他文化艺术、医疗设施遍布全国各地。邵逸夫还有一个了不起的贡献，就是他为了推动各地的科学研究，在2003年创立了"邵逸夫奖"，其奖项与诺贝尔奖不相重复，目前设天文学、数学、生命科学与医学3个奖项，该奖每年颁布1次，奖金100万美元。奖项于2004年8月开始颁发，不论得奖者的种族、国籍、宗教信仰，而以其在学术及科学研究或应用获得突破性成果，并且这项成果对人类生活有意义深远的影响为宗旨。由于设奖宗旨和巨额奖金足以媲美声名显赫的"诺贝尔奖"，因而从一设立就被称为"东方诺贝尔奖"。邵逸夫将金钱的能量发挥到了极致，从而在自我价值的展现中获得真正的成就感和心灵的满足感。

与邵逸夫的壮举相类似的人还有应昌期。作为在金融界、实业界赫赫有名的人物，应昌期并没有在商业的成功中得到最大的精神满足，围棋才是他生命中最重要的事业。他用经商赚来的财富去推动他所喜爱的围棋事业——恢复中国围棋组织，建立职业棋士品位制度，推广新闻围棋比赛，改良棋具，发明计点制围棋规则，捐资举办被称作"围棋奥运会"的应氏杯世界职业围棋锦标赛。他的朋友说，应昌期是把围棋当成自己的事业，而经商只是他的职业，无论金钱多么重要，都无法超越围棋的魅力。在他身上，我们看到"宁波帮"最了不起的地方，那就是——他们既是成功的商人，又是能够以金钱为中华民族赢得尊严的人，无论是应昌期创办的 4 年一次的"围棋奥运会"，还是邵逸夫颁发的被称为"东方诺贝尔奖"的"邵逸夫奖"，都让中华民族受到世界瞩目，从此中国不再是一个可以被忽略的存在。

　　宁波的文化精英们对于身外之物都有一种超脱的态度。藏书家张寿镛辞官办学，以藏书、读书、著书为乐。他刊刻大型乡邦文献集《四明丛书》，历经 11 年，汇成 8 集，184 种、1184 卷，卷帙之巨，为中国乡邦文献所罕见。无论誊写、雕版、印刷，都没有得到政府的任何资助，全靠个人的心力倾注。他将个人的价值定位在对民族文化的保护之上，身外之物便可以置之度外。他将藏书献给国家，又将《四明丛书》全部雕版以其夫人的名义捐赠给浙江图书馆，藏书的价值、他刊刻的价值因此得到了充分展示，他也完成了心灵意义上的自我实现。与张寿镛一样，藏书家冯孟颛将终身积累的 10 余万卷藏书以及文物、金石、文稿，连同藏书楼全部捐献给宁波市政府；马廉将自己收集、整理、研究古典小说、戏曲、弹词、鼓词、宝卷、俚曲等藏书全部捐给了北京大学图书馆；金石学家马衡将家藏金石拓本 1.2 万余件、图书 1.4 万余卷全部捐给了故宫博物院；泉币收藏家郑家相捐赠给南京博物院梁五铢钱范 119 件，捐赠给宁波天一阁铜鼎、铜炉、铜造像及瓦当、量器等文物，后来又将所藏文物 6409 件和古籍图书 256 册全部捐赠给上海博物馆；邮品收藏家郑介初也在不断地将自己珍藏的邮品捐献给各地博物馆。这些收藏家把先民创造的文化瑰宝视为人民所共有，把自己用巨资购藏和用心血保护的国宝级文物无偿地捐献给国家，表现了无私的奉献精神。这些为人称道的壮举，让更多的人通过特定的窗口欣赏到了灿烂的中国文化。

　　冯友兰曾经将人生分为四种境界，即自然境界、功利境界、道德境界和天地境界。作为以产业立身或以专业立身的宁波帮文化精英，人生的追求自然与"名利"无法摆脱干系——精神性的满足往往求助于名，物质性的满足往往求助于利，这种功利境界往往是生存之必需。但可贵的是，他们没有把自己囚禁在这个境界之中，而是超越自然境界和功利境界，达到道德境界和天地境界。他们的行为不再以"取"为目的，而是以"与"为目的，在自我完善中实现了精神的升华。

第四节　传统：宁波帮文化产业的精神资源

如果说"天时""地利""人和"勾勒了宁波帮文化产业崛起的现实因素，那么宁波文化则构成了宁波帮文化产业的精神传统。宁波自古为物货丰衍、人才萃集之地，"无宁不成市"更使宁波人以经商才能闻名遐迩，蜚声海内外。这是地域文化铸就的文化人格使然。地域文化精神就像生命基因，塑造着一方水土，一方人生。宁波帮的成功，既是襟江带海的地理环境的浸润，也是历时久远的商业传统的延续，同时也是影响绵长的浙东文化的濡染。宁波人注重乡谊、团结一体的精神，开拓创新、与时俱进的意识，刻苦耐劳、务实诚信的品性皆可从中得到解释。

一　宁波地域文化精神

地域文化一般是指特定区域源远流长、独具特色、传承至今仍发挥作用的文化传统，是特定区域的生态、民俗、传统、习惯等文明表现，它在一定的地域范围内与环境相融合，因而打上了地域的烙印。宁波地处东海之滨，背依四明山。至近代，由于地狭人稠，生活维艰，更多的宁波人谋食渔盐。他们世代出没于惊涛骇浪中，或捕鱼度日，或贸迁货殖，长期与风浪搏击，历经无数艰辛危难。傍山海而居的地理环境使世居此地的人们既有依山民族刚毅坚忍的性情特点，又有傍海民族的冒险开拓精神，从而形成了宁波地域文化独具的特点。

宁波人具有傍海民族的冒险精神和开拓精神。四处奔波的谋生方式使宁波人较之其他地区的人们更多地接触异态文化，经常接触陌生的环境和事物可以敏锐思维、增长识见，宁波人习于广采博纳，惯于变化流动，渐至步入一个较少保守、外向开放的精神境界，他们宁肯到广阔的外部世界拼搏闯荡，也不安守家业，碌碌无为。他们敢为天下先，极富创造力。仅以文化产业为例，宁波人便在多个领域中领风气之先。张石川、黄楚九、张静庐、鲍咸昌等一系列创下诸多的"第一"与"之最"的风流人物，都在他们的行为中显示着宁波人的创造力与勇抢先机的胆量。这种弄潮儿式的作为，一方面是由于宁波地域文化的历史积淀而形成的，另一方面也源自宁波人审时度势，敢于抓住机遇的清醒与自觉。他们善于不断吸纳、应用外来先进科学文化技术发展和壮大自己。他们不排斥外来文化，而是基于自身文化传统形成价值判断，再对外来文化加以吸收与扬弃。经过传统文化过滤的外来文化在与本土文化有机结合之后便成为发展自身的得力武器。宁波帮的文化产业之所以能够在本行业中脱颖而出，便是由于他们不断引进国外先进设备以及先进管理理念的结果。这种顺应时代发展的做法，使得产业获得了自身发展不可缺少的原动力和后续力，能够在同行业中保持长久的竞争力。鲍咸昌的商务印书馆是这样，张静庐的上海杂志公司、黄楚九的"大世界"、张石川的明星公司、邵逸夫的影视公司也是这样。

傍海依山的宁波人在自然环境的影响下形成了刚毅坚忍的性情特点。在艰苦的创业过程中，他们能够历经挫折而不倒，并且在跌倒处总能够很快爬起来。邵醉翁的"天一影业公司"曾经在"六合围剿"之下惨淡经营，但是他在重压之下却能够另辟蹊径，最终在南洋将自己的事业壮大起来。林海峰作为日本围棋划时代的人物，共赢得35个日本正式棋赛冠军，被称为"不死鸟""常青树""永不沉没的航空母舰"，但是在20世纪60年代他也曾经连遭败绩，最后才得以翻转。1965年，林海峰与当时日本棋坛新锐石田芳夫对局，曾经9连败。在接下来的七番棋决赛中，又连输3盘。1973年，卫冕冠军林海峰在第12届名人战中遭到石田芳夫九段的强有力挑战，对方开始以3比0领先，可是林海峰毫不气馁，竟然连取4胜，使日本围棋史上第一次出现了3连败后反败为胜的案例。他以相扑"二枚腰"式的精神力量做支撑，处于劣势也绝不放弃，拼尽全力，坚持到底，从而在最后关头造成逆转。这应该是"宁波帮"屡获佳绩的内在力量。

在宁波的精神传统中，注重乡谊是极其重要的一个方面。出外闯荡的宁波人，总是以家庭血缘关系为核心，同乡情谊为纽带，互帮互助，共同发展。在近代，仅上海一地就建立了四明公所、定海会馆善长公所、宁波旅沪同乡会、镇海旅沪同乡会、象山旅沪同乡会、奉化旅沪同乡会、余姚旅沪同乡会、定海旅沪同乡会、宁海旅沪同乡会等团体。这些同乡组织不仅是上海宁波人动力凝聚中心，也是旅沪同乡利益的代表机构。凡是有宁波人从事实业的地方，几乎都有宁波同乡组织，其宗旨就是扶助乡亲，报效桑梓。宁波帮文化产业的精英荟萃，除了他们自身的才能，更重要的就是家族成员的合作与同乡的引见与提携。邵氏、柳氏的电影公司是家族成员间的通力合作，负责经营管理的是自家人，电影明星也是自家人。摄影师董克毅18岁就进入同乡张石川的明星公司当学徒，悉心钻研摄影技术，在这个平台上，他凭着自己的智慧创造出许多特技手段，成为中国最早使用两次曝光、"接顶"拍摄法、特技镜头等先进摄影技术的摄影师。曾经在现代书局经营管理中合作过的张静庐与洪雪帆同是宁波人，一起推进中国奥运进程的王正廷与沈嗣良也都是宁波人。浓郁的"乡土情结"不仅形成了一种凝聚的力量，而且带动了行业的发展。

　　近代以来，风云激荡、内忧外患的局势又扩展了乡情的疆域，凸显出"民族""国家""时代"的意义，家园意识和恋乡情结由个人情感向民族精神延伸，在一定条件下转化为爱国之情，成为民族凝聚力的基础。在巴黎和会上，任北洋政府外交总长的王正廷正气凛然地拒绝在"巴黎和约"上签字；"一·二八"事变时，张石川冒着生命危险深入前线拍摄抗日纪录片；就连青帮头子黄金荣也开放了"荣记大世界"和"黄金大戏院"来安置无家可归的难民。抗战时期，柳氏兄弟停办"国华"影业公司不与日伪为伍；金臻庠拒绝与日伪合作，登报声明他的《时事公报》已经被日伪抢走利用；而向往革命的袁牧之第一个在银幕上唱出《义勇军进行曲》，并且投向陕北建立"延安电影团"；张静庐在战火中出版"战地丛书"宣传抗战，邵洵美则在非常时期创办多种刊物反映人民的呼声，《时事日报》、《自由谭》不仅揭露日寇的暴行和汉奸的无耻，还向读者推荐毛泽东的《论持久战》，直至在日本特务的威胁和恫吓下被迫停刊。宁波人秉承"爱国方能爱乡"的宗旨，使乡土观念、民族意识、爱国情感得到完美统一，充分显现了宁波地域文化的核心精神。

二　历时久远的经商传统

宁波具有久远的经商传统。被中国商人奉为鼻祖的范蠡，就是在这里佐助勾践灭吴后转而经商的，唐代时商贸活动便已经远及日本、高丽、印度、锡兰、波斯、埃及等地，到了清代，宁波海商更是获得迅速发展，一跃成为国内的著名商帮。鸦片战争后，宁波帮凭借自身特殊的有利条件，迅速介入新兴的对外贸易领域，并且形成了以买办商人和进出口商人为代表的宁波帮新式商人群体。他们在上海、香港、天津、武汉等地开辟天地，渐成规模，并且最终在近代最重要的经济中心上海确立了霸主地位。

长期在市场中磨炼，与货币打交道，培养了宁波人的商业意识与商业精神。这一方面体现在他们以消费者为中心的经营原则上，另一方面则体现在讲诚实、重信用、求质量的行事准则上。宁波帮文化产业的经营者继承了这种商业精神，因而赢得了消费者的信任。黄楚九办"大世界"，一直把消费者置于经营的中心。他仔细研究大众心理，投其所好，以低廉的票价满足游人的好奇心、凑热闹心，满足文人雅士的闲情逸致。不仅京戏、地方戏、南北曲艺、杂耍、魔术应有尽有，还有哈哈镜、诗谜、小报凑趣，更有从美国进口的惊险格斗片及其他娱乐设施供人玩乐。"大世界"之所以能够成为远东最大、成为上海的标志，当然取决于这个花花世界的丰富多彩，但在它的背后却是黄楚九投大众之所好的服务理念。张静庐也是这样，他从各个细节上去体现以消费者为中心的服务意识。他深知想读书又买不起书的苦痛，所以会采取开架售书的方式，竭诚欢迎没有钱买书的读者能够自由自在地翻看所需要的书籍和杂志。这个开现代中国开架售书之先河的举动，影响久远，直到今天还是书店经营的一种模式。张静庐后来开办上海杂志公司，替读者代订杂志，提出"改定、退定的绝对自由"的原则，并且公诸报端，这既是以服务招徕顾客的手段，也是诚信意识的体现。有的杂志，是读者看了广告去订阅的，后来发现刊物与广告不符；也有的杂志，创刊号和开头几期内容较充实，后来内容不如以前，这些因素都会导致读者不想继续订阅。张静庐认为，这些情况上海杂志公司都应当允许读者有退定的自由。也有一些杂志，办了几期，因种种原因而停刊，为了不让读者在经济上受到损失，必须尽快将余款退还。这种以诚信为本的做法使读者对上海杂志公司充满信任，张静庐也因此大获其利，取得了商业上的成功。

宁波人虽然以经商著称，但是自古有"义乡"之称的宁波，却较少有一般商人的锱铢必较、唯利是图。"见利思义"，热心慈善是宁波人共通的特点。对于他们来说，钱并不代表一切，它只是一种生存的工具，是实现自我价值和进取精神的有效途径。因此，在天灾人祸发生之际，即是他们以身外之物倾力相助之时。他们办义学、兴善事，赈济灾民，抚慰难民，千金散尽，毫不足惜。只要积有余资，莫不兴办慈善公益事业，造桥铺路，设工厂，办医院，造福桑梓。从事文化产业的鲍咸昌、黄楚九、黄金荣等均有此类善举，而气势恢宏的大手笔是邵逸夫与应昌期的捐资活动。邵逸夫不仅捐资上百亿用于祖国各地的医疗教育事业，还设立了与诺贝尔奖相媲美的"邵逸夫奖"，以奖励未被诺贝尔奖纳入的科学工作者们；而应昌期不仅捐资百万建立应昌期围棋基金及上海应昌期围棋学校，还举办与奥运会同年进行的世界围棋大赛，以弥补围棋未列入奥运会的缺憾。他们将华人的气魄与胸怀借金钱的力量尽显于此，展现了中国人的大超越和大气概。在他们的眼中，金钱的极致不是个人占有，而是超越生存享乐展现个人与民族精神风采的工具，"积财给子孙，不如积德给子孙"，这平实的话语道出了"宁波帮"对金钱的理性态度，正因为此才使这个商帮见识不凡，卓尔不群，从而在全国各大商帮中居于很难替代的优势地位。

三　浙东学术氛围的熏染

影响绵长的浙东学术为宁波人伦理思想和互助、慈善行为提供了理性基础。浙东学术自汉唐时期开始初步发展，历经宋元明清各朝，最终在清顺治年间形成浙东学派。自汉时的王充开始，就大力强调学以致用；四明学派的"德贵于行"，王阳明的"知行合一"都主张在实践上下工夫，在强调道德行为自觉性的同时，也注重道德意识的实践性，其实质在于提倡力行；尤其是黄宗羲提出"经世致用""工商皆本"的主张，都对宁波人的精神产生了深远的影响。在浙东学术文化的熏陶下，宁波人重商轻农，商业文化气息深厚。他们乐于经商，善于经商，而且目光远大。他们重实干，不玄想，脚踏实地，白手起家。他们广采博纳，义利双行，学有专攻，贵在创新。"工商皆本""学贵适用"的学术思想与学有专攻的学术精神结合起来，形成了宁波人立身的准则。

"经世务实"是浙东学术的基本精神。"工商皆本""学贵适用"的思想，影响了宁波人的择业观，许多读书人弃儒服贾，转而经商，为宁波帮文化产业的兴起与发展提供了人才上的储备。那些文化产业的经营者们，都有一定的文化基础，他们勤学习，肯钻研，头脑灵活，善于接受新事物。这些特点使得他们在经营文化产业的过程中能够及时把握先机，吸纳先进思想，终使自己的事业渐入佳境。张石川初入上海做小职员时，白天上班，晚上进夜校补习英文，不久就会说上一口"洋泾浜英语"。这使他有机会进入美国商人办的亚细亚影戏公司担任顾问并主持制片业务，导演了《难夫难妻》这部中国故事片的开山之作。他之所以能够成为中国电影的拓荒者，是因为他不认为仕途是唯一的光耀门庭之道，做小职员或者创业经商都是可以选择的人生之路。他学习英语本是工作之需，但是学以致用的结果却给他开辟出了一块新天地。他接触了电影这个新事物，然后就开始研究它，琢磨它，并借助于它实现自我的人生价值。鲍咸昌曾经就读于其父所办的清心书院，除了文化知识之外，也学习排印技术。这个教育背景使他在商务印书馆开办之后积极探索铅印、石印等新方法，致力于革新技术、扩充印刷所，使商务印书馆在珂罗版、雕刻铜版、照相锌版、凹凸版、影写版、影印版等印刷技术方面处于全国领先地位。文化产业家这种经营行为的背景与浙江学术务本求实的精神一脉相承，其理论上究实理、讲实效，行动上验证是非，反对空洞说教的实事求是、学以致用的为学精神，落实到产业家的实际行动中，不仅使他们立足现实去发现能够让自己施展才能的领域，而且也在广采博纳的过程中充分体现了自己的创造性智慧。

浙东学术不仅强调广采博纳，义利双行，也强调学有专攻，贵在创新。受这种学术精神的影响，宁波帮文化精英对自己从事的行业都有专精研究，屡有创造，造诣很高。电影导演以作品名世，电影演员以角色声名远播，电影技工以创新把电影技术带进一个新时代。袁牧之1937年编导的《马路天使》赢得了国内国际的极高评价，提高了中国电影的国际声望；桑弧1953年拍摄的越剧影片《梁山伯与祝英台》是新中国第一部彩色戏曲片，上映后创下了1亿多人次的观影记录，造成万人空巷的盛景。电影演员王丹凤饰演过多种角色，她演绎的李香君让人过目难忘；喜剧演员韩非以他的表演给人们带来了无数的笑声。在幕后工作的电影摄影师董克毅刻苦钻研电影技术，他首次采用两次曝光法拍摄一个演员扮演两个角色演对手戏的镜头，又探索解决"接顶"拍摄法，成功地在摄影棚内拍摄外景，并且在国内首次使用镜头画面合成法，在武侠片中拍摄腾云驾雾、飞檐走壁、人变小变大等特技镜头；另一位摄影师周诗穆则使"空中飞人""真假景衔接"和"分身术"等特技方法在拍摄中不留痕迹，受到国内外电影界的好评。他们以专业立身，终成电影界的一代名家。

体育精英也是如此。应昌期钟情围棋，便开始专心研究。他也许不是最好的围棋手，但他却是最好的围棋研究家。他制定的"应氏围棋规则"达到了"绝无判例""几无和棋"之目标，号称"迄今为止最合理、完备，符合时代需求的围棋规则"，目前已经成为与中国围棋竞赛规则、日本围棋竞赛规则并列的国际性围棋比赛规则之一。他亲自设计棋罐，旋转型棋几、书桌型棋桌、量斗棋具以及电子计时器等与新规则相配套，匠心独具。人们将应昌期誉为"黑白世界的诺贝尔"，赞誉的就是他的发明创造。另一位宁波人林海峰以自己博大精深的棋艺成为日本围棋界的一流高手，在"名人"与"本因坊"两大循环圈中屡获佳绩。"名人"与"本因坊"两大棋赛竞争异常激烈，名人循环圈九人，本因坊循环圈八人，每年都要将战绩最差者淘汰出圈，另由3位新人递补。几百位专业棋手只有这3个名额。林海峰从1963年打进名人循环圈到2004年被淘汰出圈，他创下了在籍39

年的空前纪录；而 1968 年进入本因坊循环圈后，在籍纪录是 33 年，成为新制棋赛史上的第一位"名人本因坊"。1989 年，他获天元战冠军，此后五连冠，终身享有名誉天元称号。学有专攻，贵在创新，浙东学术精神在应昌期与林海峰身上得到了光大发扬。

浙东学术强调创造也强调兼容并包。这些具有渊博学识，熟谙传统文化的学人，善于独立思考，敢于超越传统，质疑辨异，开创新说，同时又奉行兼容并蓄、广采博取的治学风格，主张打破门户之见，反对墨守一家，提倡不同流派、风格共存同荣，各自成家。这种精神的熏染，也使得宁波帮的文化精英们既懂得广采博取，又追求自成一家。京剧名家周信芳顺应时代的潮流对京剧进行改革，编演时装戏、连台本戏，并且在不断汲取艺术精华的过程中形成了独具风格的"麒派"艺术；越剧中戚雅仙的"戚派"、金采凤的"金派"、毕春芳的"毕派"、陆锦花的"陆派"、徐天红的"抖抖腔"也都各成一家。此外，像美术界潘天寿的指墨画、陈之佛的花鸟画、沙孟海的书法、谢之光的月份牌画、沙耆油画的梵高式风格、陈逸飞油画中的东方情韵，都既充分显现了他们术业有专攻的艺术造诣，也显现了他们在汲取与扬弃中对个人风格的不懈追求。

最能体现浙东学派学术特点的是书业文博业的精英。编辑出版与文博收藏都要求从业者具备特定的专业素质，因此从事这一职业的人不能只满足于熟悉业务流程，还要对某一特定领域有精深研究。在编辑出版与文博收藏界，有许多宁波籍的专家型人物——张静庐是出版史家，丁景唐是现代文学研究家，傅璇琮是国学家，马衡是金石学家，马承源是青铜研究专家，郑家相是泉币研究家，他们学有专攻，术求精深，许多研究成果不仅使某一问题的研究取得了突破性进展，而且还推动了学科的建设和发展。比如，马衡作为中国博物馆事业的奠基人和金石学家，其主要著作《中国金石学概要》《凡将斋金石丛稿》等，奠定了北京大学的考古学科基础。他在历代度量衡制度研究、石鼓文研究、书籍制度等方面，也提出了精到的见解，对中国铜器的断代研究有开创之功；张静庐的《中国近代出版史料》则使他成为中国近现代出版史研究当之无愧的开创者。

　　浙东学术作为一门学问，并不是宁波帮文化精英关注的对象，但是浙东学术所倡导的经世致用、开拓创新、兼容并包的学术精神，却在日常的传播中深入人心。这种精神使得宁波帮的文化精英能够顺应时势，开拓创新，并在广采博纳中确立了自己的历史地位。

第二章

宁波帮的营利性文化产业

文化产业作为从事文化产品生产和提供文化服务的经营性行业，主要包括两大类型。一种是以营利为主要目标的文化生产或提供的文化产品和文化服务；一种是以公益性为主的博物馆、图书馆经营。前者主要满足大众一般性的文化消费需求，追求营利的最大化的目标；后者则重在满足社会的公共文化需要和高品位的文化需求，追求的是精神的满足。宁波帮这两大类型的文化产业都走在了时代的前列，比如在营利性文化产业方面，宁波帮的经营领域主要有影视业、娱乐业、演出业、出版业、报业、广告业、唱片业及体育产业。无论是文化产业初起的 20 世纪初叶，还是文化产业重兴的世纪之交，都有宁波帮领风气之先。

第一节　宁波帮的影视产业

宁波帮的电影产业最辉煌的时代集中在两个时空点：民国时代的上海与 20 世纪后半叶的香港。前者表现为宁波帮的多家电影公司百花竞放，后者则表现为邵氏兄弟有限公司的雄居一方。民国时代的上海，是中国电影成长的舞台。到上海谋生的宁波人张石川、邵醉翁、柳中浩和柳中亮兄弟等人，在这里创办了自己的电影公司，不仅培养了最早的一批中国电影人，而且为中国电影产业的发展提供了许多可以借鉴的经验。邵逸夫则在香港闯出了自己的一片天地，打造出了亚洲最大、拍片最多、经营历史最悠久的私营电影企业，在中国电影史上写下了诸多"第一"和"之最"。

一　张石川的"新民""幻仙""明星"等电影公司

在中国电影的拓荒时代，张石川①是第一个创办电影公司的中国人。这位曾经在美国人开办的"亚细亚影戏公司"当顾问的年轻人，在很短的时间内弄清了门路便开始了自己的事业。1913 年，他与郑正秋、杜俊初等组织新民公司，专事承包亚细亚影戏公司的编剧、导演、拍摄、雇用演员等工作，影片的投资、发行以及相关电影设备则由亚细亚影戏公司负责。虽然新民公司拍摄的 20 多部短故事片内容多属庸俗无聊或滑稽打闹之类，但是对电影表现手段的运用，起到了学步与试探的作用，影片《难夫难妻》，也成了电影史上中国人拍摄的第一部短故事片。新民公司与亚细亚影戏公司的互相依赖关系，实际上为中国电影提供了一种新的操作模式。外方出资、国人办事，既保证了本土观众对影片的认同感，又未使投资者经济受损，同时为国人拍摄电影积累下许多宝贵的经验。这种投资发行与拍摄制作分离的方式，直到今天仍然在电影业大面积沿用。此外，新民公司还创下了同演员签订合约的先例，对演员在具体拍摄期间的要求有着非常明晰的规定，这也为日后中国民族电影机制留下了不少值得借鉴的地方。张石川就这样成了中国电影制片业"第一个吃螃蟹的人"。

1914 年第一次世界大战爆发，德国胶片来源断绝，亚细亚影戏公司即告歇业，经营一年的新民公司也随之解体。1916 年，张石川又着手创办幻仙影片公司，这是中国第一家在经济上摆脱外国商人的自主影片公司。他们租用意大利侨民阿·劳罗的器材和摄影场拍片，拍摄了影片《黑籍冤魂》。这部影片采用实景拍摄的方式，打破了舞台空间的限制，采用了电影化的叙事原则，其蒙太奇手法的运用，极大地丰富了电影的艺术表现空间，影片上映后影院座无虚席，观众反响热烈。然而，拍摄电影毕竟需要大量资金，虽然张石川因摄制《黑籍冤魂》而获利，但是幻仙公司不善于经营，又无远大计划，拍完一部影

---

① 张石川（1889—1953）原名伟通，字蚀川，因"蚀"字含有"亏本"之意，故改为石川，镇海霞浦（今属北仑区）人，中国电影事业的开拓者，最早的中国电影导演。

片之后就告结束，成为所谓的"一片公司"。

　　1922 年，张石川与郑正秋、周剑云、郑鹧鸪、任矜苹等发起组织了明星影片股份有限公司。他们借鉴西方的企业管理方式，建立严密的组织机构，拍摄娱乐性强且具有市场效应的"趣剧"，利用明星号召票房，展开宣传攻势扩大影响，并设立影院建立自己的发行网。张石川把自己创办的"明星影片公司"办成了赫赫有名的影业公司，占据了中国电影史上的重要篇章。他设置机构，创办杂志，开办了中国最早的电影演艺训练班，制造明星，开拓市场，注重管理，发展院线，利用发行、媒体宣传等相关产业，为中国早期电影企业竖立了标杆典范。明星公司从 1922 年成立到 1937 年因"抗战"而停止营业，在近 16 年时间里共拍摄无声故事片 142 部、有声故事片 50 部、动画短片 13 部、短纪录片 30 余部，经历了从无声片到有声片的变革。曾经创办《明星》《明星特刊》《明星月报》《明星半月刊》等杂志和明星影戏学校，培养了包括编剧、导演、演员、摄影、美工、录音、剪辑、洗印、发行在内的一整套人才，为中国早期民族电影事业兴起、发展、进步做出了重要贡献。

　　明星公司于 1922 年拍摄的电影《劳工之爱情》是我们今天所能够看到的最早的中国电影，而于 1923 年拍摄完成的影片《孤儿救祖记》，在编、导、演、摄影、美术、制作等各方面都有明显提高，它的问世标志着中国早期电影的拓荒者们已经开始掌握艺术追求、教育作用和票房价值三者间的有机联系，初步找到电影在自己民族土壤中赖以生存和发展的道路。不久之后，张石川拍摄的《火烧红莲寺》（1928）作为中国第一部多集武侠影片在商业上获得成功，《歌女红牡丹》（1931）又成为中国第一部蜡盘发音有声片而享誉海内外。1932 年，在夏衍、阿英等左翼文艺工作者的参与下，在较短的时间内拍摄了《狂流》《春蚕》《上海二十四小时》《姊妹花》等一批在中国电影史上有重要贡献的影片，并且成为左翼电影运动的基地。1936 年春，公司新建的枫林桥总厂完工，同年 7 月进行改组建立一厂、二厂，提出了"为时代服务"的制片方针，并且立即从事国防电影的摄制，以尽救亡图存之责。《生死同心》《压岁钱》《十字街头》《马路天使》就是此时拍摄的优秀影片。

1937 年抗日战争爆发后，生产陷于停顿，翌年总厂又毁于战火，这个中国电影事业发展史上经营时间最长、具有广泛社会影响的民营影片公司被迫停业。

二　邵醉翁"天一""南洋"影片公司

邵醉翁①祖辈原是浙江宁波的富商，从父辈开始向上海发展。1925 年 6 月邵醉翁筹资 1 万元，在上海闸北横浜桥正式创建了天一影片公司。邵醉翁自任总经理兼编导，他的弟弟邵邨人任会计，邵仁枚任发行，邵逸夫任外埠发行（主要是建立南洋一带的发行网）。1925 年 10 月，《立地成佛》开拍，这是"天一"的第一部影片。影片讲述一个高僧点化要为子报仇的督军"放下屠刀，立地成佛"的故事，宣扬劝人为善的传统道德观念。公映后观众踊跃，卖座率极高，2000 大洋的成本不仅很快收回，而且像一个雪球般滚起来，越滚越大。邵醉翁大受鼓舞，一鼓作气，两个月内接连拍摄了《女侠李飞飞》《忠孝节义》两部影片，因为内容即涉及传统道德，又有刀光剑影，因此也广受观众欢迎。这三部影片让天一公司在上海滩上站稳了脚跟，而且很快就与明星公司、大中华百合公司形成三足鼎立之势。

"天一"从诞生之日起就"一只眼盯着艺术、一只眼盯着商业"。和当时那些热衷于"明星制""风月题材"的欧化电影公司不同，"天一"公开标榜"注重旧道德、旧伦理，发扬中华文明，力避欧化"的观念，大量拍摄根据民间故事和旧小说改编的影片。"天一"拍摄的《梁祝痛史》是中国电影史上第一部古装片，也被史学家称为"稗史片"，影片借助远离现实的古代民间故事，将中国传统文化与电影的娱乐性有机结合起来，迎合观众的文化口味。由于故事情节家喻户晓，人们在银幕上看到心仪已久的人物不禁大为兴奋，再加上浩大的宣传声势，观众观影如潮。在随后的几年中，"天一"共投拍了超

---

①　邵醉翁（1896—1975），原名同章，字人杰，镇海庄市朱家桥人，中国早期电影产业家。

过 100 部影片，其中一半以上取材于"水浒""三国""西游""施公案""三言二拍"，以及其他取之不尽的乡村野史、民间稗闻。一时间，"天一"势头蒸蒸日上，出品的影片几乎部部卖座。这些影片不仅国内市场看好，南洋电影市场也火爆一时。天一影片公司以明确的市场取向获得了商业上的成功，虽然是后起者，却成功地引领了"稗史片""古装片"等风潮。这些制片路线也给"天一"在 20 世纪后半叶的继承者"邵氏兄弟"电影公司打上了印记。

天一影片公司采取的是典型的家族式经营，兄弟 4 人分工合作，稳扎稳打，一部一部频率稳定地出品着低成本、受欢迎的电影。天一影片公司的迅速发展，使上海滩上的大小电影公司都感受到了威胁，于是联合起来结成反"天一"联盟。从 1927 年开始，"明星"公司组织上海明星、大中华、民新、友联、上海及华剧公司联合组成"六合影业公司"，与"天一"展开激烈的竞争，一方面与发行商签订严厉的规定，即任何发行商与他们签订了合同，就绝对不能购买"天一"出品的影片，另一方面采取"双胞胎"计策，抢拍与"天一"同名的影片，并且赶在"天一"之前投入市场。面对这种局势，邵醉翁一面在国内建立非"六合"院线，一面派遣六弟邵逸夫长期在南洋协助邵仁枚，建立发行及放映网络。"六合围剿"期间，由于南洋片商不敢与"天一"合作，邵仁枚与邵逸夫兄弟二人只好采取农村包围城市的战略，扛着电影机和数十卷"天一"出品的影片巡回放映，他们凭着毅力和意志，备尝辛酸劳碌，终于在南洋站稳了脚跟，不但获得戏院的放映权，若干年后还购地建影戏院，建立了完整的电影发行网。

经过邵仁枚、邵逸夫在南洋近 10 年的艰苦努力，他们在当地已经有了一定的经营基础。于是在 1934 年夏，邵醉翁把上海的一部分资材运到了香港，在九龙清水湾设立香港分厂，专门拍摄粤语片。当时，粤语片除港澳外，在马来西亚、新加坡、泰国、印度尼西亚、缅甸、菲律宾、澳大利亚，以及南北美洲，都有大量华侨观众，因此业务发展很快。而"天一"在上海的制片活动逐渐下降。自 1925—1937 年，天一影片公司在上海共完成故事片约百部（包括有声片 35

部）、长短纪录片 20 部。除了那些取材民间故事和古典小说的古装片，还拍摄了《混世魔王》、《乾隆游江南》（9 集，1928—1931）等神怪武侠片。1931 年，"天一"利用美国人的有声器材和技术，拍摄了中国最早的两部片上发声影片之一《歌场春色》。20 世纪 30 年代在左翼电影运动影响下，相继拍摄了《飞絮》（1933）、《飘零》（1933）、《挣扎》（1933）、《王先生》（1934）、《海葬》（1935）、《母亲》（1935）、《花花草草》（1936）等较有社会意义的影片。1933 年，"天一"聘请粤剧表演艺术家薛觉先主演影片《白金龙》，在香港、南洋各地公映，颇受欢迎。1937 年春，"天一"在完成《花花草草》等影片后，结束了在上海的制片活动，将全部资金、设备转移至香港，成立了南洋影片公司。

　　1938 年，邵醉翁和他的弟弟们创建的南洋影片公司以及在新加坡的邵氏机构，已经拥有设在香港九龙清水湾制片厂的 4 座摄影棚，并且拥有设在香港以及东南亚的 79 家电影院。后来又在新加坡建立摄影棚，可以在香港和新加坡两地同时拍片。此外，他们还在新加坡、马来西亚、爪哇、越南、婆罗州等南亚各地拥有电影院 110 多家，游乐场 9 家。游乐场设有舞台、剧场，每晚可娱乐观众数万人，几乎雄霸了东南亚影业市场。

　　南洋影片公司以拍摄粤语片为主。其中宣传抗日的有《回祖国去》和《女战士》两部影片，一部以揭露汉奸丑恶面目的《国难财主》。1941 年 12 月，太平洋战争爆发，不久香港沦陷，邵氏兄弟的电影事业陷入困境。1945 年 8 月，日本投降后，邵氏兄弟重振雄风。邵醉翁因家住上海，经常往返港、沪两地，此时他已年过半百，留港时间逐渐减少，事业大权也就逐步移交邵仁枚和邵逸夫。

三　柳中浩兄弟的电影院与电影公司

　　柳中浩①、柳中亮②兄弟创办过电影院，也创办过电影制片厂，只

---

　　①　柳中浩（1910—1990），中国电影产业家，原籍浙江省鄞县。
　　②　柳中亮（1906—1963），中国电影产业家，原籍浙江省鄞县，柳中浩之兄。

不过许多电影实业家都是在有了制片厂之后才建立电影院的，柳氏兄弟却正好相反。1930 年，柳氏兄弟首先在南京最繁华的地段新街口，兴建了自己的第一家戏院——世界大戏院。当时国民党定都南京不久，电影院还不多，世界大戏院的开张正适应了市民娱乐的新时尚，所以一经开张，生意顿时红火。那时的电影院多数以放映好莱坞影片为主，国产影片的观众处于"刮风一半，落雨全无"的境况。而柳氏兄弟为了支持民族电影业，尽可能地多放国产影片，这就很受华资电影制片公司的欢迎，在当时的电影界独树一帜。

1932 年"一·二八"淞沪抗战中，上海的 16 家电影院（如新爱伦活动影戏院、上海大戏院、奥迪安大戏院、世界影戏院、闸北影戏院、中兴大戏院、宝兴影戏院等）都在战火中被毁，有 30 家中小型电影公司遭受不同程度的损失，无法正常营业，电影院出现一个青黄不接的断档。而上海"左翼"电影为适应人民的抗日情绪而大批生产。柳氏兄弟意识到在这样的背景下国产影片将有一个大的发展，尤其是反映民族正气的进步影片，必将兴起一个热潮，开拓新局面的时机已到。于是他们接连在上海兴建了两家电影院：金城大戏院和金都大戏院。这些戏院都处在热闹地段的十字路口，为柳家的电影事业奠定了很好的物质基础。

1938 年 8 月，柳氏兄弟在上海创办了一个制片公司，取名为"国华影片公司"。之所以建立制片厂，是因为有明星公司被付之一炬的前提。当时明星公司已经无力再办起一个电影厂，大导演张石川甚至改行去造纸。在这种情况下，柳中浩、柳中亮两兄弟便提供资金，依靠明星旧人办起了国华影片公司，从而掀开了柳氏创业史上新的一页。

柳氏兄弟争取到资深导演张石川及明星旧人周璇、白云、吕玉堃等加盟，走古装片路线。他们拍片速度之快，影响之大，常令同行们刮目。为了抢时间，与其他电影公司竞争，他们可以同时拍摄几部影片，一个演员也可以同时饰演好几个角色，布景也能够一景多用，还创造出 7 天完成一部《三笑》电影拍摄的影坛奇迹。他们捧红了周璇和周曼华两位"台柱"，捧红了舒适、白云、徐风、吕玉堃 4 位小生，国华影业公司遂成为电影界异军突起的一支劲旅。4 年中"国华"先后拍摄 40 多部影片，其中取材于民间故事的影片达 20 余部。作为一家电影公司，最重要的资源不是摄影机和胶片，而是演员、编剧、导演等人才的集合，明星又是最有票房号召力的人，因此柳氏兄弟便倾力打造自己的明星。

1937 年，周璇在《马路天使》中饰演小红就已经成名，她最大的优势就是拥有一副好歌喉，不仅音色细嫩、音质甜美，而且吐字清晰，经过麦克风传将出来的声音更是委婉动人。她那燕语莺声一般的歌喉加上电影明星的身份和曲折凄凉的身世，都受到了大众的热切关注。周璇加盟国华影片公司后，深谙市场运作之道的柳中浩，知道周璇的歌是影片最大的卖点，于是便在每部影片中都为周璇量身定制插曲。1939 年年初，周璇主演了国华公司投资拍摄的第一部古装戏《孟姜女》，并且演唱了电影里的插曲《百花歌》。这部影片开创了中国古装歌唱故事片的先河，在金城大戏院首映那天，当时上海影响最大的报纸《申报》的头版，刊登出《孟姜女》的整版广告，轰动一时，取得了很高的票房价值。其后，周璇又主演了 17 部古装歌唱片[①]，共演唱 36 首插曲。她那美妙的歌声随着影片传遍大江南北，"金嗓子"便成为 20 世纪中国电影市场的一个最著名的明星品牌。她由田汉、夏衍、贺绿汀、陈歌辛、黎锦光、张石川、袁牧之、李厚襄、吴村、方沛霖、应云卫，乃至后来的卜万苍、柯灵、黄佐临、吴祖光等文化、电影、音乐界的精英共同打造，产生了巨大的明星效应，她的名字至今还保持着旺盛的生命力和难以估量的含金量。周璇拍摄的影片无论是古装片还是时装片，每一部都能够引起轰动，影片的拷贝达到了抢手的程度，东南亚一带的片商甚至提着现金到上海来抢购周璇的影片，这在中国迄今为止的电影史上是独一无二的。

太平洋战争爆发后，日本人占领了上海租界，对电影界实行"统一管理"，把十几家电影公司合并为"中华联合制片股份有限公

---

① 如《李三娘》（1939）、《七重天》（1939）、《董小宛》（1940）、《唐伯虎点秋香》（1940）、《黑天堂》（1940）、《孟丽君》（1940）、《苏三艳史》（1940）、《西厢记》（1940）、《梅妃和杨贵妃》（1941）、《夜深沉》（1941）、《恼人春色》（1942）等。

司", 而柳家兄弟不愿跟日本人合作当汉奸, 宁可将"国华"关闭也不加入"中联"。1943 年在完成影片《艺海春秋》的摄制后, "国华"宣告停业。从 1938 年创办到 1943 年停业, "国华"先后摄制故事片《风流冤魂》《孟姜女》《杨乃武》《董小宛》《夜深沉》《奈何天》《金粉世家》等 37 部。1940—1941 年, 曾经以国泰影片公司和华美影片公司名义, 摄制《黑天堂》《济公活佛》等故事片 4 部。

抗日战争胜利后, 柳氏兄弟又于 1946 年 7 月成立国泰影业公司。1948 年, 柳氏兄弟又将资本拆开, 由柳中浩继续经营"国泰", 柳中亮及其儿子柳和清则另外成立了大同影片公司。"国泰"和"大同"完全走商业路线, 但是也拍摄了少数进步影片。3 年内共摄制故事片《民族的火花》《湖上春痕》《无名氏》《裙带风》《龙凤花烛》《假面女郎》《忆江南》《春归何处》《鸾凤怨》《夜茫茫》《十步芳草》《平步青云》《残冬》等 30 部。他们既邀请国民党要人张道藩、潘公展任"国泰"董事长和董事, 又聘请进步剧作家田汉、洪深、于伶等任特约编辑, 采取的是左右讨好的策略, 因此出品内容混杂, 既有《忆江南》《弱者, 你的名字是女人》和《无名氏》这类的进步影片, 又有《粉红色的炸弹》《月黑风高》和《假面女郎》一类的商业影片。他们秉承了一个地道的海派商人的全部特点: 精明、有胆识、本分守法。他们从开办大戏院起家, 善于把握时机, 长于经营, 从而在中国电影界占有一席之地。但是由于文化产业的特殊性, 也使他们的行为产生了诸多矛盾。在动荡的年代, 他们有民族正义感, 又有黑社会背景。想发展电影事业, 又摆脱不开商人的"唯利是图"。时事的变迁更对他们的事业产生巨大影响。抗日战争胜利后, 柳中浩险些被治"附逆"之罪。20 世纪 50 年代, 先是 3 部影片连遭"枪毙", 而后柳中浩因为贷款拖欠被关进监狱两年, 接着就是全部家产都顶了债。国泰公司所有的母带因为无处保存而被当作废品卖掉。政治漩涡的飞转使柳氏电影企业难以自保, 最终以并入国营上海联合电影制片厂的方式退出了电影经营。

四 邵逸夫的"邵氏兄弟(香港)电影有限公司"与香港电视广播有限公司(TVB)

邵逸夫[①]最初在长兄邵醉翁创立的天一影片公司协助兄长开拓外埠发行,当"天一"遭遇"六合围剿"时,邵逸夫便与三哥邵仁枚推出流动放映车,为新加坡、马来西亚乡村送片上门,这是中国影业史上的首创。随着邵氏影业发展战略的迁移,他们在香港立下了自己的脚跟。1934年,迁往香港的"天一"港厂凭借邵逸夫引进的技术,推出了中国电影史上第一部由中国人独立制作的有声电影《白金龙》(粤语),为中国电影技术带来突破。不过,邵氏兄弟在香港的发展并不是一帆风顺的。1936年,"天一"港厂的片库接连发生两次火灾,几乎将之前拍摄的母片全部烧毁。1937年,"天一"港厂正式改名为"南洋影片公司",由邵邨人接管。抗日战争胜利后,曾经与人合作成立大中华影片公司,不久又停办。1950年,南洋影片公司更名为"邵氏父子公司",由邵邨人父子管理。但是,"邵氏父子公司"在港遭到"电懋"和"长城"两大电影公司夹击。邵邨人萌生退意,收缩电影制作业务,转而从事地产业。在这种情况下,邵逸夫决定接掌香港的电影生意,1957年他从南洋回港接管了二哥的制片业,兄弟2人将业务做了明确分工,邵邨人负责在香港专事戏院及影片的发展经营,而邵逸夫另行成立"邵氏兄弟(香港)有限公司",专事制片业务。

邵逸夫成立邵氏兄弟(香港)有限公司后,一边在钻石山租借片场拍摄影片,一边接洽买地事宜。30多年的影业生涯使邵逸夫认识到,没有一个配套完整的拍摄场地,影片的水平就难以提高,影人没有摄影棚等于工人没有工厂,租借片场拍电影,绝非长久之计,要想发展就必须建立自己的电影基地。他以32万港元买下香港九龙清水湾附近一座半荒的山冈,投入巨资,筑起了一座电影制片厂——邵氏

---

① 邵逸夫(1907—2014),原名邵仁楞,浙江宁波镇海人,电影事业家、娱乐业大亨、慈善家。

影城。工程于 1957 年破土至 1961 年 12 月 6 座摄影棚竣工后，全部工作人员全数迁入，昼夜拍片。1967 年，影城扩张到 12 个摄影棚，可以同时拍摄 12 部影片。邵氏影城是亚洲最大的影城，占地 10 万平方米，内有现代化摄影棚及设备先进的暗房、彩色中心、印刷厂；有 1500 多名员工，无数的特约演员；有 100 多匹良驹宝马、10 万余件道具、94 个高近 4 米的衣柜，还有 5 个永久性的唐街、宋城，以及为摄影所需而建造的亭台楼阁和古今中外的各类建筑。邵氏影城规模宏大，气势恢宏，被称为"东方的好莱坞"。电影公司实行大片厂制，兼以采纳明星制度，流水作业，垂直整合了拍片、发行、上映等制作环节。邵氏兄弟公司在这座电影城中拍摄的电影，取得了巨大的商业效益与社会效应。

邵逸夫成功招揽以林黛为首的多位影星到邵氏兄弟公司参与影片的拍摄，从黄梅调电影起步，拍摄各种类型片，其影业得到了飞速发展。1971 年，邵氏公司股票上市，制片量亦进入顶峰期，1974 年拍片达到 50 部。到 20 世纪 70 年代初，"邵氏"在日本、泰国、新加坡、澳大利亚等几十个国家和地区建立了 200 多家发行网点，专门放映邵氏公司拍摄的中国影片。从 1925—1987 年邵氏正式停产，期间邵氏共推出逾 1000 部电影，最少获得 30 个本地和国际电影奖项，尤以黄梅调电影和武侠功夫片最引人注目。其中《江山美人》《后门》《万古流芳》《蓝与黑》和《珊珊》曾先后获得第 6 届、第 7 届、第 12 届、第 13 届和第 14 届亚洲影展最佳影片奖；《梁山伯与祝英台》（黄梅调）获得第 7 届旧金山国际电影节优秀奖和第 2 届台湾金马奖最佳影片奖；功夫片《少林三十六房》和《中华丈夫》分别在第 24 届、第 25 届亚洲影展上获奖；古装武侠片《大醉侠》《独臂刀》《万人斩》和宫闱片《倾国倾城》《武则天》《杨贵妃》等都受到观众的欢迎。

20 世纪 80 年代以后，由于电视的冲击，邵氏的电影投资大幅收缩，除断断续续通过附属公司拍摄了《审死官》《十万火急》《男与女》《倾城之恋》《表错七日情》和《女人心》等电影外，产量比较稀少。至 1987 年 5 月，邵氏宣布停止生产电影，而把发展重点移到电视上。不过 2003 年，邵氏兄弟公司又宣布斥资 1.8 亿美元，重新在将军澳兴建邵氏影城。这座影城面积占地近 50 万平方米，总建筑面积为 1 万多平方米，由行政大楼、电影院、后期制作中心、展览厅及 5 间录影厂等 9 幢大楼组合而成。影城于 2003 年 2 月 18 日正式动工兴建，在 2006 年局部落成，2008 年 9 月全面投入使用。

转战电视圈再次显示了邵逸夫的远见卓识。20 世纪 60 年代，香港电影如日中天，邵氏的胡金铨、张彻凭借《大醉侠》《独臂刀》等新派武侠片正处在席卷东南亚的黄金时期，邵逸夫却悄然把精力转向电视。1965 年，香港政府公开招标竞投香港电视广播有限公司，毕生从事娱乐业的邵逸夫敏感地意识到，这种新的娱乐方式也许更具市场潜力，必须把业务向多元化发展。他与利孝和、余经纬及英美资金投得香港的免费电视牌照，利孝和任主席，邵逸夫任常务董事。香港电视广播有限公司在 1967 年正式启播，邵逸夫便正式闯进了电视广播领域。

20 世纪 70 年代末期，电视的普及使得人们足不出户就可以休闲娱乐，电影受到了电视的冲击。电影业开始走下坡，精明的邵逸夫收缩电影制片业务，租出或卖出院线，更将邵氏影城的地皮租给旗下无线电视，从而把更多的金钱与时间投资在"无线电视"上。1980 年，邵逸夫出任"无线电视"董事局主席，他将"邵氏影城"的明星和香港演艺的精英都网罗到门下，使"无线电视"制作的高水平高质量的电视剧集纷纷出笼，收视率急剧上升，压倒了竞争对手亚洲电视有限公司（简称"亚视"），雄视港岛，影响扩及中国内地、澳门、台湾和世界各地华人社会。1984 年 1 月"无线电视"正式上市，当年纯利润达 2.04 亿港元，1986 年达到 3.14 亿港元，1987 达到 4.08 亿港元。

邵逸夫延续了邵氏电影的明星体制，捧出了诸多家喻户晓的明星。而开办于 1971 年的无线艺员训练班和 1973 年的"香港小姐"竞选，则是明星的两个主要来源。周润发、刘德华、梁朝伟、周星驰、吴镇宇这些华语影坛的重量级人物，当年都曾经是训练班跑过龙套的青葱少年，而艺员训练班也是盛产导演和监制的地方，甘国亮、林岭东、杜琪峰、关锦鹏等也是由此开启银色梦想；而香港小姐也大多成为"无线电视"当家花旦，如张曼玉、赵雅芝、翁美玲、郭蔼明、袁咏仪、蔡少芬、陈法蓉、佘诗曼等。

邵逸夫时代的"无线电视"很懂得抓住观众的心理，每年都有一两部话题剧集，剧中的悲欢离合牵动观众的喜怒哀乐，无论是贴近观众生活的都市情感剧，还是天马行空的古装武侠剧，几乎每一部剧集塑造的人物与代表的价值观都能够引起观众的共鸣。古装轻喜剧热闹而不嘈杂，现代生活剧时髦而不铺张，职业剧刑侦剧精雕细刻，家族剧商战剧牵动人心。"无线电视"的编剧灵感无穷，变化多端，永远比观众的期待领先一步。

除了电视剧之外，邵逸夫还重视取悦观众，"无线电视"在音乐、综艺、儿童、慈善等各方面的制作节目都具有开创性，其中《欢乐今宵》是第一个华语综艺节目，《劲歌金曲》则是最长寿的音乐节目，邵逸夫钦点的歌坛"四大天王"品牌，光环至今不衰。"无线电视"的业务已经覆盖到全球有华人的地方，"无线电视"摄制的剧集，在以录影带传播的年代是华侨们惦念的对象。中国台湾、东南亚、北美、欧洲、澳洲都有"无线电视"的业务，马来西亚的 Astro、加拿大的新时代电视都是"无线电视"的海外合作伙伴，专门播放"无线电视"的电视节目；欧洲的无线卫星台、美国的 TVBA 以及大洋洲的TVBJ，则都是"无线电视"出资成立的海外分公司，同样是以"无线电视"的名义自制节目或录播"无线电视"的电视节目。

"无线电视"的邵逸夫时代走过了 40 多个春秋。这个历程有几个值得注意的时间点：1967 年邵逸夫创办香港电视广播有限公司；1971 年开办无线艺员训练班；1973 年创办"香港小姐"竞选；1980年邵逸夫接任"无线电视"董事局主席一职，增持股权成为最大股东；2000 年邵逸夫的第二任夫人方逸华就任"无线电视"董事局副主席；2011 年 3 月 31 日，后继无人的邵逸夫夫妇全数退股，将所持股份转让他人；2012 年 1 月 1 日，邵逸夫正式辞任"无线电视"董事局主席，梁乃鹏接任；2012 年 4 月 1 日，方逸华正式辞任"无线电视"副主席及董事总经理职务，"无线电视"从此结束了邵逸夫时代。

五　傅奇的"长城"与"银都"

傅奇①曾经是一位海内外熟知的电影明星，做过编剧、导演，后来又担任长城电影制片公司董事、经理，银都机构有限公司董事、总经理。

傅奇曾经在上海圣约翰大学土木工程系读书，但是他对文学和音乐有着浓厚的兴趣，并且是个电影迷，看过很多中外影片。在看了香港长城公司出品的电影《一家春》后，他想了解一下影片的拍摄过程，1952年7月，他经朋友介绍到长城公司的摄影棚参观，就此改变了他的命运。长城公司的负责人袁仰安、沈天荫发现他是个演戏的人才，就通知他来公司试镜头，这位土木工程师就此踏入了电影圈。傅奇在长城公司拍摄了许多电影，其早期拍摄的影片，很多都是与石慧共同主演的，如《蜜月》《小舞娘》《蓝花花》《情投意合》《借亲配》《龙凤呈祥》等；还与夏梦联合主演过《绿天鹅夜总会》《甜甜蜜蜜》《白领丽人》《碧波仙侣》；与陈思思联合主演过《美人计》《春雷》《双枪黄英姑》；与朱虹联合主演过《情窦初开》等影片。傅奇不仅能演古今各种悲喜角色、文武小生，而且能编、能导。1954年，他在《不要离开我》一片中，首次兼任主演和副导演。1964年，他又第一次与别人联合导演了打斗激烈的古装武侠片《五虎将》，并且兼饰影片的男主角———一位机智勇敢、单身入虎穴的江湖英雄。紧接着，傅奇又与张鑫炎合作，将著名武侠小说家梁羽生的《云海玉弓缘》搬上银幕。1969年，傅奇与金沙联合导演了《玉女芳踪》一片，并且兼任该片的男主角。傅奇单独执导的影片有文艺喜剧片《铁树开花》（1973）、大型纪录片《中国体坛》（1976）、时装惊险故事片《生死搏斗》（1978）等。

1978年，傅奇担任了长城电影制片公司总经理，开始从事电影管理工作。他是在"长城"处于劣势的情况下上任的。作为左派电影公

---

① 傅奇（1929—　），祖籍宁波，生于沈阳，在上海长大，香港电影演员、导演、编剧。原名傅国梁。

司,"长城"的作品由于与香港观众的现实生活脱节,因此市场与生产都处在萎缩状态。傅奇上任后,凭着他的精明和魄力,拍摄了《通天临记》《白发魔女传》《情劫》等影片以及多部纪录片,使影片生产出现了转机。不过,当时正是香港商业电影发展迅速、邵氏和嘉禾雄踞港台和东南亚市场的时候,长城的发行效果并不理想。在这种情况下,"长城""凤凰"和"新联"尝试以联合来寻求突破。1981年,"长城"和"新联"联合成立中原电影制片公司(简称"中原"),翌年即推出张鑫炎导演、李连杰主演的功夫片《少林寺》。真实的少林功夫、秀美的山河风光,给予观众前所未有的新鲜感。这部电影在武侠电影史上具有划时代的意义,影片一反旧式武打片中那种纯表演的花架与镜头技巧的卖弄,通过李连杰和他的一班武术队员们朴素真实的功夫,让观众欣赏到了中国武术的真功。影片公映后反响热烈,不仅香港票房高达1600多万港元,创下了香港功夫片票房的最高纪录,观众人次也突破100万。除此之外,影片《少林寺》还成功地开拓了国际市场,海外版权总收入超过2000万港元。《少林寺》取得的巨大成功,不仅让众多进步电影人扬眉吐气、信心百倍,也让公司管理者看到了集思广益、团结协作的重大优势。于是,1983年11月,"长城""凤凰""新联"和"中原"正式合并,形成了一个涵盖制片发行、广告宣传等多项业务的综合性企业——银都机构有限公司①,由傅奇担任总经理。"银都"的成立,有效地整合了左派电影界的资源,开拓了新的发展思维。

傅奇直面"银都"合并时就存在的生存发展问题,他仔细分析自身条件和外在环境,有步骤地实施切实可行的发展策略。傅奇认为,香港具有浓烈的商业化氛围,电影不可避免地要适应这一特殊环境的观众口味,在注意影片的票房价值的同时,也应该注意影片的内容,由此确立了"为这里(香港)的观众喜爱、接受、意识健康、艺术构思新颖"的电影发展方向。他紧紧把握影片《少林寺》带来的市场有

① 1983年银都机构有限公司的成立,是对"长城""凤凰""新联"三家公司的整合,而非取代。银都机构有限公司成立后,"长城""凤凰""新联"3个公司并未消亡,而是和银都机构有限公司同时存在,至今仍是这种格局。

利局面，依靠现有的电影人才将功夫片的创作优势发挥到极致，集中推出了《少林小子》《南北少林》等影片；另一方面又向外拓展，充分发挥作为中资机构的独特优势推动合拍片潮流，推出了《黄河大侠》《西太后》《最后的贵族》等一系列影片。

功夫片是"银都"成立初期的主要影片类型。当年李连杰访问美国途经香港进行武术表演，傅奇对他扎实的武功根底、灵活的身手大感兴趣，曾向教练说明请李连杰拍片的意图，吴教练以年龄小而婉言谢绝。6 年后，傅奇终于请到这位五连冠的武术高手主演构思已久的《少林寺》，果然轰动海内外。在这个高起点上，1984 年"银都"迅速推出张鑫炎导演，李连杰主演的《少林小子》，再创香港票房 2228万港元、位列当年香港票房排行亚军的纪录。之后，除了继续拍摄李连杰主演的《南北少林》和《中华英雄》外，"银都"还陆续出品了《书剑恩仇录》（许鞍华）、《黄飞鸿之男儿当报国》（刘国伟）、《怪侠一支梅》（刘观伟）、《青蜂侠》（林正英）等一系列影片。

傅奇时代的"银都"继承了"长城""凤凰""新联"成立以来所坚持的导人向上、向善、爱国、不渲染暴力和色情的电影传统，还拍摄了一批具有现代都市品格和社会内蕴的优秀影片。1983 年"银都"推出方育平的电影《半边人》（仍以"凤凰"名义出品），将一个卖鱼档的女孩半工半读学演技的故事搬上银幕，以非职业演员的表演和真实地再现，获得第 3 届香港金像奖最佳影片、最佳导演和最佳剪辑奖，为刚成立的"银都"博得了艺术赞誉；1986 年方育平再导影片《美国心》，展示了一对年轻夫妇若即若离的情感和游移不定的移民情怀，被影评人评价为"把拍片与真实结合为一种方式，在港片是空前自由大胆的尝试"；1988 年刘国昌的描写香港不良青少年生活的《童党》和讲述庙街鸨母等小人物故事的《庙街皇后》等，都表现出"银都"写实电影的多样化表达特征和鲜活的生命力。

除了故事片，以内地风光为内容的人文纪录片也是"银都"特别醒目的品牌。延续 20 世纪 80 年代初长城出品《云南奇趣录》《苏杭姻缘一线牵》等纪录片的成功经验，"银都"在 20 世纪 80 年代中期以后也推出了《大西北奇观》（1984）、《神秘的西藏》（1985）、《神

州大地女儿国》（1986）、《中国三军揭密》（1989）等影片，极大地
契合了当时广大港人和海外侨胞希望了解中国的心理渴望，取得了比
较理想的市场票房和社会反响。

傅奇担任总经理期间，虽然未能使"银都"进入香港电影产业的
前列，但是显然他已经带领"银都"走出了低谷。新武侠片、写实
片、纪录片屡屡获得影界嘉奖，许多影片大获观众青睐，终使票房一
度连连倒数的历史成为过去。

第二节　宁波帮的游乐演艺产业

进入 20 世纪之后，高楼林立、万商云集的上海成为娱乐之都。
在无时不觅商机、无处不找生意的市场社会里，宁波人的聪明才智得
到了极大的发挥。他们在经营中引领娱乐业风气之先，无论是游乐
场、戏院舞台，还是戏曲音乐都能够出奇制胜，让人流连忘返。黄楚
九、黄金荣、周信芳的名字可算是娱乐业的标志。

一　黄楚九的"楼外楼""新世界"与"上海大世界"

黄楚九①是民国时期的上海商界奇人，一生创业横跨诸多领域，
时人称他为"百家经理"。他敢为人先，故创下多个第一：中国第一
家民族资本制药企业——龙虎公司（中华制药公司）；中国第一家屋
顶花园——楼外楼；中国第一家综合娱乐场——新世界；远东第一大
游乐场——大世界；中国第一家发行量最大的娱乐企业报——《大世
界报》；中国第一个医药"托拉斯"——拥有 21 个医药工商企业的黄
氏医药"集团"等。他是中国西药业的先驱，也是中国娱乐业的先
驱，其超前的商业理念与经营手段至今仍有借鉴意义。

民国初年，上海涌来了无数的淘金者，服务与娱乐行业也因此兴

---

①　黄楚九（1872—1931），名承干，字楚九，号磋玖，晚号知足庐主人，余姚通德乡
黄竹浦（今明伟乡）人。上海著名实业家，中国新药业、娱乐业的先驱。

旺起来。黄楚九在成为上海西药业的头面人物之后，又转而向娱乐界投资。黄楚九最早开设的是戏馆"新新舞台"。之所以名叫"新新舞台"，是因为南市有一家新舞台，已经小有名气。黄楚九一心要胜过新舞台，"新新"者，意思是比"新"还要新。新新舞台于1912年4月4日开幕。它处在浙江路、九江路、湖北路3条马路相交汇的三角地带，是上海闹市中心区。黄楚九自任前台经理，聘请艺名为"四盏灯"的京剧名旦周泳棠担任后台经理。每晚前半场演出京剧，后半场演话剧。这个戏院有从日本购得的天幕幻灯1套，演出可以根据剧情需要在天幕上出现雷电云雨、日月星辰等景观。由于剧场设备高出一筹，又加上每晚既有"国剧"，又有"新剧"，所以营业状况一直不错。

为了胜过新舞台，黄楚九还特意邀请已有"伶界大王"之称的谭鑫培来新新舞台唱戏，以标榜自己的"正宗京戏"。但是由于黄楚九不懂行业的潜规则，没有像其他人一样去"拜码头"，给"案目"们塞红包，结果不单剧场冷冷清清，上座率不佳，报上也连一篇捧场的文字都没有。这不仅使谭鑫培丢了面子，新新舞台也声誉大跌。而在谭鑫培应黄楚九的要求改唱《猪八戒盗魂铃》时，又被当场喝了一声倒彩，黄楚九的打手把喝倒彩者拖进剧场后台，重重打了一顿，结果第二天报纸上就刊登了新新舞台侮辱观众的文章，最后由黄楚九、谭鑫培联名登报公开道歉才算了事。

面对经营戏馆所遭遇的挫折，黄楚九便想另辟蹊径，在娱乐业再创名声。在朋友的建议下，他与经润三合资在新新舞台的屋顶上建造了一个玻璃花园，取名"楼外楼"。这是上海的第一家公共性游乐场，黄楚九就从这里开始了他的游乐场经营事业。

"楼外楼"的设施是仿照日本人的办法，在屋顶的四周放了好些盆栽的树木花草，又在屋顶的四角开了4个游艺场，里面有北方曲艺、南方说书、杂耍魔术和各地滩黄（有本地滩即沪剧的前身，有苏滩即后来的苏剧，还有锡滩即后来的锡剧）。此外，还有茶座、假山、喷水池以及最能引起游客兴趣的电梯和哈哈镜。当时的上海，只有外滩的银行和洋行大楼装了电梯，一般市民无法乘坐，却又对此怀有无限的好奇心。黄楚九摸准了上海人的心理，特地装上一部进口电梯，直上屋顶花园。游客入内，如走楼梯拾级而上只收门票1角，如乘电梯收2角。游客绝大多数都情愿花2角钱乘电梯来满足好奇心。哈哈镜就是凹凸的穿衣镜，人们对镜一照，立刻变成畸形，有的小头大肚子，有的大头小肚子，有的狭长，有的扁阔，人们在镜子里看到自己奇怪的样子，无不哈哈大笑，于是黄楚九就给镜子取名为"哈哈镜"，并且把这些镜子放在一座亭子内，亭子就叫"哈哈亭"。

楼外楼开张后，人们争着来开眼界。1915年8月15日的《新闻报》上曾经刊登"楼外楼"这样一则广告："……登楼远眺，全沪之风景，一览无遗……至于林步青之滩黄，谢品泉之说书，金玉堂之线戏，莫不趣味隽深，引人入胜……近又新从探险家采得异人一个，头如香瓜，上小而下大，眼若胡椒，灼灼而有光，百怪千奇，见所未见……"可见各类艺人、畸形人等都是供人观赏的项目。

由于楼外楼营业鼎盛，超过了预料，因此黄楚九就说服经润三再度合作，建造一个比楼外楼还要大还要好玩的游乐场。他们出让了新新舞台和楼外楼，又筹资30万元，在今南京西路西藏路转角处建造了"新世界"游乐场。1915年，游乐场正式落成，取名"新世界"，由黄楚九出任经理。

这座三层楼房的大型游乐场，一楼有滑冰场、弹子房、跑马场和电影院；二楼有苏州滩簧、宁波滩簧、上海滩簧、扬州说书、苏州评弹，还有时髦的文明戏和南方歌剧、北方大鼓、口技杂耍、三弦、拉场戏、滑稽、双簧等；三楼仍是屋顶花园，可以凭栏远眺，下面就是外国人开办的跑马厅和赛马场。夏天，在楼顶还放映露天电影。

由于游客盈门，颇有拥挤之感，黄楚九在路北另辟一门，因为中间隔着马路，还特地建造了一条沟通南北的隧道，以便游客往来。隧道里用瓷砖镶砌，在当时这又是一件轰动上海的新玩意。由于场地扩大，又新增电影、京剧、地方戏及弹子房、溜冰场，这样一来"新世界"便成为名副其实的游乐场了。

新世界游乐场设施齐全，雅俗共赏，不同阶层的人都可以在这里找到适合自己口味的娱乐项目。场内附设中西餐室，还时常搞些书画展览，迎合各类游客的需要，因此营业鼎盛，利润十分可观。

新世界买卖兴隆之后，带动了上海新兴娱乐事业的大发展。有"天外天""绿云天""小世纪""神仙世界""大千世界"等各种游乐场先后开业，连"先施""永安"等大百货公司也在楼顶附设游乐场所。

"新世界"开办不到1年，经润三因病去世，黄楚九因为与经润三的遗孀汪国贞分股不均，便脱离"新世界"，另谋发展。

黄楚九要再办一家游乐场，比新世界更大，更好玩，更能吸引上海人。法国驻沪领事甘司东获悉黄楚九要创办新的游乐场，认为是"繁荣"租界的好事，便为他提供便利。很快，爱多亚路（今延安东路）西藏路东南转角上便出现了一个新的游乐场——"大世界"。

"大世界"取"世界之大，无奇不有"之意，它的总面积有1.47万平方米。其开业广告这样介绍"大世界"："……有花园及屋顶花园、商场、剧场、各种书场、特别大厦、共和厅、美术界、动物院、弹子房、中西餐馆、中东名寮、鸳鸯池、金鲤池与大观楼、四望台、招鹤、题桥、登云各亭并旋螺阁诸胜；艺术则有小京班与超等女伶会串京剧，优美社女子文明新剧，日本松旭斋天左男女大魔术团……特级之最新电光影戏，天津班男女各种杂耍，宁波时调文明书、女说书、苏州著名评话反弹词、滩簧、广东潮州特别焰火；至种种游戏，则有走线飞船、机器跑马、升高椅、升高轮、秋千架、各种电光、西洋镜、哈哈镜等；并蒙诸大文豪设立文虎社，每晚悬挂灯虎，并有诗钟征联文人游戏，各品射中及揭晓后，以游券或薄彩奉酬，借助雅兴。"①

1917年7月14日，上海大世界游乐场开幕，盛况空前。大世界让人在俯仰顾盼之间，都有声色之乐。真如广告所说，京戏、地方戏、南北曲艺、杂耍、魔术甚至电影，都应有尽有，分散在各个场子依次演出，从午后到夜晚，当中不间歇，你什么时候去，什么时候台上总有人，你也总有戏可看。楼下的"共和厅"内有"群芳会唱"，只要你有

---

①　见1917年7月3—13日上海各家报纸的广告版。

清唱才能，无论是高等妓女还是小家碧玉都可以在此显露身手。而大世界的电影，专门放映从美国进口的惊险格斗片。只要天气不是太冷，不刮风下雨，影片都尽可能在露天剧场放映，照顾流动的游客。

"大世界"还设置了许多新奇的游玩项目：坐风车、拉杠铃、打弹子、套金刚、钓王八、吹橡皮牛、吃角子老虎等。为了满足上海人的好奇心，还在园内放养了 10 多头小毛驴，让看惯了黄包车、有轨电车的居民可以骑着毛驴玩耍。黄楚九还留出露天的娱乐空间，办起空中飞船，让游客在空中经历惊险；经常举办瓜会，搜集各种奇瓜异果供游客玩赏，以满足世人猎奇的心理欲望。

在"大世界"里，黄楚九还设置了 40 多处的"诗谜摊"，分布在各个景点。玩耍累了，休息一会儿顺便猜猜诗谜，不论猜中与否，都可以获得 1 张门票，如果猜中还可以再获得奖品。这种文人游戏确实吸引了不少读书人来此驻足。

为了能使"大世界"雅俗共赏，黄楚九请了一批清朝的遗老遗少，为"大世界"的各个景点拟出了各种雅号，如共和厅、大观楼、小蓬山、小庐山、雀屏、风廊、花畦、寿石山房、四望台、旋螺阁、登云亭等景观；又制作了"大世界"10 景，如飞阁流丹、层楼远眺、亭台秋爽、广厦延春、风郎消夏、花畦坐月、霜天唳鹤、瀛海探奇、莺亭听曲、雀屏耀彩。有了这些风雅名称，自然会使游客雅趣倍增。景点有了名称，黄楚九又请文人雅士在报纸上反复撰文介绍，吊人胃口，后来干脆办了一份《大世界》小报，请孙玉声主编，详尽介绍"大世界"，随门票出售。有了这份小报，就犹如有了一份"大世界"的导游图。在创刊号上，曾经介绍过大世界的建筑布局以及各部分的功能："大世界之建筑有平地花园，有屋顶花园，花木参差，房廊曲折，可容游客 1 万余人而无拥挤之虑；大世界有'大观楼'，高凡二层，可览全园胜景；又有'四望台'，登台四望，跑马场等俱在目前；又有'招鹤'、'题桥'、'穿梭'、'登云'诸亭及'旋螺阁'，行人如在画中，极游目骋怀之趣；大世界有剧台及书台共 7 座，无不位置得宜，陈设精雅；大世界有'鸳鸯池'，文禽戏水，双宿双飞，又有'金鲤池'，内蓄金色大鲤鱼，不减玉泉观鱼之趣。游乐设施有光学镜、升高轮、铁索飞船、弹子房等。"《大世界》报主要刊登大世界各个场子的演出节目表，评介演出剧目、剧团、演员，同时还辟了副刊专版，发表沪上文人写的随笔、小品、诗词和长篇小说连载。

"大世界"里还设有"济公神坛"，红烛高烧，香烟缭绕，吸引游客前来扶乩问卜。到"济公神坛"拜佛是要花钱的，因为从早到晚，人流不断，每天的收入也很可观。

"大世界"每天接待游客高达两万人，成为上海最大、最有名的游乐园，以至有了"不到大世界，等于白来一趟大上海"的说法。

1924 年，黄楚九又对开业 7 年的"大世界"进行大规模的改建。在西北部重开大门，又在大门上盖了 1 座宝塔，使它成了上海的一个中西合璧式的标志性建筑。"大世界"使黄楚九在上海滩的名望达到他一生的最高峰，也是他的全盛时代。1931 年黄楚九不幸病逝，"大世界"因此落入黄金荣之手。

二　黄金荣经营的"舞台""戏院"与"游乐场"

上海被开辟为通商口岸以后，商业逐渐兴旺。租界出现后，数十万市民栖居租界，稍有安定，便去娱乐场所消遣，上海的游乐业也因此而兴旺发达。黄金荣①作为旧上海叱咤风云的人物，为了广开财源，他不仅接受门徒的金钱孝敬，也利用这些门徒贩卖烟土，开设赌场，并且涉足娱乐行业。他不仅在苏州开过戏馆，而且上海的共舞台、荣记大舞台、黄金大戏院以及黄楚九创办的"大世界"都曾经在黄金荣的名下红极一时，成为闻名上海的娱乐之地。

黄金荣在上海经营的第一家戏馆是由迎仙凤舞台改名的共舞台。这个戏院建于 1910 年，曾经数易其主，其名字也不断更改。"群舞台""群仙共和台""迎仙凤舞台"都曾经是这座戏院的名字。1915年 11 月，原来的老板将戏院盘给了黄金荣，更名"共舞台"。之所以将这个戏院名之为"共舞台"，是因为黄金荣要倡导男女合演。以前

---

① 黄金荣（1867—1953），字锦镛，浙江余姚人，生于江苏苏州，小名和尚，绰号麻皮金荣，旧上海青帮头目，20 世纪二三十年代与杜月笙、张啸林并称"上海三大亨"。

有的戏是不准男女同台演出的，认为这样有伤风化，只能女子同台或男子同台。而黄金荣则明确这个戏院的特点是男女"共"演，显现了一定的改革精神。

在经营之初，黄金荣将苏州共和戏馆的戏班子全部接到上海，作为共舞台的主要演出力量。为了提高演出水平和上演新的剧目，他又专门派人到北京、南京等大城市邀请名角来入班、献艺，还挖掘现有戏班子的潜力，培养了一批新人名角。谭鑫培、盖叫天、杨月楼、萧长华、张文艳、露兰春、孟小冬等都曾经在共舞台演出过。

1922 年后，这个舞台又曾经多次改名，称天声舞台、沪江共舞台、法界共舞台等，并在 1929 年被拆除。不过，不久之后黄金荣又成为另一个"共舞台"的主人。

这另一个"共舞台"的原址是被烧掉的"乾坤大剧场"，原为大世界游乐场的一部分。1926 年（一说 1927 年）黄楚九将其改建成独立的剧场，1930 年 10 月 6 日建成开幕，聘请"小活猴"郑法祥为后台经理，开台时主演连台本戏《西游记》头本《齐天大圣》，故将之起名为齐天舞台。1931 年 1 月黄楚九因病去世，事业宣告破产，"大世界"随即落入黄金荣之手。黄金荣将齐天舞台收回自办，改名"荣记共舞台"。他将共舞台交给经理人管理，邀请名角，设置各种机关布景，演出连台本戏。"荣记共舞台"在黄金荣的经营下，以低廉票价、通俗剧目为特点，成为沪上与"天蟾舞台""更新舞台""大舞台"齐名的四大京剧舞台之一。美国喜剧大师卓别林在梅兰芳、胡蝶陪同下，曾经在此观看由王富英、童月娟主演的《火烧红莲寺》。

荣记大舞台也是黄金荣名下的产业。这个舞台始创于 1909 年，最初叫作文明大舞台。1927 年黄金荣入股取得经营权，1932 年改建并且更名为"荣记大舞台"。黄金荣接办大舞台后，重金聘请金少山、林树森、杨瑞亭、小杨月楼等名角登台，又要演员继续编演连台本戏，如由李桂春主演的《狸猫换太子》连演至 30 本，林树森主演的《28 宿上天台》、张翼鹏主演的《西游记》长达 42 本，其他如《封神榜》10 本、《神怪剑侠传》19 本、《大侠英烈传》11 本、《荒江女侠》7 本。其间也曾经邀请名角加盟作短期演出，如大舞台翻建后，于 1934 年（一说 1935 年）9 月重新开业，邀请梅兰芳、马连良、金少山、程继仙、叶盛兰、萧长华开台首演，轰动一时。荣记大舞台班底像共舞台一样实行男女演员同台演出，黄金荣也一改过去玩弄旦角的作风，变得对艺人特别"关心"和"爱护"。凡名角上台，或外地来沪献艺的艺人，事先都要来拜见大亨黄金荣才能太平无事。

黄金大戏院也属于黄金荣。这个戏院于 1929 年开始营造，1930 年 1 月 30 日建成开业。在经营这座剧院的过程中，黄金荣审时度势，不断调整经营战略。最初黄金大戏院是放映电影的，以放映欧美黑白片为主，1934 年年底改由印度魔术大王赤井麦表演大套魔术，1935 年 2 月 4 日（旧历年初一）起改演京剧，并且在各报刊登广告启事，内有"……本院革除京剧场恶习，绝对不准茶役等需索水果盆等额外费用。及改头换面之袋装食物，禁止兜售"的语句。从那时起，黄金大戏院首创对号入座，取消"案目"（旧时称剧场中为观众找座位的人），这是当时上海京剧演出场所的一大改革。

除了经营"舞台""戏院"之外，黄金荣又在黄楚九去世后接管了他的"大世界"游乐场。1931 年 6 月 1 日，荣记大世界开张，号称"中国最伟大的游艺场""中国第一大众俱乐部"。所请剧团实力雄厚，戏码也非常强盛。著名京剧演员梅兰芳、金少山、麒麟童、夏月润等人都曾经被黄金荣邀请来上海演出，而在平时，一日之中也有多种剧目上演。如在《申报》刊登的广告上，大世界里有在大剧场上演的日场戏陆零六的《祥梅寺》，童月娟的《六月雪》，赵连壁的《黄金台》，白艳琴和郭鸿雁的《双沙河》，沈光裕、孙筱楼、马永利的《界牌关》，孙继良的《捉放曹》，荣娇鸾的《孟姜女》，范永庆等的《大刀关胜》，夜场《彭公案》；在大众话剧社上演的日场戏《三笑》、夜场戏《孟丽群》；维扬大班有王秀清等人的日场戏《红鬃烈马》、夜场戏《穿金宝扇恨》；绍兴文戏《王华买父》《唐棣花》等。此外，还有歌舞班"撩人情绪的铜像舞""发人谛思的土风舞""引人发笑的滑稽舞""动人快感的香艳舞"等，① 五花八

---

① 《申报》1934 年 9 月 5 日。

门，应有尽有。

黄金荣在大世界里设的摊点有 77 个，鼎盛时期，大世界每日进出的游客达两三万人，节日里更达到 5 万人。在各种娱乐节目中，黄金荣也竭力寻找新奇节目，以吸引客人。1939 年，潘家杂技班排演了最新节目"空中飞人"，黄金荣看了连声叫好。在大世界上演后，整整 1 个月游客爆满。不过，大世界里的项目也不尽是健康的东西，如摆在场子四周鳞次栉比的西洋镜，里面尽是黄色画片，而吃角子老虎、弹子盘、拉灯柱等又是变相的赌台，娼妓、骗子、扒手也集中于此，藏污纳垢，乌烟瘴气。所以，荣记大世界是雅俗共存、良莠不齐的花花世界，而黄金荣脚踏黑白两道的特点也始终贯穿在他经营娱乐产业的过程中。随着时局的变动，上海大世界 1954 年由上海人民政府委托市文化局接管，更名为"人民游乐场"，1958 年又恢复了"大世界"的原名。

三 周信芳管理的戏班及"移风社"

周信芳[①]是自成一派的京剧艺术家，在几十年的舞台生活中，他运用精湛的表演技巧，塑造了宋士杰、徐策、萧何、宋江、邹应龙、张广才、张元秀等众多生气勃勃、有血有肉、性格鲜明的人物形象，其"麒派"艺术不仅对京剧的各个行当，而且对其他戏曲剧种的表演艺术都有较大的影响。

周信芳是一位京剧改革家，他积极改革传统程序，创新表演方式，对传统唱腔、编导体制进行大胆改革。他尝试以固定的剧本替代台词有待演员发挥的幕表制，实行合作编剧制以适应新的需要，并首开京剧导演先河，成为首个将"导演制"用于中国戏曲的艺术家。不仅如此，他还是一位德艺双馨的管理者。

周信芳是在近代市场经济浪潮的搏击中成长起来的。从"新舞台""第一台""天蟾舞台""卡尔登"到"黄金大戏院"，周信芳

---

① 周信芳（1895—1975），字士楚，艺名麒麟童，浙江慈溪人，生于江苏清江浦，中国京剧表演艺术家，京剧麒派艺术创始人。

由一个流浪艺人成为沪上剧场的台柱演员，从后台经理到剧场老板，由个人的表演风格到集团型京剧流派的领袖人物，不仅使麒派京剧成为近代上海戏曲演出市场上的主流，也使中国的国粹得以发扬光大。

20世纪之前，上海的戏园已经与北京的戏园有所有同。戏园老板不再是戏班的班主，而是沪上一些有钱有势的富商、买办或绅士。为了不让剧场只在岁末热闹，其他时间空置，20世纪20年代便出现了班底制的剧场管理方法。剧场老板以每月包银的方式聘请演员，组成剧场的固定演出班子。这种制度使本地伶人有了一个固定的演出场所，而一些有实力的剧场老板便想方设法笼络名角儿，争夺演出市场。而在具体的管理上，"丹桂第一台"的首任剧场老板许少卿确立了前台经理与后台经理有职能分工的近代剧场管理体制。前台经理负责剧场演出营销与舞台设施修建等工作，后台经理掌管剧场班底演员阵营与剧目的编排公演等事项。后台经理由前台经理以包银方式签约聘任。

周信芳21岁时受当时的前台经理尤鸿卿的聘任而成为年轻的后台经理，他很快就摸索出了一种独特的后台管理模式：一方面他根据剧目与演员特长商议派戏，尊重长者前辈，不薄年少新伶，另一方面他又主动调解分配戏份与角色中的矛盾，出演配角，甘当绿叶。在丹桂第一台当后台经理的7年间，周信芳不仅与名角配戏，也与初出茅庐的童伶搭档；不仅配演自己熟悉的行当，也尝试自己陌生的角色，在不同行当的配角中，发挥了他多才多能的表演天才。他以顾全大局、以身作则的管理作风，得到了新老演员的交口称赞。

1932年，周信芳组织了"移风社"，这是他的第一个戏班，也是麒派形成后首次组建的京剧演出社团。这个剧团在成立之初规模不大，组织松散，与跑码头的传统戏班相差无几。1937年重返上海后，经过重组和扩建，成员已有140人。偌大专业剧团，组建起来不容易，维持下去更是难上加难。周信芳以"德"服人，又以"艺"立人。他集编导演于一身，全力支撑自己所在的班底。为了保证剧团的演出开支和百余人的日常生活，周信芳首先在卡尔登大戏院推出了

《明末遗恨》和《徽钦二帝》两部戏，既照顾到上海观众的趣味，又借古讽今，切中抗日救亡的民族心理。这两部戏的演出营销策略取得了极大的成功，在演出期间几乎场场爆满，引起了观众强烈的共鸣。而后，又编排连台本戏《文素臣》，4 年间连演 6 本，不仅财政大有好转，而且还使移风社蜚声上海。

除了排戏的编导工作外，周信芳还对移风社的成员提出了特别要求，即树立严格认真的演出作风，上场直呼直令，不准敷衍马虎，而在排演一些名著改编的戏时，要求演员阅读原著，了解剧中角色的原型，并且在排演之后进行研讨。在周信芳的言传身教下，移风社带出了一批德才兼备、训练有素的演员，当时的京剧界对移风社的评价颇高，业内人士说："卡尔登来的人是有王法的。"

移风社存在了 9 年时间。1941 年，上海日伪特务机关"76 号"头子，要周信芳去唱堂会，周信芳拒唱堂会，此后移风社屡接恐吓信，被迫停演。8 月移风社被迫解散。

以移风社租赁卡尔登大戏院为标志，上海的剧场管理模式也发生了改变。它没有沿袭那种由剧场老板聘任组班的惯制，而是赋予了移风社管理者周信芳在经济、人事、业务等方面的自主经营管理权。这种模式削弱与遏制了以往来自剧场老板的商业性干涉，不但使移风社的组织规模、管理体制、运作方式发生了新的变革，而且也强化了卡尔登大戏院演出的艺术特色。麒派艺术通过周信芳的编导风格在移风社里得到推广与发展，而这种以流派创始人为核心的创作表演集体形成的专业剧团，也开创了海派京剧史上集团型艺术流派的范例，为近代上海的演出经营提供了新的模式。1946 年春至 1947 年年底，周信芳承租黄金大戏院，一人兼任了剧场的前后台经理，黄金大戏院的麒派剧团也成了海派京剧的一支劲旅。

第三节　宁波帮经营的图书出版产业

近代上海是中国的文化出版中心。由于这座城市的特殊性，随着商业、工业市场的成熟，文化市场、文化消费群也渐次形成。这座移民城市吸收了大量文人墨客，逐渐成为文化生产的主体，图书、杂志、报纸、唱片经营也渐成体系。在这样的背景上，宁波帮的文化出版产业显现了自己独特的个性。鲍咸昌的商务印书馆、邵洵美的时代图书公司、张静庐的上海杂志公司以及张啸林的长城唱片公司，都为历史书写了最精彩的一笔。此外，金臻庠的《时事公报》、董显光创办的《庸报》也在上海之外开出了自己的一片天地。

一　鲍咸昌与商务印书馆

商务印书馆是中国现代出版业最引人注目的企业，对中国近代印刷出版事业的发展影响深远。商务印书馆创办于 1897 年，它的创办者之一就是宁波人鲍咸昌[①]。在他的谋划之下，商务印书馆购进新型机器，招纳各类人才，建立全国发行网，20 年的苦心经营终使这个当初只有 3 部手摇机器的小小印刷厂一跃成为中国以及亚洲最大的文化出版企业。100 多年来，商务印书馆为中国文化教育出版事业的发展，沟通中西文化，促进西方近代自然科学在中国的传播和普及做出了重要贡献。商务印书馆的出现，打破了以美华书馆、申报馆为主的外国人垄断中国近代印刷业的局面，促进了中国近代印刷业的发展，是中国近代印刷业全面崛起的标志和动力。鲍咸昌是商务印书馆的创办人之一，为商务印书馆的发展起到了重要作用。

鲍咸昌与其兄鲍咸恩以及高凤池、夏瑞芳都曾经在清心学堂读书，他们 4 人既是同学，毕业后又都在报馆、书馆做事，从事同一行业。议论起在外国老板手下工作常受欺凌的情景，他们觉得与其寄人篱下，不如自立门户。经过筹算，认为如果办一个印书房，做点印刷生意，只要每月有六七百元（指银元，下同）的营业额，就已足敷开支，而当时他们估计每月可接到几笔商店、行号的小生意，如传单、发票、招贴之类，并且可以替圣书会、圣约会、广学会印一些印刷品，月收入 700 元的目标可以达到，故于光绪二十二年三月初三

---

① 鲍咸昌（1864—1929），字仲言，鄞县（今鄞州区）人，商务印书馆创办人之一。

（1896 年 4 月 15 日）在三洋泾桥一家小茶馆楼上，正式订立了创办印书馆的议约，根据业务性质定名为"商务印书馆"。

创办印书馆的目标确立后，他们便开始筹集开办资金，购置了 9 部简单的印刷机器以及中西文铅字工具。1897 年 2 月 11 日，商务印书馆在上海正式开张营业。鲍咸昌在商务印书馆草创初期主持排字房的工作。当时设备简陋，只能印刷诸如商业簿册之类的简单印刷品。他不辞劳苦，花费许多心血，积极从事铅印、石印新方法的探索和实验，为提高印刷品质量做了不少贡献。1900 年，商务印书馆率先用纸型印书，1904 年使用著作权印花，这在中国均属首次。鲍咸昌精通业务、熟悉工艺且长于管理，以诚待人，在协助时任印刷所所长的兄长鲍咸恩工作期间，把印刷所的工作安排得井井有条。1910 年，鲍咸恩去世后，即由鲍咸昌主持印刷所工作，他在印刷所推行了一整套有效的管理制度，奖勤罚懒，对在印刷技术上做出改进和有发明的工人，奖励备至。商务印书馆印刷成绩斐然，出版物深得社会好评，声誉鹊起。

商务印书馆的业务最初以印刷商业簿册表报为主，4 位创办人既不属于文人或知识分子圈，亦无显赫的家世，他们背景平凡，自小投靠外国传教士才有机会接受教育。他们将出版印刷视为个人的终生职业，一种谋生的门径。他们知道仅凭自己，很难将商务印书馆的实力扩大，如果要进一步巩固出版势力，就得拉拢像张元济一类的传统士绅、知识分子加入，弥补本身眼光、学养与人脉关系的不足。1902 年，张元济应邀进入商务印书馆，经他擘画，商务印书馆设立了编译所、印刷所和发行所，并且聘请蔡元培为首任编译所所长。张元济还延请了一大批知名学者和专家加盟，制订了系统全面的编辑出版计划。他首先组织编写新式教科书、工具书，组织翻译出版了一大批外国学术名著和文学名著，并且编辑出版了 10 多种在民众中有广泛影响的杂志，使商务印书馆逐渐成为一个真正意义上的出版企业。10 年间，出版了《世界丛书》《百科小丛书》《四部丛刊初编》《中国人名大辞典》《中国医学大辞典》《世界文学名著丛书》《综合英汉大辞典》《科学大纲》等一大批名著和工具书，革新了《小说月报》《学生杂志》《妇女杂志》，创刊了《儿童世界》《儿童画报》《小说世界》《出版周刊》和《自然界》等杂志。这一时期还创办了励志夜校，设立了香港商务印书馆印刷局，并且将涵芬楼改组为东方图书馆，正式对外开放。

商务印书馆的迅速发展，也仰赖作为决策者的鲍咸昌敢于和善于及时引进西方的先进印刷技术和设备。他不断进行设备更新和技术改造，聘请外国专家来商务印书馆传授新技术，派人到国外去学习考察，同时还举办工厂管理训练班，聘请 10 余位专家来讲授现代工厂管理知识，受训者多达 110 余人。1913 年，鲍咸昌曾经去英国、法国、德国、奥地利、美国、日本考察印刷技术和业务，定购了不少新机器，学到了不少先进的印刷技术和方法。回国后致力于扩充印刷所，新添置了自动铸字机、彩印胶版印刷机和米利印刷机，同时组织力量不断革新技术。从 1903 年起商务印书馆即能自己制造石印机、铅印机和铸字机等多种印刷机械，自给有余，还售予其他印刷企业。商务印书馆还创制了中文打字机、仿古活字铜模及采用汉字与注音符号相结合的排版方式，使商务印书馆印刷质量及印刷所的规模在东亚名列首位。在鲍咸昌及同人的努力下，商务印书馆呈现了勃勃生机，打破了外国人垄断中国印刷业的局面。

二　洪雪帆与现代书局

洪雪帆[①]曾在商店当过学徒，在虞洽卿创办的证券交易所任过职，后来在长江一带经营过煤炭业，还当过宜昌税务局的科长。1927 年 7 月，洪雪帆与同乡张静庐等在上海合资创办现代书局，进入出版界。现代书局创办时共有 5000 元资本，其中洪雪帆 1000 元，张静庐和沈松泉各出 800 元，其余的则是向朋友们半募半捐筹集来的，当时仅在福州路光华书局对街租了一个单开间的店面。现代书局从 1927 年创办到 1935 年停业，虽然只存在了短短的 8 年时间，但是在出版史上却是一个非常重要的书局。

---

① 洪雪帆（1899—1934），浙江慈溪龙山镇人，出版商。

现代书局以经济入股来划分人的职务和权力，洪雪帆因为投入最多而出任总经理。现代书局刚刚开创时，资金并不雄厚，为了迅速回笼资金，他们急需出版能吸引公众并能够带来巨大利润的畅销性作品。由于当时有名的大作家不愿意把自己的作品交给小书店出版，于是现代书局就把目标集中在革命文学书籍的出版上。洪雪帆既出新书，也出再版书，内容大多与革命内容有关。现代书局1928年新出版21部小说，有10部是左翼文学作品；两部诗集全是当红革命文学家的作品，如郭沫若的《划时代的前后》和周全平的《残兵》，还因为革命内容而被当局查禁。其再版的书籍也有大量革命文学家的作品，如1929年，现代书局曾出版了蒋光慈的《野祭》第5版、《菊芬》第3版，再版了他的诗集《光慈诗选》，此外还再版了钱杏邨的《饿人与饥鹰》等。

作为现代书局的最高管理者，洪雪帆开书局的目的是为了赚钱。他不了解新文学运动，也不是某种思想的传播者，而是书籍的商品包装员和推销员。他大量出版革命文学家的作品并不是因为思想倾向于革命，而是因为革命文学在当时大受读者欢迎，有很可观的销售量，成本相对也比较低。就是说，洪雪帆出版革命文学是其商业策略的需要。当时的革命作家大多是一些年轻人，他们的创作带有很强的流行特质。革命作家“各尽所能的用着千变万化的花样来吸取广大读者去拥护他们”，认为“谁胜了谁就握得文坛的霸权”。他们操起当时流行的话题“革命”，强烈贬斥一切“非革命”或“不革命”的文学，给他们带上“过时”“落伍”的帽子。但是，年轻的革命文学家当时很难挤进大书店的门槛，大书店凭借雄厚的资本、宽广的发行面和良好的信誉得到优秀编辑和资深作家的青睐，而其本身也希望自己的刊物保持一种稳健的姿态，不在乎一时之利而着眼长远发展，对于政治态度激烈而没有什么艺术生命力的革命作家当然不屑一顾。所以，如现代书局这样的小书店就成了革命作家依赖的对象，而现代书局一类的小书店也正好借助于革命作家去争夺市场。再版革命文学家的作品也多是出于经济上的考虑，因为“从经济上看，出版一本已付版税的、不需再花任何推销开支的重版书，其成本比新书要低得多"①。现代书局在创立的初期大量再版革命文学家的作品，虽然是出于商业的考虑，但是在客观上也推动了革命文学的发展。

　　洪雪帆的出版观念与他的合作者张静庐有着相当大的差别。张静庐作为一个出版商，有特定的出版理念，也有一定的担当意识，他是用启蒙、引进新知以及紧跟时代的眼光来做出版的。当年在赵南公创办的泰东书局工作时，张静庐和创造社同人间就有紧密的联系，对社会思潮的发展有着相当透彻的了解，对新文化事业也有感情，因此他主张在不损害书局利益的前提下注重书局的文化品位。但是洪雪帆出版的核心观念是赚钱，什么书好卖就出什么书，文化品位不在他的考虑之列，为了达到商业目的，对煽情性作品特别看好。一位文友送来一部以情书为内容的书稿希望出版，张静庐回绝了，但是洪雪帆却大加推崇。很快这部情书就躺在现代书局的橱窗里，并且行销了三四版，大赚了一笔钱。为了迎合读者的趣味，洪雪帆主张一部稿子拿到手，先问题名，如果与"相思""恋爱"等字眼儿有关，那么就可以出版。这种唯利是图、哗众取宠的出版理念与张静庐格格不入，所以合作不久，二人就分道扬镳了。

　　张静庐离开后，由于各种原因，书局陷入困境，洪雪帆来找张静庐，张静庐答应重振现代，但却提出3个条件，"内部的业务完全由我主持，使我可以放手做去"，"公司的事业不能视为私人产业，扩大股份，成立正式有限公司""用人以人才为主，职员的进退，须经过二人事前的同意"。② 洪雪帆与张静庐的第二次合作，改变了一人说了算的家长制格局，形成了各部门负责、任人唯贤的管理模式。1932年1月28日，日本人在上海吴淞口发动侵略战争，上海的经济、文化、民生遭受极大的破坏，在出版界最有影响的商务印书馆被毁，《小说月报》停刊。停战以后，洪雪帆决定创办一个文艺刊物，便邀请青年作家施蛰存主编《现代》文艺月刊。他抓住淞沪战役后商务印书馆等

---

　　① ［美］德索尔：《出版学概说》，中国书籍出版社1988年版，第50—51页。

　　② 张静庐：《在出版界二十年》，上海书店1984年版（根据上海杂志公司1938年版复印），第147页。

大书店被炸一时缓不过劲儿来的机会，抢占了大型书局在文坛上的位置。5月1日，《现代》创刊号出版，立即受到全国读者的欢迎。著名作家鲁迅、周作人、郭沫若、郁达夫、茅盾、丁玲、穆时英、徐訏等都在《现代》上发表作品，成为当时最有名的大型文艺杂志，发行量最高时达 1.5 万份左右。现代书局的信誉与营业日益隆盛。不过，在洪雪帆与张静庐之间，他们二人对出版方针有着非常大的分歧，1934 年，二人再度分道扬镳。同年 11 月，洪雪帆逝世，国民党当局派人"接管"现代书局，但是这些党棍并不是真正从事文化工作的，1935 年 5 月《现代》停刊，现代书局也随之关门。

洪雪帆也曾经想要有所改变。洪雪帆逝世后，郁达夫曾写《追怀洪雪帆先生》一文，赞扬洪雪帆的人品、敬业精神和对文化事业的贡献，也为他"不能享到中寿"而痛惜不已。这篇文章记述了他们之间的友谊，也记述了洪雪帆在与张静庐再次分道扬镳后的一个新打算："我以后想改变方针，不以营利为本位，就是蚀本，也想出几部在文化史上有地位的书。一般作家，实在太苦不过，假若是可能的话，我先想出一种无名作家的丛书，将这丛书的利润提出来，专做救济穷作家之用，积成一种扶助作家的基金，将来或者也许要请你当一位义务的委员。"可惜三四个月以后，洪雪帆便离开人世，这种愿望也终未能实现。

三　张静庐与现代书局、上海杂志公司

张静庐[①] 1919 年开始进入出版界，在其后的 30 年时间里，或参与其事，或实际主持，或亲自创办书局、书店（如泰东图书局、光华书局、现代书局、上海联合书店、上海杂志公司等）。虽然这些书局、书店不能与商务印书馆、中华书局等大书局相提并论，但是在中国现代思想文化史上仍然占有重要的一席之地。张静庐也因此成为近现代出版史上的重要人物。

---

① 张静庐（1898—1968），原名张继良，浙江镇海县龙山乡西门外村（今属慈溪）人，中国出版家和出版史家。

　　张静庐出身于屠户之家，1911 年从龙山演进国民学校毕业后，先后在上海烧酒行、纸行当学徒。他酷爱读书，在当酒保和学徒期间，因看书、写稿忘了干活，两度成了"回汤豆腐干"（指没满 3 年学徒期而中途被店主辞退）。张静庐还常去书店林立的棋盘街几家书店翻看书刊，被同事们喻为"棋盘街巡阅使"。书籍激发了小小酒保的无限遐想，他唯一的愿望就是想到出版《小说月报》的商务印书馆里去当一名练习生，这样就可以永远与书为伍了。他白天学徒做工，晚上熬夜苦读，凭借对书的迷恋和对文学的执著，16 岁自办《小上海》《滑稽林》刊物，18 岁去天津任《公民日报》副刊编辑，后随报馆迁京。这些经历使他与书结下了不解之缘，也为他从事出版发行工作后首创书店开架售书伏下了契机。

　　张静庐是从上海泰东图书局踏入出版界的。在积累了一些经验之后，1925 年张静庐与沈松泉、卢芳创办了光华书局。张静庐任经理，沈松泉主管出版，卢芳负责营业（几年后卢芳和张静庐先后退出）。光华书局是旧上海第一家专出新文艺书刊的出版机构，与郭沫若、成仿吾、郁达夫等进步作家组织的新文学团体——创造社关系密切，出版了许多创造社同仁和"左联"作家的文集。郭沫若在《创造十年续编》中曾说："那书店（光华书局），可以说是作为创造社的托儿所的形式而存在的，这关系在后来创造社被封以后是尤其显著。"[1] 由于光华书局出版的书刊有将近 40 种被国民党查禁，经济上受到很大打击，营业收入每况愈下，因此无力偿还欠印刷所和纸行的债务，于1935 年 5 月被法院查封。

　　张静庐曾经于 1927 年与 1931 年两度与洪雪帆合办现代书局，任经理。初时曾经集资 5000 元，并向银行贷款数万元进行经营，但是因为意见分歧被洪雪帆排挤出去。张静庐原本打算光华书局以出版文艺书刊为宜，现代书局则主要出版社会科学书刊。但是因为与洪雪帆意见不合，这些计划无从实现。张静庐尝试创办一家以出版社会科学书刊为主要业务的上海联合书店，又因国民党当局查禁而难以维持。

------

①　郭沫若：《沫若自传（上）》，求真出版社 2010 年版，第 309 页。

后来洪雪帆一再恳请张静庐重返现代书局，他们就又走到一起共同经营现代书局。

张静庐重返现代书局后，在人事组织、经营管理、编辑业务等各方面都有较大的改革，成效显著。他邀请施蛰存主编《现代》月刊，每期发行量达 1.5 万份，这在当时中国出版界是很少有的。出书的品种也随之增加，第一年的营业额由原来的法币 6 万余元骤增到 13 万余元。他们在几个大城市设立了分支机构，有重点地建立了自己的发行网络，并且根据资金周转状况制订了为期 3 年的编辑出版计划。现代书局在张静庐主持下，业务大为发展，成为当时国内颇负盛名的一家新起的文艺书店。后来，因为合作者之间对出版方针意见分歧很大，1934 年张静庐赴四川筹设分局之际，再被排挤去职。随之，国民党当局派人"接管"现代书局，没有多久，现代书局便因无法维持而关闭。

张静庐自踏入出版界，先在泰东图书局任编辑，接着合资创办光华书局和现代书局，又独资经营上海联合书店，几起几落，波折颇多。上海联合书店经营失败和在现代书局两次被排挤，给张静庐的打击十分沉重。张静庐根据长期从事出版工作的经验和切身体会，认为当时出版界只有 3 件事情还可以做，一件是编辑出版中小学教科书、一件是标点出版古籍（主要是笔记小说类）、一件是经营杂志发行业务。经过反复考虑，张静庐决定创办上海杂志公司。

1934 年 5 月 1 日，张静庐创办的"上海杂志公司"开业，这是中国第一家以代订、代办、代理杂志发行业务为专业的新型书店，创办费仅有 20 元。由于资金太少，初时以贩卖期刊为业务内容，采取"代订代办发行"为主，出版为副的方针。经过 1 年多的经营，稍有资本积累后，开始把业务向其他方面拓展。张静庐出版了鲁迅所主持、黄源主编的《译文》，孟心主编的《自修大学》，艾思奇、柳湜主编的《读书生活》，沈兹九主编的《妇女生活》等杂志。1936 年起，张静庐把重心转移到出版上，出版了《高尔基选集》《中国文学珍本丛书》《青年丛书》等 100 多种书籍。

《中国文学珍本丛书》的出版显示了张静庐独特的创意。当时，古籍出版在中国出版界方兴未艾，张静庐邀约施蛰存、阿英等名家负责编辑校对，以"珍本大众化"和"丛书杂志化"相号召，广泛征订，预约出书。所谓珍本大众化，就是将一些流传较为罕见的古籍，用低廉的价格将它们选印出来，供应给一般大众读者；所谓丛书杂志化，就是规定丛书的刊行，每逢星期六出版1部，其情形类似于定期出版的周刊杂志。为避免读者阅读时感到枯燥和单调，还有意将诗词文曲调剂开来，在出版时间上错杂分配。当时商务印书馆、中华书局、开明书店等大书局都在大张旗鼓出版古籍的兴头上，张静庐将《中国文学珍本丛书》做这样一种选题安排和出版策略，从商业竞争的角度而言，应该说是别具匠心的。尽管由于计划得不够严密，加上印刷技术等方面的限制，丛书在编选和校印的质量上也并不尽如人意，但是它还是争取到了很大一批读者，利润也比较可观。

抗日战争全面爆发后，上海杂志公司为配合抗日宣传，编辑出版了一批战时新书，由张静庐自己编辑的有《在西战场》《东战场》《平汉前线》和《闸北血史》等。随着时局的急剧变化，上海杂志公司总公司从上海迁移到武汉和重庆，并且先后在重庆、桂林、长沙、宜昌、广州、柳州、梧州、金华、温州和昆明等城市设立了分公司，还在桂林设立了出版部。在抗战时期，上海杂志公司出版了大量宣传抗日救亡的书刊，如丁玲、舒群主编的《战地》，胡风主编的《七月》等刊物，刊行文艺书籍百余种，极大地配合了抗日宣传。据曾任上海杂志公司经理的张鸿志粗略估计，上海杂志公司前后出书上千种，为宣传抗日、传播新文化和新思想尽了自己的一分力量。在抗日战争的烽烟中，上海杂志公司在日本帝国主义和国民党当局双重摧残下，经济上遭受重大损失，广州、长沙、宜昌、柳州、梧州和温州等地的分公司相继沦陷于敌手，重庆分公司遭日机轰炸，金华分公司被国民党当局查封。1944年湘桂大撤退途中，上海杂志公司总公司的资产在黔桂路金城江车站遭日机轰炸，毁于战火。

张静庐以毕生精力办书店、书局及杂志公司，积累了许多宝贵经验。他把自己的出版经历写成自传，称自己"是个'出版商'，20年来生活在这圈子里，姑不论对于文化工作做到如何成绩，对于社会影响达到怎样程度，但是，我是个'出版商'而不是'书商'，希望认识我和不认识我的朋友们对于我有这最低限度的了解！——这是'差之毫厘谬以千里'的分界线"①。他认为，"钱，是一切商业行为的总目标。然而，出版商人似乎还有比钱更重要的意义在这上面。以出版为手段而达到赚钱的目的；和以出版为手段，而图实现其信念与目标而获得相当报酬者，其演出的方式相同，而其出发的动机完全两样。我们———一切的出版商人——都应该从这上面去体会，去领悟。"② 在晚年，张静庐又把收集保存的大量第一手中国近代出版史料编辑成书，从而为中国文化史、出版史留下了一批极为宝贵的重要文献。

四　邵洵美的金屋书店与时代图书公司

在出版家中，邵洵美③是一个另类。他将诗人的气质带到出版活动之中，唯美而不唯利。无论是金屋书店还是时代图书公司，他都将美与个性熔铸于出版物中，屡办屡败，屡败屡办，家业赔尽终不悔，"毁家兴书"心也甘。在中国现代出版史上，邵洵美是个人投资购买影写版印刷机的第一人。他开办的时代图书公司出版了一系列有影响的期刊，培养了很多作家、编辑、漫画家。他自己也编辑出版过一些有影响力的刊物。虽然邵洵美很难算是一个合格的商人，但是他出版的书籍、杂志都极有品位，已经成为今天见证历史的重要史料，对中国现代文化研究具有独特的价值。

邵洵美出生于显赫家庭，曾经留学英国剑桥大学的伊曼纽尔学院经济系，1926 年中断学业回国。老朋友刘纪文出任南京特别市市长，邀请邵洵美去当秘书。他只干了 3 个月就弃官而走，发誓一辈子再也不当官。他沉浸在读书、写诗、做文章、编杂志、办书店的忙碌中。

1926 年夏天，邵洵美留学回国途中在新加坡偶然看到滕固等人编

---

① 张静庐：《在出版界二十年》，江苏教育出版社 2005 年版，第 136—137 页。

② 同上书，第 137 页。

③ 邵洵美（1906—1968），原名邵云龙，浙江余姚人，新月派诗人，诗人，散文家，出版家，翻译家。

辑的《狮吼》半月刊，极为欣赏，一到上海便成为狮吼社的关键成员。邵洵美主持社务以后，凭借经济实力，先后推出了"狮吼社丛书"和《狮吼》月刊（1927 年 5 月至 1928 年 3 月）、《狮吼》半月刊复活号（1928 年 7 月至 1928 年 12 月），出版了滕固的理论专著《唯美派的文学》、自己的诗集《天堂与五月》，发表有诗歌《神光》、小说《搬家》等受到文坛好评的作品，还撰文介绍了罗赛谛①、乔治·摩尔②等有影响的外国作家。

　　1928 年，金屋书店宣告诞生。"金屋"名字的取义，既不是出于"藏娇"的典故，也不是缘于"书中自有黄金屋"的诗句，而是出自一个法文字眼，即"La Maison d'or"，其声音悦耳动听，照字义翻译过来便成了"金屋"。金屋书店开办后出书 30 种左右。包括狮吼社同人的著作（如滕固的《外遇》、章克标的《银蛇》、黄中的《妩媚的眼睛》、邵洵美自己的《一朵朵玫瑰》等）、朋友的作品（如郭子雄的《春夏秋冬》、卢世侯的《世侯画集》、张若谷的《文学生活》等）和朋友相托之书（如沈端先的《北美印象记》、王任叔的《死线上》、陈白尘的《漩涡》等）。这些书均属文学范畴，多为小说、理论、诗歌和译著，大都具有唯美色彩，很少有畅销书。邵洵美不是一个"称职"的书店老板，无论在寻找著作人、组织书稿，还是在书店的经营筹划上，都漫不经心。他办金屋书店，主要是自用，服务于他和他的文友。他很重视图书的装帧，他出版的书有各种开本，各种版式，用纸考究，书籍的封面装帧常是独具一格，别出心裁。他把资金全部投入对艺术的追求，根本不图经济利益。所以金屋书店于 1930 年 10 月基本关闭。1929 年出版的《金屋月刊》出满 1 卷 12 期后也不告而停。

　　1930 年年底，应漫画家张光宇的邀请，邵洵美加入中国美术刊行社，关闭了金屋书店，投资办《时代》画报。他十分重视画报，认为

---

　　① 罗塞谛（1830—1894），英国女诗人，著有《妖魔集市》《王子的历程》《赛会》等诗集。

　　② 乔治·摩尔（1852—1933），爱尔兰作家，著有《热情之花》《异教徒诗集》《现代情人》等作品。

"画报能走到文字所走不到的地方",①"先要用图画去满足人的眼睛,再用趣味去松弛他的神经,最后才能用思想去灌溉人的心灵"。②为了使画报达到最佳效果,他于1932年初用出卖房产所得的5万美元,从德国订购了全套影写版的照相、制版、印刷设备,并于当年6月成立了时代印刷厂。这套德国机器也是中国印刷界正式使用的第一套影写版印刷设备,代表了当时的最高水准。不过,在经营上时代印刷公司业务不足,机器停工的时间远比开工的时间要长,而且常有制版印刷的款项收不回的情况。

1933年10月邵洵美创办时代图书公司,1933年12月又成立了第一出版社。这个出版社是为了保护时代图书公司而采取的一种策略,用来出版邵洵美所办的带有政论性的刊物,如《论语》《十日谈》《人言》等。

时代图书公司当时拥有9大刊物,按创刊时间依次为:《时代》画报（1929—1937）、《论语》（1932—1937、1946—1949）、《十日谈》（1933—1934）、《时代漫画》（1934—1937）、《人言周刊》（1934—1936）、《万象》画报（1934—1935）、《时代电影》（1934—1937）、《声色画报》（后改周报,1935—1936）、《文学时代》（1935—1936）。这些刊物装帧漂亮,内容丰富,有些在当时堪称独树一帜,起着引领时代潮流的作用。如《时代》画报,画面精美,关注时事,从1929年一直办到1937年,在长达9年的历程中,出版期数多达119期（包括一期号外）,基本涵盖了抗战全面爆发以前的整个20世纪30年代。《时代》画报完整地展现了许多事件,使人们能够以一个连续的视角观察社会。它刊发的几万幅照片、几千篇文章堪称一个巨大的宝库,任何领域从事研究的人都能够从中发掘出宝藏。再比如《时代漫画》,出版时间长达3年半,拥有百人以上的作者队伍,发行数量达1万册,是民国期间中国出版时间最长、影响也最大的漫画刊物;散文刊物《论语》,问世不久即一纸风行,并且经久不衰,

---

① 邵洵美:《画报在文化界的地位》,《时代》1934年第12期。

② 同上。

不但分流出众多跟风模仿的杂志，还在文学史上形成了一个文学流派——论语派；《人言周刊》兼蓄时论和文学作品，风格鲜明，出版期数多达 115 期，撰稿队伍包括胡适、郁达夫、林语堂等名家。

　　邵洵美并不单纯以出版物的数量多而满足，而是追求出版物有新意，对文学艺术有贡献。他主持的《声色画报》、"论语丛书"、"自传丛书"、"新诗库丛书"、"时代科学图画丛书"等，都是苦心孤诣、辛勤策划的出版物，耗费了大量心血，但是结果往往是付出难以得到回报，最终以亏本告终。"时代"同人 1934 年创刊《万象》画报时充满豪情，宣称要"将现代整个尖端文明的姿态，用最精致的形式，介绍于有精审的鉴别力的读者"①，画报为大 16 开本，有大量彩页，用三色铜版和彩色橡皮版精印，内容非常丰富，装帧堪称豪华。但是刊物出版后亏损得十分厉害，只出了 3 期就不得不停刊，因为过高估计了读者的"欣赏兴趣"和"购买力"。

　　抗战时期，邵洵美的出版思路也进行了相应的调整，从"唯美"到"现代"再到"紧跟时代"，越来越贴近民众，贴近生活。伴随着"一·二八"事件，邵洵美及时创办《时事日报》，反映民众的抗战呼声，唤起全国人民同仇敌忾的抗日情绪。1938—1940 年，他与项美丽合作创办《自由谭》月刊（1938 年 9 月 1 日创刊），即 *Candid Comment Chinese Edition*（《直言评论》中文版）②，旗帜鲜明地提出"追求自由"的理念。他以各种化名为《自由谭》写了许多富有战斗气息的短论，揭批日寇的暴行和汉奸的无耻。同时，他又借《自由谭》向读者推荐毛泽东的《论持久战》，称它是一部"人人能了解，人人能欣赏，万人传颂，中外称赞"的作品。项美丽将《论持久战》译成英文后，邵洵美立即将其在《直言评论》（《自由谭》英文版）上连载，并且出版了《论持久战》的单行本。毛泽东专门为英文版《论持久战》写序，邵洵美又亲自将其译成英文列在单行本前面。《自由谭》深受读者欢迎，还远销香港，受到香港《大公报》的佳评。英

---

　　①　《编辑随笔》，《万象》画报 1934 年 5 月创刊号。

　　②　《自由谭》与《直言评论》为邵洵美与项美丽合作创办的姊妹月刊，《自由谭》用中文出版，《直言评论》用英文出版。

文版在国外影响颇大，特别是连载了毛泽东《论持久战》的英译文之后。后来《自由谭》在日本特务的威胁恫吓下被迫停刊。

抗战胜利后，邵洵美仍旧致力于出版业，曾经出任《见闻》时事周报总编。复办《论语》半月刊时，尽管经济拮据，他仍然咬牙负债经营，要借此继续给读者"心灵的灌溉"，让人们能够在愁苦中发出"会心的微笑"。这本刊物用"谑而不虐"的"春秋笔法"倾吐自己的不满心声，批评时政时弊，挖苦国民党政府钳制言论自由，讽刺"国大代表"选"总统"的丑剧，指责"金融改革"和实施"新经济政策"的失败，揭露其收缴黄金美钞，使人民损失巨大的阴谋。及至人民解放军逼近天堑长江，国民党政权摇摇欲坠，蒋介石首先逃往台湾，接着达官富豪纷纷出逃时，《论语》出版了"逃难专号"，对他们讽刺到了极致，这时不再管什么"论语同人十戒"了，于是《论语》被勒令停刊。《论语》是邵洵美办的所有刊物中唯一有盈利的，从 1932 年 9 月创刊到 1949 年 5 月（其间抗战 8 年停刊）共出版了177 期，其中邵洵美主编近百期。

邵洵美把开书店、出刊物作为终生事业去追求，娱人悦己，不以谋利为旨，常在亏损累赔的情况之下亦倾注全部心血和财力去经营。邵洵美天性是个诗人，他做很多事，往往就是自己认为有意义，会受社会欢迎，而很少去做市场调查，通盘考虑。比如他变卖房产向德国订购印刷设备，却没有充分考虑业务量的问题。由于经营不善，五六年中曾经亏蚀一二百万元，以致一份偌大殷实的家产被消耗殆尽。

1949 年新中国成立后，邵洵美留在上海，被定为"工商业主"。夏衍代国家征购了邵洵美的那台德国印刷机，邵洵美得了一大笔款项，这又激起了他扩大书店的愿望。1950 年元旦，邵洵美全家移居北京，他想在北京开设时代书局分店。但是不久，《人民日报》一连 7天以每天半个版面的篇幅批判上海时代书局的出版物中有这样那样的错误，随之而来的是上海新华书店的大量退货。因资金严重亏损，再也无法运营，邵洵美的出版事业就此画上了句号。

1958 年邵洵美因"历史反革命"罪被投入监狱，1962 年 4 月才被释放。他的经济状况一直很困顿，1968 年 5 月 5 日，这位曾经富有的诗人出版家因病去世，留下了一笔不小的债务。

五　金臻庠的《时事公报》

《时事公报》（后改名为《宁波时事公报》）于 1920 年创办，1948 年停刊，是一份综合性日报，发行至沪杭甬各地，最多时发行量达 1.5 万份。除日军侵占宁波的 5 年外，《时事公报》从未间断，出报近 30 载。《时事公报》的创办人金臻庠①是一位爱国报人，这份报纸是他倾注了一生心血的事业。

金臻庠幼年丧父，家道中落，母亲执教毓秀小学，兼以绣花、绘画收入维持家计，又获以贩运生猪为业的沙姓四舅每月资助食米 1 石，培植他和哥哥润庠、弟弟安庠求学。在窘境中金臻庠养成了倔强的个性。就读教会创办的斐迪学校时，见同学受到英籍校长雷海伯凌辱，心中不平，因发动罢课而被开除。后往上海当钱庄学徒，不久钱庄倒闭，他又因失业回到宁波。而后即到卢家衖头北隅小学、药行街崇迪小学任教。曾经因建议改进教学方法而遭白眼，遂辞职筹办钟灵小学（棋杆巷小学前身），并且自任校长。

"五四运动"爆发后，他积极参加各种爱国活动，组织救国 10 人团，自任会长。设办事处于应家弄傅家房子后面，联合张传畴领导的学生会，雷厉风行地查禁日货。他们深入街道商铺，依靠青年店员，掌握内情，打击奸商，顶住威胁利诱，当众大量烧毁日货。一时声势浩大，风靡全城。救国 10 人团为揭发奸商罪行，投书当时宁波最大的《四明日报》，都遭拒登。由于当局对运动的限制和《四明日报》对爱国青年的冷嘲热讽，金臻庠决心办一份"敢为民众喉舌"的报纸，以宣传爱国思想、唤醒民众。他凭着一股热情，邀集志同道合的青年朋友，自筹股金，1920 年 6 月 1 日综合性日报《时事公报》创刊面世。初出对开一大张，报名题字系于右任手笔。由于办报方向对头，迎合时代革命潮流，满足读者爱国愿望，销量不断增长，很快占

---

① 金臻庠（1896—1966），号恨顽，笔名金雁桥，镇海县城人，《时事公报》的创办人与经营者。

据《四明日报》的发行领域。

在《时事公报》创办之前，金臻庠曾经尝试过办报。1915 年他创办了第一份报纸《詹詹报》，这是宁波最早的专门报道娱乐信息的周报，主要登载剧评和戏剧界消息。出版时间虽短，却积累了相应的经验，为以后的办报事业打下了基础。《时事公报》创刊时，金臻庠年仅 24 岁。他一面掌管人事、财务，处理日常事务，一面协编新闻，有时还用"雁桥"的笔名发表一些短文。

金臻庠的办报理念是"无党无派"，"敢为民众喉舌"。他在《时事公报》创刊号上发表启事，宣告办报宗旨："本社发起之初旨，勿以浪漫文字相惠顾。各本心得之主张，以事实为根据，发挥讨论以达改造思想和社会之目的。"在这样的主张下，《时事公报》登载新闻又多又快，尤其敢于迅速报道社会生活中的重大新闻。1922 年 5 月，镇海县署捉获 1 名盗匪，查系炮台司令部张伯岐部下士兵。《时事公报》的庄禹梅写了题为《兵化为匪之可危》的社评，刊出后，记者受到查缉，金臻庠与庄禹梅被迫投案，关押 25 天获释。事情传开，读者盛赞金臻庠、庄禹梅不畏权势，敢捋虎须。《时事公报》顿时声誉大振，销量猛增。金臻庠因此更坚定了"报纸不封不是好报纸，编辑不抓不是好编辑"的信念。

金臻庠擅长组织重大新闻的连续报道。1925 年 5 月 30 日，上海 12000 余学生和民众为日方枪杀中国工人代表顾正红、打伤工人之事在租界内散发传单，集会讲演，遭到英国巡捕的逮捕镇压，死十余人，伤无数，造成震惊中外的"五卅惨案"。消息传到宁波，6 月 1 日《时事公报》迅即在 1 版刊登专电"黄浦江边之新惨剧"，以最快的速度向甬城市民报道英法租界枪杀中国工人和学生的流血事件。《时事公报》通过"专电""国内新闻""国外新闻"等形式全方位、立体、密集、快速地报道了"五卅"事件的真相和进程，又通过"四明新闻"和"本省新闻"报道社会各界对五卅事件的态度，构成强大的援助之势。在报道五卅事件中，仅 6 月份前 10 天，《时事公报》刊发的关于上海工人和学生被枪杀、"五卅"之后沪案的进展及北洋政府交涉之情形的"专电""国内新闻"达 90 余条，在四明新闻上刊发甬人援助上海工人学生的宁波新闻达 254 条，配发评论 17 篇。进入 7 月份后，《时事公报》仍然密切关注沪案的后续情形，四明新闻版设有专栏"渴望外交胜利之奋斗不倦""各界援救惨案消息种种"，这些专栏一直延续到 8 月初。如此的报道规模远远超出了同城其他报纸，在短短的 1 个月中谱写了气势恢宏、团结御侮的爱国篇章。

1932 年淞沪抗战爆发后，《时事公报》又开始对淞沪战争进行全面报道：叙述战争起因和各方态度，报道 19 路军顽强作战、英勇杀敌的战况信息，揭露日军表面同意停战、实际上不断生事的真相。《时事公报》动用了动态消息、各方专电、长篇报道、时事评论甚至广告等各种传媒形式，在多个新闻版面上对淞沪抗战进行报道，绵延 3 个多月，连篇累牍，是《时事公报》继"五卅运动"之后又一次轰轰烈烈、场面宏大的新闻会战。在这里，《时事公报》不仅是信息与舆论的传播者和引导者，而且还是抗日保家卫国的组织者和执行者。为了支持淞沪抗战，《时事公报》在 1 版刊登慰劳前线将士的广告："前线将士，喋血拼命，为谁牺牲？后方同胞，安居乐业，受谁之赐？恳求同胞，眼光放远，良心放平，有钱捐钱，有物助物，快来慰劳我为国牺牲诸将士！"广告从 1932 年 2 月 26 日起刊登，一直延续到 4 月 2 日。在淞沪抗战时期，宁波市民送到《时事公报》的捐款就达 10203.5 元、麻袋 2959 条，慰劳士兵的咸光饼 70 万个，此外还有棉裤、丝袜、卫生衫、生姜糖等不计其数。金臻庠和职工们一起负责接收、包装、转运送达前线。报纸舆论鼓动了宁波人爱国热情，激发了民众"国家兴亡，匹夫有责"的精神，密切了报纸和读者的关系。

《时事公报》设有国内新闻、地方新闻和国际新闻栏目，新闻报道量大，速度快，敢于涉及重大政治新闻。国内新闻的内容包括"重大时局信息""军阀权利斗争内幕""国内战事进展"，曾经发表过"马忠骏媚外卖路"（1920 年 6 月 14 日）、"吴佩孚干涉内阁之两电"（1922 年 8 月 12 日）、"金佛郎案解决"（1925 年 4 月 25 日）、"北京女师大风潮"（1925 年 8 月 7 日）等重大新闻以及三四十年代的"马占山孤军抗日"（1932 年 1 月 1 日）、"《新华日报》被毁，周恩来发表谈话"（1946 年 2 月 14 日）等重要新闻。1936 年 12 月西安事变发生，金臻庠不顾当局"不准登报"的禁令而发表此消息，还受过"停刊 1 周"的处罚。

《时事公报》还根据形势变化，随时调整报道方针，如副刊栏目，初创时为"五味架"，反映社会上甜酸苦辣咸、喜怒哀乐恨现象的小品居多，后改为"珊瑚网"，反映社会五光十色，适应各方面读者的品位。抗战爆发后改称"挺进"，唤起民众同仇敌忾，动员民众参与抗日救亡。

1941 年 4 月 19 日宁波沦陷，日伪劫夺报社并盗用报名继续出版，蒙骗读者。避难上海的金臻庠立即向国民党中宣部发电声明，并且在沪浙各报刊登启事广告，说明敌伪盗用该报名义的无耻阴谋，吁请各界勿致误会。1945 年 8 月日本投降，金臻庠返回宁波筹备复刊。不料国民党当局竟将报社当作"逆产"接管。金臻庠出示有关文书，据理力争，大费周折，直到 1946 年 2 月将报名改为《宁波时事公报》方允复刊。

1948 年夏，宁波地下党组织遭到破坏，多名中共地下党员被拘捕，其他报纸噤若寒蝉，不敢发 1 字，唯独《时事公报》刊登短讯："本埠日来人心惶惶，知识青年多人被捕……"因此国民党特务大骂金臻庠、《时事公报》为共产党报信。1948 年 10 月 23 日，复刊后的《宁波时事公报》因报道镇海保警中队中队长王佐周叛变率部离去的消息涉及军事秘密而被诬为"失实"，浙江省保安处长竺鸣涛用"造谣惑众"的罪名，一纸电令，绞杀了这一张宁波唯一历史最悠久的报纸。消息传出，甬地民众哗然，市民们纷纷要求政府取消对《时事公报》的禁刊令。金臻庠急向"内政部"声辩，要求收回成命，并且表明"万一不获所请，自后当以'在野'之身，仍为桑梓服务。一息尚存，此志不渝"①。鄞县县政府也承认《时事公报》对宁波社会发展所起的重大作用，并请求准予复刊。但是，

————————

① 《金臻庠启事》，《宁波时事公报》1948 年 10 月 24 日。

由于时局动荡和各种原因，《时事公报》没有复刊，金臻庠的报人生涯便就此结束。

六 董显光的《华北明星报》与《庸报》

在中国近现代新闻报刊史上，有一位非常著名的人物，名叫董显光①。他历任英文《民国日报》副编辑、《北京日报》主笔，兼伦敦《泰晤士报》驻北平记者、英文《密勒氏评论》周刊及《大陆报》记者，后任天津《每日新闻报》主笔及《庸报》创办人，在他的报人生涯中，《庸报》是最为精彩的一笔。

董显光儿时家境清贫，1899 年（光绪二十五年），其父通过教会，于上海承包建筑业务，全家迁居上海。他先后进入中西书院、清心中学及民立中学读书，在民立中学即将毕业的时候，他的父亲在修房时失足摔落致死，董显光不得不放弃自己的学业，去奉化龙津中学做英语教师。在龙津中学教书的 1 年时间里，董显光结识了班里的学生蒋介石。1907 年，董显光经人介绍，进入上海商务印书馆工作。1909 年，董显光在美国基督教长老会的帮助下赴美留学。他先入密苏里州巴克学院留学，后转密苏里大学、纽约哥伦比亚大学普利兹新闻学院专攻新闻。经过刻苦努力，董显光获得密苏里大学新闻学院学士学位，成为中国第一位赴美国学习新闻专业并获得学位的留学生。1912 年，董显光进入哥伦比亚大学普利策新闻学院攻读硕士学位课程，继续深造。在此期间，董显光积极从事采访实践，兼任《独立》杂志特约书评撰稿人，曾经访问过罗斯福总统。

1913 年春天，董显光接到母亲病重的家信，顾不得取得硕士学位便决定立刻回国。在归国的船上，董显光巧遇孙中山先生，并且对他进行了采访报道。孙中山和董显光交谈后，很赏识他的才干，将他推荐为国民党的机关报——上海英文《中国共和报》的副主编兼记者，同时孙中山还送他一把手枪留念。董显光在上海任职不久，孙中山又调他到北京担任《北京日报》（英文版）主笔，兼任美国《纽约时

---

① 董显光（1887—1971），鄞县茅山乡董家跳村人，著名报人、作家、外交家。

报》驻北京记者。这也为董显光以后成为国民党中央宣传部副部长做了坚实的铺垫。

1913年，国民党代理理事长宋教仁被袁世凯所派刺客暗杀，董显光在《中国共和报》显要位置发表文章，揭露袁世凯是宋案元凶，并四处奔走采编，使该报"盈篇累牍的记载轰动了全市的人心"。1915年，日本帝国主义乘袁世凯意欲称帝之机，向袁世凯提出了"21条"作为支持他当皇帝的条件，同时威胁袁世凯，如把"21条"的内容泄露给欧美国家，则将采取报复行动。袁世凯和日本政府万万没有想到，这笔政治交易会毁在一名叫作董显光的年轻记者手里。董显光作为《纽约时报》驻京记者，以特殊的新闻渠道掌握了"21条"的梗概，并且以特快消息发到美国。《纽约时报》收到后，即以"日本向中国提出灭国要求"的大标题，作为报纸的头条新闻刊出，引起世界轰动。这使袁世凯大为惊慌，日本驻华使馆更是大闹中国外交部，定要追究泄漏消息的人。因此，董显光不得不避居至天津，藏身在法租界内，至1916年事态平息，才返京出任全国煤油矿事务总署的英文秘书。不久，又随原国务总理熊希龄来到天津督办顺直水利委员会，任外事秘书。

1918年，董显光感到发展报业大有市场，曾经联合正在天津当律师的北洋大学法律系教授福克斯，创办了一份英文版的《华北明星报》，由福克斯出任社长和总主笔。董显光作为后台老板任董事，同时任上海《密勒氏评论报》特约评论员。《华北明星报》在美国内华达州注册，这样既可以发行海外，又免受官方干涉。董显光又以重金聘请了美籍犹太人索科尔斯基为《华北明星报》的副主笔，同时聘请曾任旧金山《纪事报》天津专栏编辑和在东京、北京、上海当过记者的美国人克立福德为编辑兼记者，还有一位名为协福森的外国知名编辑。《华北明星报》有了这几位资深的外国编辑、记者办报，很快名声大扬。董显光在经营上以降低订报费和天天出报的方式，与其他中外文报纸竞争，一年后就成为天津发行量最多的英文报纸。这可以说是董显光办报的初步尝试。

经过几年的办报，董显光在天津报业界声誉鹊起。1925年3月1

日，董显光又在天津创办了一份中文报纸《庸报》。董显光之所以取名《庸报》，是由于接受了控制华北平津大局的直系军阀吴佩孚的 2 万元开办费，以迎合吴佩孚尊孔崇孟的儒学中庸之道。报社开始的时候规模较小，人手不够。在忙不过来时，董显光常常一个人兼做发行人、主笔、编辑、广告经理和外勤记者。他有意识地把西方先进的办报观念引入中国，介绍给中国读者，并且在自己的办报实践中加以中国化。

1927 年，《庸报》的原经理离开了报社，董显光只得赴上海向《申报》的史量才求援。经过董显光和史量才协商，史量才将《庸报》作为上海《申报》在天津的分馆，并为《庸报》增添了 1 台新式卷筒机和一套制版设备，又为《庸报》装置了无线电台，自此《庸报》每日出对开两大张。《庸报》对人员也进行了调整，除重新聘请了经理、总编辑外，还请报刊名人主持副刊，并且联系了京津体育界的名人专写体育报道和评论。另外，董显光又聘人专译路透社英文稿，充实国际新闻。

董显光对报纸的版式也进行了大胆改革。当时，在天津出版的中文报纸一般多沿用英国报纸的格式，对此董显光把"美式"报纸经验与中国报纸相结合，做出了大胆改革。首先，在版式上一改过去各报第 1 版都以社论和广告为主的编排形式，而将时事要闻放在第 1 版，这是华北报界的首创。其次，《庸报》刊登的新闻一律采用大标题，遇到重要新闻，则做跨栏的长标题。1928 年皇姑屯事件发生后，董显光采用新的编排方式，在《庸报》上率先揭露日本当局是炸死张作霖的凶手，披露事实真相，引起社会各界人士和广大读者的高度关注。在董显光的精心安排下，《庸报》以突出编排本市各类新闻为特色，辅以体育界、文艺界的活动报道，版面一下子变得新颖别致了很多，加之配有照片，更加生动传神。《庸报》的这些改变，可以称作"脱胎换骨"，从而使报纸声名鹊起，销路大增，至 1930 年前后，《庸报》的销量接近 2 万份，发行量仅次于《大公报》和《益世报》，成为天津的第三大报纸。

1935 年冬，董显光患病，不得不通过经理蒋光堂以 5 万元为代价将《庸报》卖给了红卍字会①。后来发现红卍字会竟然有日本的背景，他懊悔不已。1937 年，天津沦陷后，《庸报》成为给日本侵略军武装占领中国做舆论宣传的机器。1944 年，敌伪政权命令天津的所有大小报纸一律停刊，《庸报》被日本同盟通讯社接管，改名为《华北新报》后继续出版。

第四节　宁波帮的文化创意产业与体育产业

按照文化创意理论的解释，创意产业是一种新兴产业，主要包括广播影视、动漫、音像、传媒、视觉艺术、表演艺术、工艺与设计、雕塑、环境艺术、广告装潢、服装设计、软件和计算机服务等方面。但是，实际上作为客观存在的文化创意产业在民国之后已经在萌芽和发展，进入 20 世纪，宁波帮在影视、唱片、广告、演艺等方面都有经营，它们都属于文化创意产业的范畴，其中电影与电视因为影响巨大而列专节介绍，本节则着重介绍王万荣的荣昌祥广告公司、张啸林的长城唱片公司以及在新时代标志着中国文化创意产业的萌芽与发展的陈逸飞视觉创意集团。此外，还将介绍魏纪中的体育产业。他们引领着行业的潮流，走在了时代的前面。

一　张啸林的长城唱片公司

20 世纪初外国唱片传入上海，最初是由法国商人乐洪生在上海南阳桥一带设摊播放法国唱片"洋人大笑"，吸引路人听笑。1908 年，乐洪生在南阳桥成立东方百代公司，标志着上海音乐产业的开端。初时整个市场为欧美企业一统天下，直到 1917 年之后，本地唱片企业陆续兴起才打破了这种局面。20 世纪 30 年代"大中华""新月""长城"3 家唱片公司曾经三足鼎立，拓展了民族资本的发展空间。

---

① 红卍字会：其前身为 1916 年山东滨州人吴福永成立的"道院"，1922 年"道院"发起成立红卍字会，着重推动慈善事业。"道院"在国内遍布各地，并向日本、新加坡发展，至 1930 年，日本各地道院已有 440 余处。

长城唱片公司于 1933 年 5 月 7 日正式开业，慈溪人张啸林①任董事长，李孤帆、王心贯任常务董事，董事包括张澹如、杜月笙、王文治、叶庸方、李组才、李祖恩，俞叶封任常务监察人，秦待时、孙养侬任监察人。最初经理由定海人叶庸方担任，后改由余姚人郑子褒接任。长城唱片标称德国柏林出品，片芯为红色地，商标是长城图形。

长城公司的经营之道与其他公司不同，在正式开业之前即已经耗费巨资用于灌录唱片。1930 年张啸林、俞叶封、叶庸方等人发起开始筹备，1931 年开始出版唱片。公司管理层坚持延请名伶灌音的方针，用于灌音的支出达 8 万元之巨。灌音后运交德国柏林 Crystalele 工厂加工成片，然后再返运上海销售。长城公司为了请到名角，不惜投入大笔交际费，另外唱片的委托加工费、运费等也是一笔不小的开支。后几项总计支出约 4 万元，因此在开业以前，公司几乎没有什么剩余资金了。这种看似孤注一掷的做法确实蕴藏着很大的风险，但是长城公司取得了成功。由于录制了一批别具特色的京剧名伶唱片，所以在市场上一推出即大受欢迎，其中尤以梅兰芳、程砚秋、荀慧生、尚小云 4 人合录之《四五花洞》，梅兰芳、杨小楼合录之《霸王别姬》，余叔岩之《捉放曹》，王瑶卿、程继仙合录之《悦来店》，程砚秋、王少楼合录之《汾河湾》，孟小冬之《珠帘寨》等堪称极品，推出后数年内每年销量维持在 5 万—6 万张，可谓风行一时。

在长城唱片公司的产品中，"四大名旦"在上海合录的唱片《四五花洞》最为有名。这是他们 4 人在"四大名旦"的称谓"初步成功"之后首次合录唱片，也是他们合作灌制的唯一一张唱片，因此堪称京剧唱片的稀世珍品。当年，杜月笙的杜氏祠堂落成，全国京剧名伶云集上海，其中四大名旦及雪艳琴、高庆奎、金少山合演的《五花洞》是杜祠堂会最精彩的节目。堂会结束后，长城唱片公司灵机一动，便由上海著名剧评家、梅花馆主郑子褒出面，邀求四大名旦共录《五花洞》唱片一张。郑子褒曾任《半月戏剧》《十日谈》《金刚画报》《戏剧画报》等多种戏剧刊物的主笔，又多年在长城唱片公司当

---

① 张啸林（1877—1940），原名小林，后改名寅，浙江慈溪人，上海青帮头领。

经理，主持灌制过梅兰芳、杨小楼合作的《霸王别姬》，杨小楼、郝寿臣合作的《连环套》等唱片。经过重重磨难，由四大名旦合作的《五花洞》终于1932年1月11日晚间灌录成功。很长时间里，长城唱片公司一直以此片为豪，大做广告，其广告语是"空前绝后千古不朽之佳作"。确实，京剧史上4位大师虽然曾经有多次同台演出，而他们精诚合作保留的声乐资料却仅此1份，它记录下了四大名旦艺术高峰时期的唱腔，堪称弥足珍贵。

　　1937年7月7日卢沟桥事变爆发，中日战争全面开始，上海唱片业的命运由此发生转折。长城唱片公司的业务在"八·一三"之后也陷入了停顿。公司的董事会成员及监察人均是社会著名人士，对于他们而言，长城公司的职务只是挂名或客串而已，平时一般不过问公司事务。"八·一三"后，这些人散居各地，操劳各自的大事。11月上旬上海沦陷后，身为上海"三大亨"之一的董事长张啸林开始积极投靠日本，组织"新亚和平促进会"，并且盘算成立伪浙江省政府，自任省主席。同为"三大亨"之一的董事杜月笙却积极投身抗日，组织上海市救护委员会，出钱出武器配合国军的军事行动。其他董事、监察人中也无过问公司事务者。经理郑子褒独当一面，不堪应付。1939年9月1日第二次世界大战爆发后，德国Crystalale工厂无法继续为长城公司制片，合作关系中止。郑子褒看出业务已经难以为继，遂将所有职员解雇，公司陷入停业状态。1940年8月14日，在军统一手策划下，企图投靠日本、出任伪浙江省政府主席的张啸林被贴身保镖刺杀于家中。群龙无首，长城唱片公司更加难以为继，遂于1942年10月中旬卖与日本胜利蓄音器株式会社。

二　王万荣的广告公司

　　20世纪初，外国商人在利用各种广告手段大量倾销洋货的同时，也带来了报纸、杂志、月份牌、路牌、霓虹灯、橱窗陈列等新的广告形式。而在上海昔日的广告行业，第一块牌子当数王万荣①的荣昌祥

---

　　①　王万荣（生卒年不详），原名王兰生，鄞县人，路牌广告公司经营者。

广告公司。

　　荣昌祥广告公司的前身是王万荣 1921 年创设的荣昌祥广告社。王万荣刚开始只是做些水木工程，代漆路牌。由于王万荣做事认真、业务精通、质量过硬、服务周到、对客户讲究信誉，业务便开始日益发展。到 1927 年，美灵登广告公司及陈泰兴广告社委托荣昌祥广告社代做路牌广告，于是发展到上海任何一条马路，以及沪宁、沪杭两路沿线的所有路牌广告，几乎全是荣昌祥所包办。

　　路牌广告是一种古老而又具有生命力的形式。马路边、飞机场、火车站、汽车站、闹市区，在街道与乡村的墙壁、建筑、支架上，都可以见到它。路牌广告面积大，形象稳定，使用长久，受众主要是过往行人，广告只在这些人的眼前一见而过但又要在瞬间把信息传递给他们，这就必须做到图案创意新颖独特、画面绚丽多彩、文字简洁易懂。商品名称、企业商标、广告语等主要元素一定要安排在非常醒目的位置，方能引起往来观者注意，易于记忆，而这些正是其他类型的广告难以与之匹敌的。荣昌祥制作的"人丹""五洲固本皂""冠生园糖果饼干""三和酱菜""先施化妆品"等路牌广告，都没有做任何刻意的装饰，而是运用了醒目、精炼的两三个字，就使观众很快地接受了它们。它的文字达到了一字千金、一望而知的效果。

　　荣昌祥聘用高水平的图画设计人员，专为客户设计画稿，同时讲究路牌广告的质量，无论木料、铅皮、油漆都要选用优质材料，保证广告在合约的 6 个月内不褪色、不起壳、不返工，因此荣昌祥很得客户的信任。1935 年，荣昌祥广告社又把上海的克劳、麦克、彼美等著名外商广告社一一收购下来，规模逐渐扩大，荣昌祥也成为上海一家著名的广告经营机构。

　　不过，王万荣的业务虽然有所发展，但是总感到资金不足。尽管如此，他在承办当时广告行业中规模最大的联合广告公司的路牌装置和油漆业务时，却从不偷工减料，由此深得客户的信任。于是，他就和联合广告公司的老板们商量合作之计，1943 年由联合广告公司投资 2.5 万元，他则以木料、铅皮等原材料折合 2.5 万元，合资组成荣昌祥股份有限公司，由原联合广告公司总经理郑耀南任董事长，王万荣任经理。此后，联合广告公司所承接的路牌业务都交由荣昌祥经办，业务迅速发展。后来，又租用新世界旁的一块空地，在租界内建成第一个华人自办的广告场。

王万荣经营荣昌祥很有一套办法。如路牌广告必须设置在显要的位置，他就派出专人整天在全市各条马路上寻找合适的地段，一旦看中就千方百计出价租下，因此它的路牌位置较好，容易招徕客户。到新中国成立前夕，质量精美的荣昌祥广告遍及上海南京路、西藏路、延安中路等主要马路甚至深入到偏僻的街巷。荣昌祥还在南京、天津设立了分公司，在无锡、北京等地设立了办事处，全国各重要城市、各名胜游览点都有荣昌祥的广告。荣昌祥还承办了沪宁、沪杭、津浦、浙赣、陇海等铁路的月台广告牌和沿线瓦墙广告。

王万荣非常注重路牌广告的质量。他不仅选用优质材料，保证广告在合约的 6 个月内不出现问题，而且还要求员工人人关心路牌广告的整洁和保养，规定员工凡是看到本公司路牌画面有褪色、剥落或照明设备损坏以及木架、铁皮缺损等情况，必须立即报告有关人员迅速安排修换，以保持画面常新，所以荣昌祥的路牌总是光彩夺目。

王万荣对路牌广告的装置和施工安全极为重视。许多年来从未发生工人从脚手架上跌下来的工伤事故。在路牌广告的装置方面，王万荣和木工负责人都积累了丰富的经验，能够结合房屋结构特点和负荷能力，使用适当的材料，达到既不影响房屋建筑，又安装得安全、牢固。王万荣还根据台风对高层建筑上广告牌的影响，在广告牌上增设了可以闭启的装置。台风到来时，王万荣必亲临现场指挥职工做好抗台风工作。

王万荣很善于用人。荣昌祥公司拥有一批绘制路牌的高手，如赵锡奎、费梦麟等。赵锡奎擅长风景画及人物画，更善于艺术构思，对荣昌祥广告公司业务大盛具有重要影响。他能不用画稿登上高梯直接在路牌上作油漆画。油画工是按件付酬的，王万荣就充分发挥他们的特长，尽可能安排他们天天有工做，使他们能够安心为荣昌祥出力。荣昌祥还增聘了高水平的图画设计人员，专为客户设计画稿，对于油漆好手他也尽力罗致。王万荣还善于配合客户的需要对广告进行精巧设计，如电影《夜半歌声》的路牌装饰成舞台式；五和织造厂的商标是"鹅"，就在原静安寺路的草坪上放上5只不同姿态的白鹅，用水泥塑成，直到现在还被人们认为是比较生动的广告形式。又如，家庭工业社的"蝶霜"路牌，尺幅不大，在立体的"蝶霜"两字上覆以金箔，蝴蝶须装上弹簧，临风颤动，栩栩如生，可以说是以小胜大，以精取胜。

王万荣还大大改进了荣昌祥的科室工作，如建立文书、技术及广告地位图纸等资料档案，建立和改进财务制度，加强成本核算，严格核算折旧，实行定期对广告牌的修缮或拆换改装的规定等，管理制度十分周密。企业的科学管理及周到的服务、过硬的质量，使荣昌祥赢得了良好的声誉。那一时期，他们承办了上海全市80%以上的广告牌，在全国同业中独占鳌头，由此确立了"路牌广告大王"的地位。1956年，荣昌祥实行了公私合营，后改名为上海美术工厂，现在隶属于上海市广告装潢公司。

三　陈逸飞的视觉艺术创意产业

陈逸飞①是当代著名画家、文化实业家、导演。自1974年他在国内美术界崭露头角以来，创作了不少在当代华人油画史上具有影响力的经典力作，如唯美演绎先贤诗意的《得阳遗韵》《丽人行》《人约黄昏》，竭力彰显古典浪漫韵味的《夜宴》《恋歌》《罂粟花》，细腻再现上海浮华旧梦的《黄金岁月》《玉堂春暖》《上海滩》，真情反映江南美好风光的《周庄》《水乡》《我的邻居》，深刻反映民族风情的《山地风》《霞飞路上》，以及反映欧美时尚的《威尼斯水城》《年轻的大提琴手》《四重奏》等，都相继为海内外藏家典藏。他所创作的风景油画《故乡的回忆》，在1984年11月曾经被美国石油大亨哈默作为礼品赠送给当时的中国领导人邓小平，一度传为佳话。他的画作弥漫着浓郁的中华母体文化情结，并且在题材表现上融入了浪漫典雅、温婉恬静、妩媚动人等鲜活唯美的绘画元素，构成了现实主义、

---

① 陈逸飞（1946—2005），浙江镇海人，当代著名画家，视觉艺术产业经营者。

古典诗文意蕴、老上海怀旧等一系列绘画专题，将写实画风推向了一个更高层次，开创了一代华人油画中东方的古典浪漫主义新风。水乡风景、音乐人物、古典仕女，还有西藏，都是他画笔下的主要题材。画面上弥漫着宁静和平和，在写实中渗透着中国传统的美感。无论是描绘江南水乡的风景还是生动传神的女子肖像，无不体现画家的一种追求："运用西方的技巧，赋予作品中国的精神。"

陈逸飞的画不仅在艺术上自成一派，而且在商业上也取得了巨大的成功，他的画作在拍卖会上屡创新高。

1991 年在"香港太古佳士得"秋季拍卖会上，他的油画作品《浮阳遗韵》以 137 万港币成交，开创了当时中国在世画家作品的交易新高；1992 年在"香港佳士得"春季拍卖会上，他的油画作品《夜宴》以 178 万港币成交；1993 年在"香港佳士得"春季拍卖会上，他的油画作品《玉堂春暖》以 123 万港币成交；1994 年在"中国嘉德"秋季拍卖会上，他的油画作品《山地风》以 286 万元人民币成交，再次开创了当时中国在世画家作品的交易新高；1997 年在"中国嘉德"春季拍卖会上，他的油画作品《丽人行》以 231 万元人民币成交；1997 年在"香港佳士得"秋季拍卖会上，他的油画作品《罂粟花》又以 387 万港币成交；1998 年在"中国嘉德"秋季拍卖会上，他的油画作品《多梦时节》以 126.5 万元人民币成交；1999 年在"中国嘉德"春季拍卖会上，他的油画作品《得阳遗韵》又以 297 万元人民币高价再次拍卖成交；1999 年在"香港佳士得"秋季拍卖会上，他的油画作品《黄金岁月》以 145 万港币成交；2002 年在"广州嘉德"春季拍卖会上，他的油画作品《地毯上的淑女》以 110 万元人民币成交；2004 年在"中国嘉德"秋季拍卖会上，他的油画作品《霞飞路上》以 220 万元人民币成交；2004 年在"北京翰海"秋季拍卖会上，他的油画作品《上海滩》以 170.5 万元人民币成交；2005 年 1 月在"广州保利"拍卖会上，他的油画作品《深闺》又以 102.3 万元人民币成交；2005 年在"中国嘉德"春季拍卖会上，他的反映藏族风情的油画作品《有阳光的日子》又以 440 万元人民币成交；2005 年 6 月在"上海崇源"春季拍卖会上，他的油画作品《大提琴少女》又以 550 万元人民币成交；2005 年在"红太阳国际"春季拍卖会上，他的作品《六吉图》又以 605 万元人民币成交，开创了当时个人作品交易价位的新高。

艺术在商业领域的成功，使陈逸飞有了新的思考。他认为，艺术不是象牙塔中个人化的东西，而是可以创造财富的资源。从这一观念出发，他开始大胆而有序地进行文化创意产业实验。他从绘画经济转向文化创意产业，从绘画艺术进入到众多视觉艺术领域。1992 年，陈逸飞为拍摄电影《海上旧梦》成立了陈逸飞工作室，其后陆续涉足电影、时装、环境、建筑、传媒出版、模特经纪、时尚家居等领域，进行视觉艺术创意产业经营。他先后成立了上海逸飞文化影视传播有限公司（1994）、上海逸飞模特文化有限公司（1995）、逸飞环境艺术公司（1995）、上海逸飞服饰有限公司（1997）等，又在 2001 年 9 月创办了《青年视觉》杂志。目前，逸飞集团已经拥有 8 家公司，分别为逸飞文化影视传播有限公司、逸飞环境艺术公司、逸飞模特文化有限公司、逸飞服饰有限公司、逸韵广告公司、逸飞之家、《艺术家》杂志及上海星汐洋商贸有限公司，业务横跨纽约、香港、北京、上海。其中最成规模的是 1995 年年底创建了上海逸飞模特经纪公司和 1997 年成立的上海逸飞服饰有限公司，后者有 LAYEFE 女装、LEYEFE 男装等 4 个服饰品牌，已经在 35 个城市中拥有 100 多家连锁店。陈逸飞在管理自己的企业时，强调时间观念、个人能力及团队建设。他挑选设计师主要看其素质、悟性、才气而不在乎其名气大小，这种能够激发个人创造激情的人才观对于公司的发展具有重要的推动作用。

为了让更多的人理解他的追求，陈逸飞一边经营产业，一边不断用他的文章、他的谈话阐述他的大视觉艺术观、大视觉产业观。他把文化产业分为听的产业和看的产业，视觉产业就是看的产业，大视觉产业就是一切用眼睛看的产业。他认为，视觉艺术其实是一个不容忽视的产业，它依据的是人最本能的要求，而它的内涵却十分广博，蕴藏着巨大的财富。他主张用大视觉文化观构筑大都市文化景观，用大视觉文化观提升城市的美学等级。视觉艺术不是仅仅指平面的美术作品，而是所有能看的艺术、能看的产业。"大视觉"既包含视觉艺术，也包含视觉设计，它是一个商机无限的产业。视觉产业在全球经济一体化、技术迅速普及的时代，越来越举足轻重。陈逸飞认为，以全球的视野看市场，视觉设计直接影响和决定了中国产品的国际竞争力，它能直接产生利润，肯定会在国民经济产值上创造出无法估量的价值。另外，视觉产业不仅能够创造经济价值，而且能够塑造城市性格。一个城市就是一个整体的大视觉，就是一座视觉学校，不同的城市就是不同特色风格的视觉学校，它培育出来的市民也是不一样的。视觉的文化性格不一样，市民的文化性格也就不一样。这样一来，各个不同城市的不同文化性格就显现出来，各具特色，异彩纷呈。陈逸飞强调，从事美术的工作者应该有一种责任感，即在造型艺术中以对美的悟性和创造，通过各种手段和载体作用于社会，使我们的城市变得更加美好，使我们国家的生活变得更加美好，使我们国家的经济发展更具竞争力，使我们的民族更有尊严感。这是"大视觉"文化理念的本质涵义，也是陈逸飞追求的艺术理想和美学目标。

　　陈逸飞把毕生献给了他构建的大视觉艺术和大视觉产业。他在构建大视觉文化观念的同时，又行动起来，投身社会实务，以产业的方式引领社会时尚潮流。囊括了绘画、电影、时装、模特、环艺、时尚杂志等视觉艺术创意产业的逸飞集团，致力于视觉艺术的发展和推广，其集团总部的内部环境设计本身就是一件出色的视觉艺术佳品。由陈逸飞亲自主持的内部环境设计充分体现了他所倡导的大视觉的美术观，青与灰的主色调来源于陈逸飞一贯的素雅和精致，灰色显露的金属光泽现代感十足，浓烈的时尚气息与青色玻璃反射出的静谧幽雅在冲撞之后，渐渐弥散在整个办公空间之中，这是一种捉摸不定但是确实能够亲身感受的现代风尚。开放式的办公空间和大量玻璃幕墙的运用，使人们的视觉得到了无限的延伸。裸露的通风管道和巨大的工业吊灯在充分发挥其实用功效的同时，更成为了表现美学与生活相融的典型意象。将艺术融于生活，把灵感化作实用，含蓄但不缺乏个性，个性却又不显张扬。这样出众的内部装饰不仅受到业界同行的广泛好评，更是博得了众多影视、广告拍摄机构的青睐。2003年上映的电影《炮制女朋友》（郑伊健、梁静、赵薇等主演）就选择了这里作为拍摄场景，容祖儿也曾经选择在这里拍摄她的 MTV。此外，古天乐、周星驰、马景涛、黄日华、罗嘉良等多位著名港台演员也都曾经在这里拍摄过广告，并且对这里出色的环境赞不绝口。

陈逸飞因为涉足诸多艺术领域并且将艺术产业化，而招致一些业内专家和朋友的非议。但是在他去世以后，人们才发现他最大的价值不只是油画，而是他招致非议的一些理念、一些实践。很多人现在已经意识到，正是他的努力，才使创意产业在中国萌芽——这应该是陈逸飞最宝贵的遗产。

四　魏纪中与中国体育产业集团

中国的体育产业是一个新兴行业。中国明确提出发展体育产业，是在 1992 年的全国体育工作会议上，也就是现在常提到的"中山会议"。"中山会议"把体育产业问题作为深化体育改革的一项重要内容列入议事日程，1993 年国家体委主任会议上颁布了《关于培育体育市场，加快体育产业化进程的意见》，提出了体育事业要"面向市场，定向市场，以产业化为方向"的基本思路。1994 年召开的体育经济问题研讨会和 1995 年全国体委主任会议，都把发展体育产业作为主题。1995 年国家体委下发了《体育产业发展纲要》，1996 年全国人民代表大会第 8 届 4 次会议通过的《国民经济和社会发展"九五"计划和 2010 年远景目标纲要》进一步明确了体育要走"社会化、产业化的道路"。1997 年年底，中国体育产业集团开始组建，而魏纪中就成了中国体育产业的开拓者和奠基人，被誉为"中国体育产业第一人"。

魏纪中①祖籍浙江余姚。他进入南京大学时主修的是法国文学专业，毕业后却成为专业的体育工作者。多年来他一直是体育官员，先后担任过 12 年中国奥委会秘书长、中国排协副主席、北京奥组委高级顾问、国际排联主席、亚奥理事会体育运动委员会主席、北京奥运经济研究会会长等重要职务。1997 年年底，魏纪中奉命组建中国体育

---

①　魏纪中（1936—　），祖籍浙江余姚，生于上海。体育工作者，体育产业家。

产业集团。他辞去中国奥委会所有职务，离开体育官员的职位，到一个全新的领域创业。

国家体育总局没有给他一分钱，也没有什么体育资产，最大的困难在于，魏纪中没有任何经商经验。"我学的是法文，干的是体育，从没想过会去做生意，而且当总裁。董事们不光是体育总局的人，要是当着外人的面说露了怯，丢的可不是我魏纪中一个人的脸。"① 面对这种现实，魏纪中给自己制订了一个学习计划，规定自己每天至少读两万字的经济学理论。根据规定，上市公司老总必须在两年内通过证监会的业务考核，才能获得资格认证。64 岁的魏纪中苦读 1 年，考核成绩门门在 90 分以上。然而，只有理论还不够，他后来回顾这段经历时总结道："我在'中体'学的东西，比我之前一辈子的总和还多。因为当运动员也好，当官员也好，都需要服从和执行上级的指示，但当董事长就需要创造力。"②

经商之初，魏纪中也经历过失败的教训。上任初期，他曾经投资8000 万元在西安建造中体体育广场，1 年后利润大幅下滑，结果 8000万元全部打了水漂。痛定思痛，魏纪中发现两个规律：第一，凡是时尚的东西寿命都很有限；第二，不能信任可行性报告。"可行性报告是谁做的？都是想干成这件事的人弄出来的，所以从报告上看一定可行。"③ 所以在以后的项目中，他不单做"可行性报告"，同时更着重找人做"非可行性报告"。"我要知道这其中的困难有多少，才能知道事情的成功把握有多少。"④ 他把"非可行性报告"上列出的种种困难逐个拿到可行性报告中比对，如果能够找到答案，就说明这个方案已经考虑到了不利因素，可以执行。

魏纪中认为，"体育事业的单位是以组织发展和提供服务为主要宗

---

① 自余玮、华南：《中国体育产业第一人——记奥运经济研究专家魏纪中先生》，《生产力研究》2008 年第 16 期。

② 王彦：《魏纪中四易"战袍"为体育奋斗 50 年》，《文汇报》2008 年 4 月 21 日。

③ 同上。

④ 同上。

旨的，而体育产业的企业则应以兼顾社会效益和盈利为主要目标。"①
作为中国体育产业最大的股份制企业，也是中国体育产业唯一一家上
市公司，他们始终致力于体育产业的经营与开发，不断拓展经营领
域，实现体育产业多元化经营。他们以资本市场为纽带，以股东利益
为最大利益，以发挥体育最大的资源效能为目的，为大众提供一流的
体育产品和健康服务。同时不断学习借鉴国外成熟的先进经验，继承
和挖掘中国丰富的体育资源，以"决不模仿别人，也决不重复自己"
的全新理念和创意，发展中国体育产业。

　　在这样的理念下，魏纪中在北京申奥成功后，对奥运的非营利性
与蕴含的商机有着清醒的认识，并且制定了自己的经营策略。近几届
奥运会的主办城市及其所在国家，不但通过奥运赢得了"好名声"，
往往经济上也大有盈余。奥运会巨大的商机令许多国家、城市和企业
"垂涎欲滴"。魏纪中明确反对利用奥运会赚钱，他认为国际奥委会是
一个非营利性的国际体育组织，北京市奥组委也是一个非营利性的事
业单位，两个非营利性的组织怎么能做一件营利性的事呢？但是如果
奥运市场的开发高于整个奥运会的运作指标，奥运会就可以尽量不用
老百姓的税金。他认为奥运会的商机蕴藏在各相关产业上，而不是仅
奥运本身的体育产业。任何城市举办奥运会的商机都在体育相关产业
上，核心投资诸如体育场馆、展览馆以及举办奥运会的基础设施等投
资不可能在短时期内很快得益，但是旅游、餐饮、体育器材、体育服
装等许多产业却可以很快得到收益。在这些产业中首先得益的是旅
游，奥运会对于旅游业的提升，已经使旅游业收益不少。从长期增加
值来看，中国是一个饮食文化很丰富的国家，餐饮产业的发展潜力巨
大，所以魏纪中认为"我们看待奥运会的商机，一定不要光把眼睛盯
住核心的圈，还要盯住外围圈，盯住相关的产业。奥运商机的眼光要
放大一点"②。

　　魏纪中首先投入资金打造体育主题社区——奥林匹克花园，把健

---

① 魏纪中：《我看中国体育》，生活·读书·新知三联书店 2005 年版，第 214 页。

② 王厉子、汤平：《魏纪中谈奥运商机》，《投资北京》2005 年第 12 期。

身送到百姓家门口，他们在对全国的房地产市场进行调研之后，便在广州建立了第一个奥林匹克花园。第一次开盘的时候，购买的人排队排了10天10夜。经过这样的成功之后，奥林匹克花园很快在全国铺开。全国各地奥林匹克花园的设计根据当地老百姓的生活水平及当地老百姓风俗习惯，有10到15种装修方式可以选择。每个奥林匹克花园至少有1.2万平方米到1.5万平方米（占整个社区面积的1/4）用于建体育设施、文化设施，比如田径场、篮球场、图书馆、娱乐室等。社区内每年举办1次奥林匹克花园的社区奥林匹克运动会，社区的居民全部免费参加，旨在弘扬奥林匹克文化。同时，在奥林匹克花园中有一系列关于奥林匹克的宣传，建立奥林匹克雕塑，宣传奥林匹克的历史等。现在奥林匹克花园已经遍布全国53座城市。

魏纪中还引进美国公司的管理和训练方法，形成了连锁式的中体倍力健健身俱乐部。在全国的品牌中，这个俱乐部规模最大，经营效果也最好，再加上运动竞赛和体育咨询的本业，如今的中体产业集团已经摸索出了3大支柱行业。作为体育产业的开拓者，魏纪中为这项事业的发展积累了许多有益的经验。在其两届任期内，中体产业开发了房地产、赛事、健身、广告、保险等多项产业，使原有的9000万资本升值翻了两番。魏纪中这位新中国奥林匹克事业的参与者和见证人，不仅在其前半生为中国体育事业的蓬勃发展做出巨大贡献，而且还在退休之后重新进入一个新的领域，从而成为中国体育产业的开拓者和奠基人。

第三章

宁波帮经营的公益性文化产业

在文化产业理论中，通常将公益性的文化产业称为文化事业，以此来与以追求盈利为目标的文化产业相区别。尽管时代的更迭与所有制的变更使得"文化事业"在内涵上发生了变化，但是在"文化产业"的概念界定中，博物馆、图书馆、休闲健身等均属于文化产业范畴。与此相对应，宁波帮在博物馆、藏书楼及体育活动方面都有突出表现。他们的苦心经营，使得中国文化得以发扬光大，也使中国在世界格局中占有一席之地。

第一节　宁波帮与中国的博物馆事业

宁波帮与中国的博物馆事业有着不解之缘。马衡主持的故宫博物院、马承源主持的上海博物馆、谈家桢主持的上海自然博物馆，以及宁波当代出现的私人博物馆，他们或者为国家领衔，或者私人出资创办，无论哪种方式，宁波帮都在保存自然和人类文化遗产方面让人刮目相看。

一　马衡与北京故宫博物院

马衡①与故宫结缘与他的生活环境有关。他的岳父是清末民初上海滩的"五金大王"叶澄衷，财力十分雄厚。马衡婚后享受着叶氏企

---

① 马衡（1881—1955），字叔平，别署无咎、凡将斋主人，浙江鄞县人，生于苏州，金石学家，篆刻家。

业年俸 6000 大洋外加红利的董事待遇，这使得马衡能够专心无忧地苦研金石学和广集文物、古籍，最终以学识渊博、精于文物考证鉴别而闻名遐迩。1917 年，应蔡元培校长之聘，36 岁的马衡任北京大学附设国史编纂处征集员兼教马术。后因发现他精于金石学，便设立了一门金石学课程，聘他当史学系讲师。1923 年，他又任史学系教授兼北京大学研究所国学门导师、考古学研究室主任、北京大学图书馆古物美术部主任。马衡毕生致力于金石学的研究，上承清代乾嘉学派的训诂考据传统，又注重对文物发掘考古的现场考察，主持过燕下都遗址的发掘，对中国考古学由金石考证向田野发掘过渡有促进之功，被誉为"中国近代考古学的前驱"。

马衡与故宫结缘，始于 1924 年。这年 11 月，退位后一直居住在紫禁城内廷部分的逊帝溥仪被驱逐出宫。随后，由社会名流和专家学者组成"清室善后委员会"，负责点查清宫遗物，马衡便以金石学家的身份参与其中。翌年在清室善后委员会的基础上成立故宫博物院，下设"两馆一处"（古物馆、图书馆和总务处），马衡作为 9 位临时理事之一，兼任古物馆副馆长。当时，北洋政府政局不稳，各派军阀纷争不断，新生的故宫博物院不久便全面陷入瘫痪。为了避免文物因纷争而遭破坏，包括马衡在内的一批学者又自发组织"文物维护会"，责无旁贷地承担起保护文物的艰难使命。1928 年 6 月，国民政府接管北平之后，故宫博物院调整了院内建制，设立了古物馆、文献馆、图书馆及秘书处、总务处，马衡继续担任古物馆副馆长。他所主持的古物馆，主要负责集中、审查、保管、收藏宫内一应古物遗珍，再分类整理。1933 年 10 月 14 日，故宫博物院院长易培基因为遭受盗卖故宫文物的诬陷被迫辞职，次日故宫博物院理事会决定由马衡代理院长。11 月 7 日，马衡辞去北京大学考古学教授的工作，在故宫博物院就职，第二年正式接任院长。

从 1933 年起直到 1952 年离职，马衡成了跨越两个时代的故宫博物院院长。在他任故宫博物院院长期间，有两件大事可以彪炳史册。一是抗战期间，他主持故宫博物院文物的西迁工作；抗战胜利后，主持故宫博物院复员与西迁文物东归南京的工作，对保护国宝殊多贡献。二是北平解放前夕，拒去台湾，又设法延滞国民党政府空运故宫珍宝去台湾，大批珍贵文物得以留于大陆。为确保故宫建筑与文物的安全，他与社会名流呼吁国民党当局避免战火，保护北平文化古城。

早在"九一八"事变爆发时，故宫博物院理事会鉴于日寇气焰嚣张，就担心华北一旦失陷，故宫难免毁于战火或遭到劫掠，于是开始酝酿文物南迁，决定挑选精品，集中装箱，运往上海。国民政府行政院批准了这一计划。从 1931 年 2 月开始，先后检选出各类珍贵文物、图书、档案 13427 箱又 64 包，分批南迁。随同故宫古物迁移的，还有古物陈列所、太庙、颐和园和国子监的文物共 6066 箱。马衡就任代理院长伊始，即着手清点留平文物及点收迁沪文物。其后经行政院批准，在南京水西门朝天宫土山下建造地下仓库，成立故宫博物院南京分院。1936 年，分院竣工，存放上海的文物又陆续运抵南京。次年，"七七"事变爆发，日本开始全面侵华。国宝再次面临威胁，形势刻不容缓。为此，马衡主持制定了分三路西迁的计划：南路第一批文物于 1937 年 8 月乘船离南京、经汉口、抵长沙，暂存于湖南大学图书馆地下室。马衡亲自前往长沙察看，感觉仍然有危险，立即寻找汽车向大西南转移，最终迁到贵州安顺。北路第二批文物于 11 月乘火车出发，过长江、经徐州、至郑州，再转向宝鸡，经由汉中入蜀，历时 1 年有余，中途又换汽车载运，最终运至峨眉山下。中路第三批文物于 12 月南京沦陷前夕，在万分危急的情况下乘一艘英国轮船转运离开。经汉口，奔重庆，辗转经年，到达泯江中游的乐山。在这场辗转万里、旷古绝今的"文物长征"中，除了跋山涉水、路途崎岖外，还无时无刻不受到敌机轰炸或敌特惊扰，护宝者历尽艰辛，随时都面临着生命的危险。虽然经历这样的磨难，但是文物竟然一件未失。

1945 年北平光复，国民政府重新接收故宫博物院，马衡继续担任院长。在他的主持下，故宫陆续接收了大批流散文物，如溥仪留存在天津的各类文物 1085 件、清宗人府余存玉牒及各类档簿 834 册、汉印 501 件等。其中比较著名的还有两批稀世国宝——"郭瓷"与"杨铜"。"郭瓷"是指曾经为袁世凯烧制洪宪瓷的著名收藏家郭葆昌所藏瓷器，以"精鉴别，富收藏"闻名中外，其中不乏稀世珍品，有些精品如清官窑古铜彩牺耳尊连故宫都没有。经过马衡的多方努力，终于使 427 件珍贵瓷器由郭氏后人捐献故宫收藏。"杨铜"则指德国商人杨宁史（Werner Jamings）收藏的 240 余件青铜精品，其中有极为重要的器物，如经唐兰先生定名为宴乐渔猎攻战纹的战国铜壶、商饕餮纹大钺及鼎、卣、爵杯、玉柄钺等，艺术价值极高，都是价值连城的珍宝。1946 年秋，国民政府教育部在南京举办"胜利后第 1 届文物展览"，要求故宫选送部分新入藏的文物参展，其中就包括数十件"杨铜"精品。

马衡不仅致力于文物的搜集、整理和保护工作，而且注意文物图录的刊印，尤其重视文物展览工作。在他主持故宫博物院工作期间，故宫的珍贵历史文物大都在国内外举办过多次展览，让国人和海外人士了解和认识中国古代灿烂辉煌的历史文明，对于弘扬中华文化起到了极好的作用。马衡所举办的几次大型展览有：1934—1935 年派往伦敦参加中国艺术国际展览，在英国皇家学会百林顿大厦参展；1937 年，赴美国举行中国艺术国际展览；1939 年，应苏联邀请，赴莫斯科举行中国艺术展览，先后历时 1 年；抗战胜利后，1947 年故宫西迁的国宝，从贵州、四川等 3 个避难所齐集重庆，选了一部分精品，举办了一次大型展览，轰动一时；1948 年又精选出部分国宝在南京公开展出，引起国内外注目。对于战时南迁文物，马衡极力主张全部运回北平，只是由于种种原因未能如愿，而被迁至南京收藏。到了 1948 年，南京行政院决定将存放在南京分院文物的精华约有 20 多万件分成 3 批运往台湾，同时电令北平故宫将珍品尽快装箱，分批空运到南京。对此，马衡表面上遵从命令，也着手进行装箱，实际上却采取消极拖延的态度，一再嘱咐安全第一，致使工作进展缓慢。此后，当局一再催促，马衡不是推托"当前机场不够安全，暂时不能起运"，就是声称"自己心脏不好，遵医嘱不能离平"，始终没有运走 1 箱文物。故宫文物的数量虽然没有精确统计，但是加起来应该不会少于上百万件。

1949 年 1 月 31 日，北平和平解放。故宫博物院关闭 40 多天后，重新对外开放，马衡仍为院长。1951 年，故宫博物院为了适应新形势下事业发展的需要，对建院以来一直沿用的旧体制进行调整：撤销古物馆，成立陈列部、保管部和群众工作部；保留图书馆；文献馆改为档案馆（后划归中央档案局，成立中国第一历史档案馆）；总务处改为办公处。此时的工作任务相当繁重，仅就文物管理而言，存放在南京分院的文物于 1950 年运回 1406 箱，需要清点展出；新近接收、购藏、捐献的文物数量激增，需要整理入藏；故宫的大量旧藏更需要重新点查、鉴别、分类和编目、造册；此外还要调出部分院藏重复文物，供其他博物馆陈列、收藏。这些工作都在马衡主持下，开始有条不紊地进行。

新中国成立后，故宫博物院大力搜集文物精品，有些旷世之珍就是经马衡之手入藏的。如东晋王羲之的《快雪晴时帖》、王献之的《中秋帖》和王珣的《伯远帖》，合称清宫"三希"，都属于中国传世较早的书法珍品。《快雪晴时帖》已经被运往台湾，《中秋帖》《伯远帖》二帖则在清亡后流落民间，1935 年收藏者还曾经拿出来请马衡欣赏，并说将来捐献给故宫博物院。1949 年，"二希"曾经被携至台湾，后辗转到了香港，抵押在一家英国银行。1951 年，典当行将期满，若不按时赎回，银行方面将按惯例进行拍卖。为此，在国家财政十分困难的情况下，周恩来总理亲批专款，安排马衡与时任文化部文物局副局长的王冶秋等前往鉴定，最后以 35 万港币购回了数易其主的《中秋帖》和《伯远帖》。

此时的故宫，为马衡提供了动荡年代求之不得的工作平台，他更以饱满的热忱投入于自己视若生命的文物事业。可惜好景不长，在1952 年开始的"三反"运动中，马衡却无辜受辱。当时在某些人看来，故宫收藏珍宝无数，况且曾经历近 30 年的战乱、迁徙，不会没有贪污、盗窃之类的隐情。于是自院长以下的中高层干部，都分别被集中到指定地点，进行没完没了的学习、审查。不久，马衡即被调任北京文物整理委员会任主任委员。这位重气节的老人，无法承受这莫大的屈辱，3 年后死于肺癌。

不过，马衡的功绩是无法埋没的。马衡不仅是中国博物馆事业的奠基人，也是金石专学家及中国近代考古学的先驱，其主要著作《中国金石学概要》《凡将斋金石丛稿》等，奠定了北京大学考古学科的基础。他精于汉魏石经，能诗善书工篆刻，对中国铜器的断代研究有开创之功，在历代度量衡制度研究、石鼓文研究、书籍制度等方面，也提出了精到的见解。而其用功最深、成就最突出的是对汉魏石经[①]的研究。他用30余年精力写成《汉石经集存》一书（1957年科学出版社出版），为研究中国古代文化史提供了丰富的资料。

二　马承源与上海博物馆

马承源[②]在上海博物馆工作了近半个世纪，担任馆长长达14年之久。他是上海博物馆的元老和功臣，也是上海博物馆的一本大书。

马承源读小学时，就与父亲一样喜欢阅览有关青铜器、金石等古文物方面的书籍，进了中学后，即开始练习刻印和学习古文字，奠定了一生浸淫青铜器及古文字研究的基础。他常跑古玩市场，把省吃俭用存下的余钱都用在古钱币、青铜残器、残片的购买上，而这些东西使他学会了辨别真伪，在市场的实战经验中学会了文物鉴赏。

1952年12月21日，上海博物馆在新中国成立后第一天开馆，还在教育局工作的马承源成了参观上海博物馆的第一个人。当时，马承源的老领导陈向平也是个文物爱好者，两人平日多有切磋。陈向平认为马承源从事的工作与他的个人兴趣有太大的错位，遂向时任上海市委宣传部长的彭柏山推荐，1954年12月27岁的马承源被调到上海博物馆，开始了他大半生的文博生涯。马承源非常感激陈向平，他常对人说，陈向平是改变他一生工作和生活方向的人。

马承源最初在博物馆任支部书记，做管理工作。虽然马承源对文物很痴迷，但是他却感到自己与专家们在学识上有着巨大的差距，按照他的话说，是"根本没有这个资格跟专家交谈"，"你只能够谈一些其他的问题，生活上的问题，不能够谈知识方面的问题。"他发现，

---

① 石经者，即以代表儒家学说的经书刻于石碑，称为石经。

② 马承源（1927—2004），又名楚原，浙江镇海人，考古学家、青铜器专家。

管理工作与业务工作不能兼得，"要做好党的支部工作，这个业余爱好你就要放弃"，否则就得放弃党的工作。在政治工作高于一切的年代，马承源做了一个匪夷所思的选择，就是放弃做党的工作。他本着"先把业务学好，一切损失在所不计"的决心，做起了保管部副主任，主持文物征集。他意识到，在博物馆"一个人一生也只能够做一点小的事情"，所以他选择了藏有许多奥秘的青铜器作为学习研究的对象，力争做一个行家里手。

马承源担任文物保管部主任后，主要分管文物征集，涉及文物收购与文物捐赠等方面的业务。近代以来，上海已经形成了较为发达的文物市场，私人收藏丰富。上海博物馆占了地利之先，马承源和当时上海博物馆的专家、员工们一起，努力摸清沉在民间的收藏家情况，动员捐赠；利用文物市场，"拦截"、收购。"大跃进"时代，许许多多的文物被不懂其价值的人们作为破铜烂铁运送到冶炼厂，马承源和他的同事就经常到冶炼厂寻寻觅觅，从各地废铜烂铁中抢救出来的各式各样文物数以万计，其中不乏国宝级文物，如春秋时期的龙耳尊、鲁原钟，东汉时期的婴座熨斗等。1966 年"文化大革命"爆发，"破四旧"给全社会的公私文物收藏带来了一场史无前例的浩劫。北京来的红卫兵小将要到上海博物馆破四旧，马承源和同事们赶紧自己组织"闹革命"，以保护馆藏。他们将所有的文物陈列柜都用《解放日报》贴起来，上面写上毛主席语录，以此使博物馆的文物躲过了劫难。而在抄家之风越演越烈的时候，马承源又打报告建议上级派专人接收"牛鬼蛇神"家中的文物，由博物馆"代为管理"，一些有名的收藏家如李荫轩、合肥龚氏家中的收藏因此得以保全。"文化大革命"后，不少藏家看到安然度过劫难的藏品，感激复感慨，不少人当即决定变"代管"为捐献。在马承源的努力之下，上海博物馆的藏品也由 1952 年建馆之初的 1.8 万件，增加到 1996 年新馆建成时的 60 万件，其中珍品就达 12 万件，占了江南文物的半壁江山。

马承源在上海博物馆工作了将近半个世纪，留下了一系列抢救国宝、寻觅国宝、搜集国宝的个案，有人因此将他称作"文物抢救第一人"。他抢救出来的重要文物有：

汉代蒸馏器。美国科学家李约瑟撰写的《中国科技史》认为，中国的蒸馏器发明于金代。20世纪50年代后期，上海博物馆在冶炼厂炼钢炉前抢救下一批破碎的青铜器，其中有两片上下都有口的碎铜，引起了马承源的注意。这是一件甑与釜相连的器物，他将它们整理、修复、考证和试验后，发现是极为罕见的汉代青铜蒸馏器。它不仅可以蒸馏酒，还可以提取花露或蒸取某种药物的有效成分。这表明在公元二世纪左右的汉代，中国已经掌握了蒸馏技术。这一发现，使中国制作蒸馏器的历史从原来的传统说法金、元时期提早了近千年。20世纪80年代末，美国为庆贺李约瑟90岁诞辰，举办中国科技史研讨会，马承源做了关于中国汉代蒸馏器的报告与试验，重病的李约瑟也到场聆听。会后，李约瑟表示，要修改《中国科技史》中的这一部分。可惜，没有多久李约瑟先生就离开了人世。

商鞅方升。方升，是商鞅变法统一度量衡时铸造的标准量器。20世纪30年代，故宫博物院一名研究员在报上发表关于商鞅方升的铭文和拓本，引起很大反响。这件文物的铭文、拓本虽然见诸报端，但是实物却一直不知所踪。20世纪60年代，马承源得知这件宝物可能在安徽合肥一位龚氏人家。龚家大小姐曾经在汪伪政府做过秘书，东西在她手中，但是她始终说没有。不久，"文革"开始，龚家被抄，马承源马上请人去查找，最后在龚家墙角一堆垃圾中发现这个方升。这件方升上刻有铭文，铭文内容说明此升是秦孝公十八年（公元前344）商鞅任秦国"大良造"，是商鞅变法时所规定的标准升。由此，也可以判断，商鞅统一度量衡制始于公元前344年。获得的商鞅方升，为历史提供了宝贵的证物。"文革"结束后，博物馆将这件宝物还给龚家。龚氏家族非常感谢，决意将它留在博物馆。结果，上海博物馆以收购的方式，使这件珍品回到国库。

晋侯鼎。1990年马承源访问香港时，沿街橱窗中的一只不起眼的鼎引起了马承源的注意，他看到鼎上好像有铭文，仔细一看，认出"晋侯"两个字。经验告诉他，这件器物可能有史料价值，从形制上看，这应该是西周中期的东西，也是他见过的晋国最早的带有铭文的青铜器了。马承源把这只鼎抱回上海博物馆，经过清洗去锈，内壁上的铭文显现了出来，共计 6 行 43 字，记述了一个晋国将领率领部队抵抗西北少数民族的入侵，打了胜仗，晋侯给予戈、弓等兵器作为奖励，并且铸造这个鼎作为纪念。铭文上记述的这场战争，《史记》等历史文献中没有记载，一段淹没的历史由此浮现出来。西周时代铸铭的晋器，以往基本没有发现过，而此鼎是西周中期晋侯因军功而赐命于下属的唯一的一件器物，也是迄今为止发现的西周中期的、铸有长篇铭文的晋器，堪称国之重宝。

晋侯苏编钟。1992 年，马承源所组织领导的工作小组在香港购得两批重要文物，其中 1 套西周"晋侯青铜编钟"，大小计 14 件。这组编钟大小不一，大的高 52 厘米，小的高 22 厘米，都是甬钟。钟上刻有规整的文字，完整地记载了周厉王三十三年（公元前 846）正月八日，厉王亲自率军前往山东平定少数民族叛乱，晋侯苏受命伐夙夷的全过程。这套编钟除了文献上的重要性之外，音律功能的完好也极为难得。而在上海博物馆购得这套编钟不久，山西考古研究所在山西翼城与曲沃县交界处的曲村发现了晋侯墓葬，并且在墓葬内发掘出另外 2 件未被偷盗的小件编钟，形制与 14 件晋侯苏钟相同，大小和文字完全可以连缀起来，证实上海博物馆从香港抢救回归的 14 件钟与发掘出土的 2 件编钟原出同墓，这套完整的编钟数目应是 16 件。

吴王夫差青铜盉。1995 年岁末，马承源与上海博物馆副馆长汪庆正在香港的一家古玩店，发现了一件形态别致、制作精良的青铜盉，这件青铜器肩部刻有"敬王夫差吴金铸女子之器吉"12 字铭文。夫差在位 22 年，传世的遗物仅二十多件，并且大多是剑、戈等兵器，像盉这样的礼器从来没有见过。按照古代礼制和常见青铜器铭文的惯例，马承源推断这是春秋晚期吴王夫差为一位身份低微的平民女子专铸的酒器。而这位女子，或许该是西施。这是吴王夫差青铜礼器的首次被发现，由于马承源无法筹得必需的资金，香港工商巨子、著名实业家何鸿章慷慨相助，买下这件国宝赠给上海博物馆。

战国竹简。上海博物馆虽然藏品很多，但是简牍却是缺少的门类，只有一小段居延汉简和几块木牍。1994 年春，香港古玩市场出现一批战国竹简，从简文摹本的文字、语句、内容等各方面观察，马承源断定这是一批极为珍贵的战国竹简。竹简上的内容在秦始皇"焚书坑儒"之后已经湮灭于世。马承源毅然拍板，决定斥资 100 多万港币购买竹简。几个月后，又一批相同的竹简出现在香港市场，共计 497支，文字内容与第一次发现的关系密切，或可以接读。在友人的资助下，上海博物馆亦全部购进收藏。这批 2300 多年前的战国原始古籍，是已经发现的战国简牍中数量最大、内容最为丰富的实物史料。这两批竹简在上海博物馆得到妥善保管和科技处理，已成为上海博物馆的重要文物之一。经过 4 年的清洗、整理和初步研究，发现这批简系战国楚简，记有 35000 个字，涉及古文 81 种，而且多为佚文，内容涉及先秦哲学、文化、历史、政治等领域，填补了许多空白，并且改写了许多史实。

马承源不仅是文物的抢救者，而且还是青铜器研究专家。他在大学者的著作中汲取知识，又在上海博物馆丰富的藏品中进行实践，几十年寒暑潜心的学习使他不仅在文物鉴定方面积累了丰富的经验，而且著书立说，发表自己的研究成果。1964 年，马承源组织编写的中国第一部彩版工具书《上海博物馆藏青铜器》出版，很快被翻印流传于国外；他编写的《中国青铜器》一书，影响极广，成为海峡两岸共享的大学教材。此外，他编写的《商周青铜器纹饰》（1984）和《商周青铜器铭文选》（1987）是青铜器研究者和爱好者的案头必备书。1988 年，他撰写的《中国青铜器研究》出版；1993 年他主编的《中国文物精华大辞典·青铜卷》和 16 卷巨制《中国美术全集·青铜器分册》，是迄今为止已经出版的图书中最完整、最系统的青铜器图录研究大全。在他的带领下，上海博物馆的学术研究活动也开展得扎扎实实，编辑出版大型馆刊和著作，举行有中外著名学者参加的大型学术讨论会，并且出版讨论文集，其学术成果多次受到国家和上海市的科研奖励。

马承源还有一个重要功绩就是建立了新上海博物馆。上海博物馆创建于 1952 年，1954 年马承源进入上海博物馆工作时，上海博物馆与上海图书馆一起挤在位于南京西路 325 号旧跑马总会的文管会里。随着时间的推移，这个地方实在无法容纳两个单位一起办公，因此上海博物馆于 1959 年 10 月迁入河南南路 16 号——杜月笙于 1935 年所建的中汇银行旧址。随着藏品的不断增加及馆内设施的陆续扩充，设于中汇银行旧址的上海博物馆，不论在使用面积和软硬设施上都已经不敷使用，其中尤以馆藏的快速增加最为惊人，很多文物因为无法容纳，只好另设一处文物仓库保管。

1985 年，马承源就任上海博物馆馆长。上任伊始，他就心怀着建设新馆的梦想，开始一次又一次地写申请报告，呼吁建造新的上海博物馆。在建设新馆暂不可能的情况下，他准备对博物馆的陈列室进行现代化改造。1986 年，他千方百计从国家文物局争取到 50 万元资金，首先对青铜器陈列室进行了改造：在陈列内容体系及表现手段上重新进行设计，改造室内灯光，还安装上了空调，改造之后的青铜器陈列室面貌一新。之后，马承源和博物馆的同人再接再厉，又完成了陶瓷、雕塑和书画陈列室的改建，同样获得成功。

但是，这时候却发生了一件让马承源尴尬万分的事情。澳大利亚总理惠特拉姆来上海博物馆参观，马承源陪同他来到改造过的陈列室。就在惠特拉姆兴致盎然地参观时，空调里的积水突然从天而降，差点浇了惠特拉姆一身。在滴答滴答的水珠旁，惠特拉姆与马承源拍下了平生最为难忘的一张照片。马承源非常难过，他感到以前的努力全部付诸东流了，小修小补、修修改改没有用处。这件事让他痛下决心：无论有多么大的困难，也要把新馆建起来！

在一次次报告、一份份申请之后，马承源终于盼来了建设新馆的消息。1991 年 12 月 18 日，上海市市长来到上海博物馆，宣布建设博物馆新馆，馆址定在市中心黄金地段的人民广场中轴线南侧，并且将其列为上海市十大文化建设项目之一。1993 年 9 月，上海博物馆新馆正式破土动工。从 1993 年新馆打下第一根桩起，马承源就一直"钉"在工地上。从选择建筑材料到设计陈列、保管，他都亲力亲为，画了部署图纸，又制作展览小样，俨然不是馆长而是工程监理。从土建工程到室内装修，以至展陈设计、大堂装修，每一个馆的基本色调、光线，展柜的样式，每一个细节他都全部参与。建新馆是他一生最辉煌的梦想，他不允许有半点瑕疵。马承源常对身边的人说，建这个新馆不容易，我们要把它建好。

上海博物馆新馆立项后，据初步预算需 4 亿多元人民币。政府拨付了 1.4 亿元，卖掉老馆价值 2500 万美元，当时大约合 1 亿元人民币，而其余的部分空缺资金主要靠自筹来解决。马承源运用自己的社会活动能力，四处奔波，终于在 3 年的时间里筹到了 1000 万美元的捐款。上海博物馆的一面墙上，刻满了捐献者的名字，他们是为建设新馆慷慨捐资的各界人士。其中很多都是马承源的朋友：香港何东集团主席何鸿章捐资建造了博物馆贵宾厅；其胞弟何鸿卿出资赞助古代玉器馆的装修；邵逸夫赞助装修了历代绘画馆；徐展堂赞助装修了古代陶瓷馆；嘉道里家族赞助装修了少数民族工艺馆；葛士翘赞助装修了葛士翘展览厅；胡宝星赞助装修了青铜器馆；家具馆中的展品系收藏家王世襄先生庋藏，由庄氏兄弟购买后捐献。由于建设资金的充裕，使得上海博物馆新馆在各种软硬件设备和器材上都选用了世界上最顶尖的品牌，加上现代化建筑外观及第一流的丰硕馆藏文物，这幢面积达 4 万平方米，地下二层、地上五层的大陆第一现代化文博单位——上海博物馆新馆，经过三年的擘画建设，终于在 1996 年 9 月以全新的面貌，向世人展现中华艺术文化的精髓和风采，而这就是马承源毕生最大的成就。

1996 年新馆建成时，拥有 21 个门类的 60 万件文物终于有了一个舒适的家。如今的上海博物馆地处市中心黄金地段，同市政府一街之隔。在发达城市的中心地带，建造如此气派、如此壮观的博物馆，世界罕见。作为一流的博物馆，它已经是上海市的一个标志性建筑，大不列颠博物馆的董事长称赞上海博物馆是"20 世纪的最后绝唱"。

三　谈家桢与上海自然博物馆

谈家桢[①]是一位长期从事遗传学研究和教学工作的专家，中国科学院院士。他在果蝇种群间遗传结构的演变和异色瓢虫色斑遗传变异研究领域有开拓性成就，为遗传学的发展做出了重要贡献。这些成就

———————————

①　谈家桢（1909—2008），浙江慈溪人，中国现代遗传学奠基人。

使他被选为美国科学院外籍院士、第三世界科学院院士、意大利国家科学院院士、世界科学院委员会委员、纽约科学院名誉终身院士。

不过，谈家桢的卓越成就不仅在遗传学研究上，还体现在他对中国自然博物馆事业的推动上。他的许多建馆理念，包括对博物馆基本功能和社会作用的理解，对收藏、研究与展示教育，生命科学与百姓生活和社会发展关系的见解，以及如何建设博物馆的思路等，在今天看来都是超前的，至今仍然具有重要的指导意义。

1981 年 6 月谈家桢任上海自然博物馆馆长，而其参与相关筹备工作的时间却要追溯到 20 多年前。1952 年 11 月 10 日，中央人民政府文化部同意将法国人创办的震旦博物院和英国人创办的亚洲文会博物院合并，建立一个包括动物、植物和地质古生物三方面内容的上海自然博物馆，但是由于当时的各级领导对自然博物馆的性质、任务和做法等问题尚不明确，所以筹建工作进展缓慢。直到 1956 年一批来自中国科学院、复旦大学、华东师范大学、上海水产学院等高校的生物学者和相关专家的介入，才真正推动了自然博物馆的筹建工作。一些动物研究领域的权威人士，组成了阵容强大的专家咨询委员会，对具体问题进行指导。身为著名遗传学家的谈家桢教授，热情关注着自然博物馆的筹建，非常关心陈列展示的科学内容。1959 年 6 月 4 日，谈家桢主持了上海市动物学会理事扩大会，召集学会的专家认真讨论上海自然博物馆动物展厅的陈列方案。他主张自然博物馆既要反映与人们生活和生产密切相关的"医药卫生"和"农林牧副渔"的相关内容，又要系统地展示进化论的理念，强调展览的"生态背景要生动、立体"，以便吸引观众，帮助理解。鉴于谈家桢对自然博物馆建设的认真态度和专家们的学术影响力，他和黄文几、张作人、周本湘、庄孝惠、朱元鼎、徐荫祺、杨平澜等一批著名生物学家组成了上海自然博物馆的第一个学术委员会。在学术委员会的积极指导下，经过专业人员紧张有序的 3 年努力，1960 年 1 月，期待已久的上海自然博物馆动物馆准备率先向社会开放。北京、天津自然博物馆的同行认为动物馆陈列主题明确、内容丰富、形式多样，体现了科学性和艺术性的完美结合。

开馆以后，谈家桢和其他各位专家继续对自然博物馆各门类陈列展览和其他业务提供学术指导。他们以自己在学术界的非凡声望，为自然博物馆的发展营造了和谐的人际环境，有力地促进了上海自然博物馆的科研、收藏和展教活动的全面开展。1964年谈家桢被聘为动物馆学术委员，指导"动物进化厅"的陈列展览。在一定意义上说，上海自然博物馆某些工作的顺利进行，与谈家桢的鼎力支持是分不开的。

1980年12月24日，谈家桢接受上海市科委的任命，兼任上海自然博物馆筹委会主任。1983年10月17日，上海市委决定，由谈家桢院士担任上海自然博物馆馆长。至此，时年75岁的谈家桢全身心投入的不仅有生命科学和中国的遗传学事业，还有他所不能忘怀的科学普及事业。担此重任的上海自然博物馆的全面建设与发展，从此名正言顺地挤进了谈家桢业已饱满的工作日程。

作为馆长，谈家桢对自然博物馆建设的思路非常清晰。他深知自然博物馆是舶来品，对国内绝大多数人来说是个新生事物，要搞好自然博物馆建设，光靠学术委员会和几个业务骨干是远远不够的，应该让每一个专业人员，每一个不同背景的员工真正理解自然博物馆是什么样的机构，它的性质、任务是什么，博物馆人应如何参与建设。在他担任筹委会主任的第二年，1981年11月14日，他向全馆职工做了"搞好自然博物馆建设"的专题报告，系统阐述了他的建馆理念和建设思路。他的报告开宗明义，直奔主题："自然博物馆称自然历史博物馆更确切些。它的任务是收藏标本、科学教育、科学研究，这三者是有机联系的，是分不开的。自然博物馆陈列展览的目的是以科学来教育大众，传播博物知识。要使标本能起到科学教育的作用，必须进行科学研究。"[1] 他简明扼要准确地指出了自然博物馆收藏、教育和研究三大基本功能的相互依存关系。

标本是自然博物馆的基石，是建馆的基础。谈家桢提出展出的标

---

[1]　赵寿元、金力：《仁者寿——谈家桢百岁璀璨人生》，复旦大学出版社2008年版，第313页。

本要"活化"。所谓活化,不是使标本起死回生,而是以求逼真,不仅形似,还要神似。它要达到两个标准:一要体现出科学和艺术的结合,而不是简单机械的标本排列堆砌。人们参观陈列,是受科学教育,也是经历历一次艺术美的享受,在领略大自然美妙的同时了解宇宙的奥秘。要把标本在自然历史上的地位、意义和特殊性反映和表现出来——如文昌鱼在进化上的重要意义;果蝇对近代遗传学发展研究的贡献;吸虫在分子生物实验时的应用等。二要反映现代科学水平。科学是在不断发展的,如生物分类,20 世纪 30 年代为动物、植物 2 大类,而现在除了动物界、植物界,还有无核界、原生界、真菌界。陈列展出必须不断更新,把现代生物界的特征通过标本再现出来,不能一成不变,十年、几十年都一样。这就要求"自然博物馆的科学研究必须达到现代国际水平"。

谈家桢清楚地知道,要使自然博物馆的展出对日新月异的科学有所反映,必须提高自然博物馆科学研究的水平。而要做到这一点,一方面要开门办馆,一方面则要积极培养人才。他说,上海搞生物的力量是比较雄厚的,但是"仅靠馆内自身的力量是有限的。所以要内外结合,动物馆、植物馆要与研究机构、大学、生产单位结合起来"①。他主张"分学科与复旦大学、华东师范大学、上海师范学院、上海水产学院等高校和研究所挂钩","除了派出一些专业人员拜专家为师外,还要成立学术委员会,邀请一些专家来馆给予学术上的指导"。②1982 年 2 月 10 日,上海自然博物馆即成立了动物学分馆和植物学分馆两个学术委员会,从此各项业务工作逐步走上正轨。

在另一方面,谈家桢则重视专业技术人员和职工队伍的建设,因为有了一支科学技术较强的队伍,自然博物馆陈列展览水平就会不断提高,标本收集、科学研究的开展就会达到一个新的水平。他亲自指导博物馆专业人员投入到各类与社会发展密切相关的科研项目中去,不久则有一批成果出现,如《金山石化总厂生物本底调查》,与中科

---

① 谈家桢:《搞好自然博物馆的建设》,《博物》1983 年第 1 期。

② 同上。

院海洋研究所合作编写的《中国海洋鱼类原色图集》，与兄弟单位合作、为中国麋鹿重返故乡提供古生物证据的《麋鹿繁殖习性》，以及《动植物致毒及其防治》《上海的保护鸟类》等科普教材等。

博物馆还积极谋求国际合作，与日本国立科学博物馆开展多学科的联合考察，与澳大利亚维多利亚博物馆、美国卡内基自然历史博物馆、台湾自然科学博物馆（台中）等建立展览标本交换、人员培训等等。这些学术活动的开展，不仅为博物馆了解国际学术前沿提供了机会，有力地促进了博物馆的收藏，有效发挥了自然博物馆对自然遗产义不容辞的保存、保育和管理职责，更直接地推动了展览教育活动的提升。当时的上海自然博物馆成了国内同行争相学习借鉴的对象，也是国外同行谋求合作交流的伙伴。上海自然博物馆的恐龙展和古人类展在国内同行中是最早走出国门的。

进入 20 世纪 90 年代，随着社会向市场经济的转型，大学和博物馆的学术研究受到不同程度的影响，到了 20 世纪 90 年代中，复旦大学人类学专业随着教师的陆续退休而自然消亡，为此谈家桢感到非常惋惜，不忍心看着大量珍贵的标本和资料散失。作为自然博物馆馆长，他首先想到让自然博物馆的人类学专业去整理接收复旦大学留下的资料、标本、模型及仪器设备。在他的协调下，这批珍贵的材料充实了博物馆的人类学收藏，加固了专业的基础。后来，随着复旦大学遗传所人类群体遗传学的发展，他的学生金力教授在复旦大学建立了现代人类学研究中心，恢复了复旦大学的人类学专业。谈家桢还多次指示金力教授，要与博物馆的人类学专业合作，利用丰富的馆藏古人类骨骼标本，运用分子遗传学方法来研究古人类 DNA。2000 年 12 月 29 日，复旦大学现代人类学研究中心在上海自然博物馆隆重挂牌，建立了人类群体遗传学联合实验室。双方通过对 3200 多年前古哈密人骨骼进行 DNA 的测定，从分子水平上进一步证实，在 3000 年前的新疆哈密地区，就有白种人、黄种人共同生活在一起，并且留有混血的后代。由于博物馆与大学在标本资源和技术力量的优势叠加，在较短的时间内，合作研究取得了突破性进展。

上海自然博物馆的最初规划是个"大自然"概念的综合馆，包括了天、地、生、人的多个学科。谈家桢从担任馆长的那一天起，就肩负上海自然博物馆实现规划、继续发展的重任。随着动物馆、人类学馆、古生物和植物馆的相继开放，天文馆筹建、科技馆筹建、原上海自然博物馆迁建的机遇和挑战接踵而来。从1985年开始，谈家桢就以他的社会名望和活动能力，通过多种渠道，联合众多学者，从规划、方案到选址、命名，他提建议、打报告、交提案，为争取市领导的重视和支持，谈家桢动足了脑筋、操透了心。1996年，市领导终于下决心，决定将筹建中的上海科技馆、天文馆和将要迁建的上海自然博物馆"三馆合一"为"上海科技城"（后定名为"上海科技馆"）。虽然与当初"三馆合建"的提议失之交臂，当他被邀请参加上海科技城专家委员会时，谈家桢欣然表示"承蒙厚爱，我将尽力而为之"。

2001年，上海自然博物馆正式并入上海科技馆。目前上海自然博物馆标本收藏量近27万件，其中黄河古象和马门溪龙化石被称作"镇馆之宝"。因为空间渐显狭小，2009年6月上海自然博物馆新馆破土动工，经过5年的建设，于2014年12月中旬开始内部调试运行，计划于2015年第二季度正式向公众开放。谈家桢为新馆建设所做出的种种努力，正在逐步得到实现。

四　宁波当代私人博物馆

2011年，宁波评出了当代十大收藏家①，其中有5位作为私人博物馆的创办者而榜上有名。在世纪之交国家大力倡导发展文化产业的背景下，他们以财力与心力为宁波的文化传承写下了新的篇章。

郑登桥与余姚博翰艺术馆。 余姚博翰艺术馆是一个公益性民营博

---

① 2011年6月，在宁波市庆祝第6个"文化遗产日"系列活动开幕式上，公布了"宁波当代十大收藏家"和"宁波民间收藏十大精品"名单。获得"宁波当代十大收藏家"称号的是：何晓道、励双杰、陈钢、陈国桢、闻长庆、祝建国、郑登桥、翁明奎、郭永尧、董家权；被评为"宁波民间收藏十大精品"的是：五代越窑青瓷粉盒、北宋越窑青瓷刻划摩羯纹粉盒、明王守仁行书秋风诗册页、明陈洪绶山水册页、明黄花梨4柱架子床、明黄花梨透雕螭龙纹12扇大围屏、清朱金木雕千工床、清木雕人物故事图花格窗（4片）、现代沉香木雕"人生如意"摆件、清雕鲤鱼荷叶形犀角杯。

物馆，藏有历代名家书画数百件。馆长是宁波市美术家协会会员，浙江收藏家协会会员郑登桥①。郑登桥致力于中国古代书画的收藏与研究近 20 年，现有中国书画藏品 1000 余件。他的代表性藏品有明代陈洪绶山水册页、明代王守仁行书《秋风帖》册页、明代徐渭行书册页等。2006 年，在 300 多件元、明、清至民国的人物肖像画中精选 40 件在余姚博物馆举办《郑登桥藏历代影像画展》，其展出的朝臣像、文人名士像和庶民像等，使观众大开眼界。在收藏的过程中，郑登桥也一直注重艺术研究，出版了《王阳明〈秋风帖〉评述》《〈重辑尚书集注序〉并画像册》与《〈书今古今集注序〉并画像册真伪考》等著作，2007 年由上海人民美术出版社出版了《博翰艺术馆郑登桥藏画》。

除艺术馆外，郑登桥还要将其扩建成最别致的私家园林博物馆，与大众分享收藏的快乐。他认为，园林厅堂的命名、匾额、楹联、书条石、雕刻、装饰，以及花木寓意、叠石寄情等，不仅是点缀园林的精美艺术品，同时储存了大量的历史、文化、思想和科学信息，因而园林本身就具有非常大的收藏价值。目前，选址于余姚朗霞街道马朗霞的博翰艺术馆一期工程占地 7 亩，集中了中国古典园林的经典，已经于 2013 年 5 月对外开放，二期工程在 2015 年春节后开始建设。

翁明奎与宁波大明堂收藏馆。宁波大明堂收藏馆于 1988 年创办，藏品有 200 余件玉器，100 多件明清红木家具，100 多幅近现代名家书画，以及明清犀角杯、瓷器等 200 多件。大明堂收藏馆的创办者翁明奎②为宁波市收藏家协会副会长兼鉴定委员会执行主任、浙江省收藏协会古家具委员会副主任、中国书画艺术家协会副主席。他在 1983 年开始收藏古家具和工艺品，在玉器、瓷器、字画、文房四宝等古旧工艺品等方面都有独到研究，造诣颇深，尤其是对明清红木家具、白木家具和雕刻木器的年代、属地、材质、真伪、价值等具有极高的鉴赏能力，其藏品数量大而且档次高，单是明清老红木、黄花梨、紫檀

---

① 郑登桥（1967—　），余姚人，余姚博翰艺术馆馆长，收藏家。

② 翁明奎（1948—　），字子钧，别名大明，男，浙江宁波人，收藏家，鉴赏家。

木家具就达数百件之多。宁波大明堂收藏馆的第 1 号珍藏精品为清代紫檀座天然山水屏，其高 316 厘米，宽 268 厘米，为紫檀雕龙大件珍藏品，集浮雕、圆雕、透雕、穿雕、立体雕、平面雕、浅刻、平刻、阴阳刻于一体，精美绝伦，显示了中国传世艺术的巧夺天工。特别是直径 160 厘米的天然五彩玉石，更是近代艺人和机器均不能制作的，堪称中华一绝。这些藏品，不但折射出中国悠久文化的历史底蕴，也大大提高了宁波历史文化名城的知名度。

1996 年，翁明奎在城隍庙举办了宁波个人文物收藏的首次公展，此后，他的明清古家具等藏品在保国寺大殿、镇海鼓楼大厅、宁波博物馆、庆安会馆陆续展出。2002 年世界收藏家联合会主席乔治·马特博士专程来到宁波，为翁明奎颁发国际收藏家联合会会员证书，授予他"国际收藏家"荣誉称号。2010 年，他收藏的 108 件汉至清代古玉器参展上海世博会。2011 年，他收藏的古玩家具精品和书画入选国家邮政总局明信片，因对中国收藏艺坛和世博会的贡献，他的个人肖像被制成国家肖像专题邮票公开发行。其收藏简历入编《中国收藏名家大典》《中国世纪专家》《中华人物大辞典》《中国当代集藏家大辞典》。

闻长庆与浙江中立古陶瓷博物馆。浙江中立古陶瓷博物馆是由闻长庆[①]自筹资金开办的一所民营博物馆，于 2007 年 8 月开馆并免费向社会开放，博物馆建筑面积约 1100 平方米，集古陶瓷展示、研究和文化教育于一体，展厅内陈列以历代越窑青瓷为主，另有白瓷、黑瓷、青花和彩瓷等器物和瓷片标本，上溯新石器时代，下迄明清，展示了中国古陶瓷，尤其是越窑青瓷的发展历程。馆内收藏最多的是古陶瓷标本，比如黏有窑渣的标本，还有一些不同釉色黏连在一起的标本等，为浙江制瓷考古研究积累了极其丰富的素材和资料，对于考古研究以及古今烧造工艺技术研究均具有较高价值。

闻长庆作为慈溪第一代民营企业家的典型代表，在制冷专业方面曾经获得 25 项国家专利。后来他把企业交给儿女打理，自己一心扑

---

① 闻长庆（1950—　　），浙江慈溪人，浙江中立古陶瓷博物馆馆长，收藏家。

在古陶瓷文化研究上。2007 年创办以考古、学术研究为特色的浙江中立古陶瓷博物馆，10 余年来致力于收藏中国古代各窑口瓷器，通过参加拍卖会及民间征集等多种途径收藏完整器物 3000 余件、民间流散残件标本数吨。2007、2008 和 2010 年，他 3 次组织国内各博物馆、考古所及有关高校的专家学者和收藏界爱好者、海外学者召开"上林湖窑系传承发展学术研讨会"，针对窑址实地考察新发现进行综合论证，把上林湖的民间研究引向了新高度。他的研究成果《不该遗忘的浙江制瓷史》（2010 年由文物出版社出版），以"历史上无记载，现代文博学家未涉足"的特色，填补了浙江古陶瓷制造史研究的空白。他认为，上林湖窑系是"母亲瓷"，是个兄弟姐妹都很多的"瓷大家族"，并不是青瓷独生子，还有黑瓷、青花瓷、官窑瓷等都有烧制。上林湖窑系是我国历史上生产最早、延续传承发展时间最长、影响范围最广、瓷文化内涵最为丰富的瓷窑。以上林湖"母亲瓷窑"为引领，浙江是多种瓷器的首创地，而且"丝绸之路"应该改为"瓷绸之路"才更合乎实际。

近年来，闻长庆又收集到一批涉及钱塘江流域不同古陶瓷象形文字标本，近 200 个文字，上至 7000 年，下至 1800 年，与甲骨文等文字相对应，他把它们称作陶骨文、瓷骨文。作为一个民间的古文化研究者，随着研究收集领域的不断拓展，闻长庆希望有专业学者来共同研究翻译这些文字，以开启一个全新的古代文化研究领域。

陈国桢与浙东越窑青瓷博物馆。由陈国桢[①]创办的浙东越窑青瓷博物馆自 2007 年开馆以来，全年对外免费开放，藏品 6000 多件。越窑青瓷是中国最早的"母亲瓷"，是中国历史上延续时间最长、影响范围最广、内涵最为丰富的古窑系陶瓷之一。越窑瓷器以胎质细腻、釉色温润、青翠晶莹名闻天下。20 世纪 90 年代初，陈国桢开始专题收藏历代越窑青瓷，致力于弘扬中国越窑青瓷文化。陈国桢曾是余姚市第 1 位私营企业家、改革中的风云人物。其父是收藏爱好者，收藏不少字画及碑帖，但是在"文化大革命"中遭到严重破坏。由于当时

---

① 陈国桢（1947—　），浙江余姚人，浙东越窑青瓷博物馆馆长，收藏家。

古陶瓷无人赏识，全部放在他家院子后面的小屋里，并没有被破坏。陈国桢逐渐了解并且喜欢上了古陶瓷，后来他把所有收入投入到越窑青瓷的收藏之中，他的"老板"身份也渐渐让位于"越窑青瓷收藏家"，其收藏的越窑瓷器总计6000多件，总价值数亿元。据文博界权威人士介绍，陈国桢的越窑青瓷藏品数量已经成为目前国内越窑青瓷收藏的"半壁江山"，有很多藏品是国家博物馆都没有的，其中有数百件为国家一级文物，有30件左右更是堪称珍品、极品，甚至孤品。馆内藏品上起西周、春秋战国，下至五代、北宋，藏品器型丰富，陈国桢因此被誉为"中国越窑青瓷第一收藏家"。

2007年，陈国桢从藏品中挑选出有代表性的精品，在西泠印社出版社出版了一套两册精装版《越窑青瓷精品五百件》，这套大型工具书如今成了收藏越窑青瓷的"宝典"。2009年，他参加了"上海中福高古精品瓷韵展"。年底又在宁波博物馆举办《皕壶国珍——宁波民间收藏古陶瓷壶精品展》，展出了200多件上溯新石器时期，下至元代的古陶瓷壶，这是当时国内最大规模的古陶瓷壶展。2010年，他参加了在西安举行的西部非物质文化遗产项目展演系列活动及民办博物馆发展高峰论坛，并参加中央电视台2套《寻宝》栏目的古陶瓷擂主赛，获得古陶器组冠军；同年，他的第2座博物馆"浙东越窑青瓷博物馆上海分馆"在上海海湾国家森林公园开馆，他把自己全部的身家都投入到青瓷的收藏、研究和保护中，并且将此作为毕生的信念。

何晓道与宁海十里红妆博物馆。宁海十里红妆博物馆由何晓道①于2003年9月创建，2004年5月正式对外开放。它是一家展示古代女子生活的专题博物馆，也是目前浙江省内规模最大的民间民俗博物馆。馆内共收集明清时期江南地区民间民俗工艺品5万余件，全面展示江南富家小姐从出生、成长、婚嫁、生育到晚年所需的生活用品。从花轿、千工床、杠箱，到盒盘台架，通过这些红妆，可以很好地体现江南婚俗文化的特色。藏品地域风格鲜明，独具特色与规模，已经构成7大系列：一是以"红妆"系列命名的汉族婚俗文物及闺阁文

---

① 何晓道（1963—　），浙江宁海大佳何人，宁海十里红妆博物馆馆长，收藏家。

物；二是"江南明清门窗格子"系列，有明清两朝木结构建筑上的门窗格子3000余件，是目前中国最优秀的一套明清时代门窗格子精品库；三是明清民间椅子系列；四是建筑木雕系列；五是柜门画、窗屏画等民间绘画系列；六是木雕床系列；七是服饰女红系列。其中红妆、门窗格子、民间绘画的收集和整理填补了中国婚俗文化专题博物馆的空白，在博物馆界、民俗文化研究、民间美术界引起很大反响。"十里红妆"列入国家级非物质文化遗产名录，何晓道为代表性传承人。

何晓道从1985年开始从事古旧家具的收集整理，有意识地收藏有地域特色的乡土文物、收集整理民间手工艺品，以此还原再现曾经有过的乡土文明遗存。20余年来从事民间文化遗产的收集、整理、研究和经营，2002年创办宁海江南民间艺术馆，2003年与政府合作创办了宁海十里红妆博物馆，2010年他又创建了宁波慈城"请座"椅子博物馆。他不仅从事民间文物的器物收集、整理和展览，同时依托自己海量的收藏品进行民间文物的工艺、美学研究，更进行民俗研究。在何晓道看来，现在国家的收藏机构如博物馆缺少一些民间的、草根的文化展现，对这些内容的田野调查和思考研究也比较少。"我的收藏目标很清晰，就在某一个领域去探索、发现和展望它的未来。我的收藏体系有几个能填补国内空白，人家一般看不上、不要的，我把它们当宝贝。当我把这个做成了一个大的体系的时候，他们就觉得，这确实是民俗文化中很重要的部分。"① 从2001年至今，何晓道已出版了《十里红妆》《红妆》《江南明清民间椅子》《江南明清门窗格子》《十里红妆·女儿梦》《江南明清建筑木雕》等六部合著和专著，另在《中国文化》《中国文化报》《收藏天地》等刊物上发表多篇论文，引起学界、收藏界很大反响。其中2012年由中华书局出版的《江南明清建筑木雕》，在江南地区民居建筑的建筑装饰艺术研究方面取得了很大突破。《十里红妆·女儿梦》（何晓道任艺术顾问）

---

① 《收藏家何晓道：民间文化保护，我还只是在路上》，中国新闻网，2012年11月30日，网址：http：//www.chinanews.com/cul/2012/11-30/4372320.shtml。

被改编成现代舞剧并获"五个一工程"奖。

第二节　宁波帮的藏书楼

　　宁波历来是中华藏书文化的重地。历代著名的藏书楼有 80 余座，如宋代有名的陈禾的二灵山房、楼钥的东楼、袁韶的东西堂、王应麟的汲古堂；元代胡三省的石窖藏书、袁桷的清容居；明代方孝孺的石镜精舍、孙月峰的月山旧庐、范钦的天一阁、范大澈的卧云山房；清代藏书楼更是鼎盛一时，有黄宗羲的续钞堂、全祖望的双韭山房、卢址的抱经楼、徐时栋的烟屿楼、万斯同的寒松斋、黄澄量的五桂楼；民国以来，又有张寿镛的"约园"、冯孟颛的"伏跗室"、孙家淮的"蜗寄庐"、秦润卿的"抹云楼"、陈汉章的"缀学堂"等。藏书楼当然不能等同于现在的图书馆，但藏书楼不仅仅是藏书机构，它还是编书、刻书、整理书籍的学术文化机构，包含着近代图书馆制度的若干现代性因素。在这方面宁波帮的藏书楼很具有代表性意义。

一　张寿镛与"约园"藏书

　　张寿镛[①]是中国现代著名的教育家、藏书家和出版家。他的约园藏书对其读书、讲学和编辑出版乡邦文献都曾经起过重要作用。

　　张寿镛曾经为官，在民国时期先后当了 10 多年的财政官员，为北洋军阀和国民党政府理财。辞官后，为"补历年仕途中未读之失"，他开始收藏典籍。初收多为文集，尔后于上海收得陶氏"涉园"、歙县宋氏"一览楼"等故家藏书及抄本。从 1920 年起到 1939 年近 20 年中，他的私人藏书达 20 万卷，他给自己的藏书处取名"约园"。1937 年冬，他以所藏书籍的刊刻年代为序，编了一部善本书目《约园元明刊本编年书目》，其中除 4 部元刊本之外，绝大部分是明刊本，

---

　　① 张寿镛（1876—1945）字咏霓，又字伯颂，号约园，浙江鄞县人。现代教育家，藏书家，出版家。

达 743 部，明刊本中万历、嘉靖两朝的刊本近 500 部。此外，还有一些抄校本，计 254 种，其中较珍贵的是购自"一览楼"的阮元手校的宋本《太平御览》1000 卷。

抗日战争期间，大江南北文物损失惨重，张寿镛受政府委托，与郑振铎、徐森玉等在上海抢救沦陷区流失的古籍。在两年中，共收购古籍善本 4860 部，普通本 11000 余部，抢救了这些民族文化的瑰宝。现在台湾中央图书馆收藏的善本书，约有 1/3 是他们当年抢救出来的。

张寿镛"积五十载之时光，储十六万之卷轴"。他藏书的目的是为利用，故所藏不重宋元旧版，而以明刊及校钞本为主，藏书中尤多宁波地方文献。大型乡邦文献集《四明丛书》的刊刻，就是他利用藏书为四明后人所做的最大贡献。宁波自宋以来，渐渐成为浙东学术重地，理学大师接踵而兴，元、明、清时期，哲儒辈起，遗著不下数千百种，然而佚者过半，未刊者甚多，虽刊而稀见传本者又复不少。因此，合刊乡贤著作而为丛书，便是一项抢救性保存地方文献，弘扬优秀民族文化，推动学术文化发展的具有深远历史意义的工作。他从 1930 年起开始编印《四明丛书》，历经 11 年汇成 8 集，辑至第 8 集，刻未及半逝世，后由其子星联、芝联续成。全书共 8 集 184 种、1184 卷，卷帙之巨，为国内乡邦文献所罕见。丛书中的每一种张寿镛都亲撰序跋，很多珍本，都是从北京图书馆、天一阁、文澜阁、刘氏嘉业堂等公私藏书中辗转采访抄得的。无论誊写、雕版、印刷，都没有得到政府的任何资助，全靠个人的心力。他在这部巨著的序中说："寿镛飘零海上，时值用兵，双鬓已皤，一卷不释。读元次山诗，曰：'斯世虽乱，吾心不乱。'积一二月之心力，汇五百载之文献，枪林弹雨之中，汗竹秋灯之下，勉写成篇，以报乡先哲于万一，亦他州作客，垂老信书之意乎?!"[①] 其言令人感佩不已。历代文人不乏重视乡贤遗著或乡邦文献，但是像张寿镛那样独自编刻《四明丛书》的，却极少见。

---

① 张寿镛：《四明丛书》第五集序，广陵书社 2006 年版。

《四明丛书》以其对宁波历代先贤著述的搜集之广、版本之精，为后人勾勒出四明学术的流变、风貌，成为广大读者了解与研究宁波传统文化的必读典籍。1973 年，日本宫崎大学教授山内正博在巴黎举行的第 29 届国际东方学大会上，发表了一篇题为《张寿镛的思想》的论文，其中有一段说："张寿镛是一位（中国）南方文化传统的忠实继承者。他……编纂了《四明丛书》，对丛书中的各书分别写了序言，并做了注释。通过这些序言和注释的内容，可以看出他的主要思想和王应麟、王守仁、黄宗羲一脉相承。张寿镛的思想虽然有时和上述 3 人思想不一致，但在他们的思想基础上有所创新，在当地流传甚广，在反法西斯侵略斗争中是有力的武器。"① 张寿镛对浙东学派的继承和发展，功不可没，这是他对于浙江文献事业的最大贡献。新中国成立后，《四明丛书》全部雕版以其夫人蔡瑛名义捐赠浙江图书馆，其中包括张寿镛自编刊的遗作《四明丛书》共 7 集，凡 156 种，1082 卷，以及其子星联、芝联续编成的第 8 集，计 18 种，102 卷。《四明丛书》后来由扬州广陵古籍出版社重印，得以广泛流传。

除编纂《四明丛书》外，张寿镛的其他著述尚有：《约园杂著》一编、续编、三编，《史诗初稿》上、下 2 册，《约园演讲集》《史学大纲》《诸子大纲》各 1 册，以及经他校订的《乡谚证古》等，这些涉及版本鉴定、文字校勘、目录编撰的研究成果，与近代图书馆学重要学术门类相关。1952 年，张寿镛的家人将遗藏 4 万多册图书捐献给国家，受到文化部褒奖。现一部分存于北京图书馆，一部分归于中国社会科学院文学研究所。这些都是张寿镛为现代图书馆做出的重要贡献。

二　冯孟颛与伏跗室、天一阁

冯孟颛②是近现代浙东著名的藏书家，其藏书楼名为"伏跗室"。

---

① ［日］山内正博：《张寿镛的思想》，载张芝联编《约园著作选辑》，中华书局 1995 年版，第 469 页。

② 冯孟颛（1886—1962），名贞群，字孟颛，又字曼孺，号伏跗居士、妙有子、孤独老人，慈溪孝中镇（今江北区慈城镇）人，生于江苏松江县，后迁宁波孝闻街，藏书家。

伏跗室之名，出自东汉辞赋家王延寿《鲁灵光殿赋》中"狡兔跧伏于
柎（跗）侧"之句，意为不求闻达，孜孜不倦，专心致志，像狡兔般
蜷缩其身，伏于陋室，修得硕果。冯孟颛性格内向，喜欢读书，更喜
欢收藏古籍。其父留下 2000 册书籍，冯孟颛很快读遍，逐渐自己开
始收书，用以研读。冯孟颛在古典文学、文献学、目录版本学方面造
诣颇深，精于考据，有鉴别古籍的好眼力，特别是对宋元椠本、明清
刻本，以及手本抄本均有研究。哪些本子序跋缺失，哪些为后人填
补，哪里有谬误，经他翻阅，立时能够辨别真伪。冯孟颛边鉴别，边
收进，从赵氏"种芸仙馆"、董氏"六一山房"、柯氏"近圣居"、徐
氏"烟屿楼"、赵氏"贻谷堂"、陈氏"文则楼"等著名的藏书楼都
进过书籍。冯孟颛的藏书内容十分丰富，许多是十分珍贵的版本，其
中以史部和集部为最多，其次是经部、子部、丛书、碑帖和字画等。
还有 200 多种书目著作、数百种地方文献，这些都是研究中国古代目
录学、地方政治、经济、文化发展历史的重要史料。

　　伏跗室另有不少珍本和善本藏书 300 多种，其中宋刻本杜大珪
《名臣碑传琬琰之集》16 册，为海内珍本；元刻本赵汸《春秋属辞》
8 册和郭茂倩《乐府诗集》，明刻本刘长卿《刘随州诗集》，清黄宗羲
《留书》、史荣《李长吉诗注》，名人手稿全祖望《鲒埼亭诗集》、谢
山眉批抄本 1 册，清姚燮《姚复庄诗文稿》抄本 3 册等，都是不可多
得的善本。另外还有慈溪张麟淑手录的《李杜韩白四家七古》等珍
本。不过，冯孟颛在收书过程中曾经得到的天一阁[①]早年散出的明刻
本、抄本 10 余种，这些原本可以为自己的收藏增辉的珍贵古籍，却
被他悉数赠送归阁而未归入伏跗室的藏书之列。为了修补古籍，冯孟
颛雇有几名补书匠。古籍整理好后，分类整理装箱。从清末到 20 世
纪 60 年代，他前后收书达 60 多年，终达 12 万卷，碑石拓本 400
余种。

　　冯孟颛的贡献并不仅仅在于收藏，他还是一位治学严谨的学者。

---

　　① 天一阁是中国现存最古老的私人藏书楼，位于宁波市内的月湖西岸。始建于明嘉靖
四十年（1561），由当时的兵部侍郎范钦主持建造。乾隆皇帝南巡时，命人测绘天一阁房
屋、书橱款式，依此建造了七座皇家藏书楼收藏《四库全书》，天一阁从此名扬天下。

他一生勤奋治学，积文稿达 17 册。几十年间，他编纂《鄞范氏天一阁书目内编》4 册 10 卷、与马涯民合编《鄞县通志·文献志》，协助张寿镛编辑《四明丛书》。此外，他还编有《伏跗室书目》6 册、《续记刻贴目》4 卷、《汉字简化溯源表》1 卷、《钱忠介公肃乐年谱》1 卷、《续编附录》2 卷、《鄞城古甓录》1 卷、《晏子春秋集注》8 卷、续订唐元集《箧中集》1 卷等。

冯孟颛最重要的贡献是在 1936 年夏主持重修了中国现存最古老的藏书楼——天一阁。

1933 年 9 月，一场强台风刮倒了天一阁的东墙，部分图书受损，藏书楼危在旦夕。此时，范氏后裔已经无力维护，延续了几百年的藏书楼将毁于一旦。作为鄞县文献委员会委员长的冯孟颛挺身而出，决定由文献委员会组织重修天一阁。在征得范氏族人的同意后，成立了重修天一阁委员会。冯孟颛主持日常工作，经费一部分由鄞县县府解决，一部分向社会募捐，共募集到经费 1.4 万余元。

工程进行 1 年半时间，修复了倒塌的东墙、整修了书楼前后假山、建起兰亭，还从宁波府学处迁来尊经阁，移来各地明清及民国的石碑 90 余方，建起明州碑林。而此时的天一阁经历了战争、偷盗、台风等各种劫难，书籍又遭虫蛀、霉变等灾害，受损严重。已经有 400 年历史的天一阁藏书家底也已含糊不清，因此重修天一阁委员会第 17 次会议商定，从 1936 年 8 月 16 日开始为天一阁编辑一部新书目，由冯孟颛任主编，范氏后人范吉卿、范若鹏协助。

从这一天起，冯孟颛便每天往返于伏跗室与天一阁之间，一卷卷地翻阅这些从范钦起，只有为数不多的大学问家才有幸动过的古籍。每阅 1 卷，他都小心翼翼地甄别考据，然后小心放回。经过 6 个月的清理排列，补治核对，直至 1937 年 3 月才初步写成目录初稿 20 册。经过整理后合为 10 卷。这次仅把天一阁中所藏的典籍全部编入目录，故取名为《鄞范氏天一阁书目内编》。正当准备辑录阁藏外编书目时，抗日战争全面爆发，飞机空袭频繁，外编编目工作不得不停止。但是冯孟颛虽然处于危城之中，仍旧困守"伏跗室"校对内编书目，对那些虫蛀、鼠啮难以辨认的，予以批注补齐。经过 3 年的苦心编修，终于在 1940 年将《鄞范氏天一阁书目内编》20 册、简目正稿 5 卷，外加附录 5 卷全部完成，确认天一阁 400 年来幸存的孤本秘籍计一千五六百种，约 1.3 万卷。冯贞群编辑的《鄞范氏天一阁书目内编》是新中国成立前最后一个书目，能够较全面地反映天一阁的文献收藏情况，直到现在还被沿用作为文献服务的根据。

冯孟颛读书、访书、藏书花了大半生的精力，与天一阁打交道先后达 30 年，对于文献的聚散得失之理了若指掌，深知"书难聚而易散"，"子孙永保之不易"，靠一家一族的力量终难世守。他的老朋友郑振铎曾经试探着询问能否将伏跗室所藏捐赠给北京图书馆，国家可以支付 20 万元，但是冯孟颛婉言谢绝，表示要把书籍留在家乡。1962 年 3 月 31 日，冯孟撷病故，按其遗愿，其家属将 10 余万卷藏书以及文物、金石、文稿，连同藏书楼一道全部捐献给宁波市政府。政府决定，保留伏跗室，常年对外开放。但是十年动乱期间，伏跗室全部藏书被强行调往杭州，后经宁波方面多次要求，冯家后人奔赴杭州、北京呼吁，书籍终于在 1974 年 1 月和 1977 年 10 月分两批运回宁波。点收时发现遗失 63 册；《甬上宋元诗略》原 16 卷，丢失卷 5 至卷 8，成为残本；明刻本李攀龙撰《沧溟先生集》8 册被白蚁严重蛀蚀，难以辨认，但是历经磨难的 10 余万卷古籍总算回家了。后来，书籍全部移藏天一阁，续写了冯孟颛与天一阁的缘分。冯孟颛为文化遗产的保存与延续做出的重要贡献，将与世共存。

三　马廉与"不登大雅之堂"

马廉[①]是近现代著名的藏书家、小说戏曲家。曾任北平孔德学校总务长，北平师范大学、北京大学教授，为"五马"[②] 先生之一。著

---

①　马廉（1893—1935），字隅卿，浙江鄞县人，近现代著名的藏书家，小说戏曲家。

②　"五马"指的是马裕藻、马衡、马鉴、马准和马廉 5 位亲兄弟，他们均为北京大学教授。二先生马裕藻，曾任北京大学国文系教授、系主任；四先生马衡，曾任北京大学史学系教授、图书馆馆长，后任故宫博物院院长；五先生马鉴，曾任燕京大学国文系教授、系主任、文学院院长；七先生马准，曾任北京大学教授；九先生马廉 1926 年 8 月继鲁迅先生之后在北大讲授中国小说史，后曾主管孔德图书馆。

有《中国小说史》《不登大雅方库书目》《〈录鬼簿〉新校注》。《〈曲录〉补正》《千晋斋专录》《劳久笔记》《隅卿杂抄》《鄞居访书录》等8种，译著有《京本通俗小说与清平山堂》《明代之通俗短篇小说》《论明之小说三言及其他》等。《鄞居访书录》是马廉摘抄一些鄞县文人著作的目录，以及鄞县一些世家大族家谱的部分内容，其中很珍贵的除从《甬上屠氏宗谱》中录出屠本畯《饮中八仙记杂剧》外，还录有鄞县近代学者冯孟颛的《伏跗室书目稿本》等内容。

马廉堪称一代著名的古典说部收藏家。他少年时喜读明末忠臣义士著作，后受王国维和鲁迅影响，孜孜不倦地收集、整理、研究古典小说、戏曲、弹词、鼓词、宝卷、俚曲等作品。由于这些书历来不受重视，被认为是上不了大雅之堂的东西，所以他干脆称自己藏书为"不登大雅文库"，将藏书室称为"不登大雅之堂"。其后，因为意外收得海内孤本明万历年间王慎修刻4卷20回本《三遂平妖传》而喜不自胜，便自号平妖堂主人，并且将书斋改名"平妖堂"。之后，又于1933年无意中购得天一阁散出的明嘉靖刻本《六十家小说》中的《雨窗集》《欹枕集》，于是请沈兼士为其书额"雨窗欹枕室"，从此便多了个雨窗先生的雅号。1933年，马廉先生购得一包残书，居然是明嘉靖洪氏刻的《绘事指蒙》和12篇话本。这12篇话本包括《雨窗集》（话本5篇）和《欹枕集》（话本7篇），本是天一阁旧藏，与流落日本的清平山堂话本15篇内容互不重复，版式装形相同。马廉一直认为《清平山堂话本》止绝不止在日本内阁文库保存的15篇，一直注意搜访，这次不期而遇，证明了《清平山堂话本》至少有27篇或更多。1934年6月，马廉把12篇话本以《雨窗欹枕集》为题交由北平大业印书局影印出版，从而使这些宋元话本得以传世。

马廉的藏书不仅丰富而且多存孤本。除了上述明万历年间（1573—1620）钱塘王慎修原刻本《三遂平妖传》和明嘉靖年间（1522—1566）洪楩刻本《雨窗欹枕集》2种镇库之书外，尚有《今乐考证》曲本《草庐记》《白蛇记》《升仙记》等，都是珍本或孤本。另有明万历刻本洪楩《清平山堂话本》（残卷）、明刻本《金瓶梅》、明天启刻本《七喂平妖传》（残存1—60回）等，均系国内不可多得的名贵珍本。马廉逝世后，北京大学图书馆为纪念其在该校讲学的成绩，决定将马氏藏书尽行购买庋藏。整套文库藏书于 1937 年 2 月入藏北京大学图书馆，立即成为馆藏善本特藏之重镇。大量不常见的小说、名剧珍本深受国内外学者珍视。在这批藏书中，有小说 372 种、戏曲 394 种，还有大量的讲唱文学及笑话、谜语等，共计 928 种，5386 册。藏书上印有"鄞马廉字隅卿所藏书""不登大雅堂文库""隅卿藏珍本小说戏曲"和"平妖堂"等字样。

马廉的藏书具有重要的研究和保存价值，它不仅为古代小说戏曲内容研究提供了翔实资料，也为其版本考证提供了重要线索。近年以来，马廉的藏书特别是小说部分越来越得到重视，北京大学出版社已经把北京大学图书馆所藏如崇祯本《金瓶梅》、稿本《三续金瓶梅》、《三刻拍案惊奇》、《樵史通俗演义》等陆续整理出版。马廉藏书中的小说部分，孙楷第《中国通俗小说书目》已经大部分著录；戏曲部分，北京大学图书馆与首都图书馆联合隆重编辑出版了马廉《不登大雅文库珍本戏曲丛刊》。

马廉与故乡的天一阁也有着深厚的情缘。1931 年，宁波拆毁古城墙已近尾声，回乡的马廉发现其中大量的汉晋古砖历史文化价值很高，于是在断壁残垣中搜寻古砖，制成拓本，并且著录《鄞古砖目》1 册。1932 年他回故乡鄞州养病，曾与郑振铎、赵万里访得天一阁散出的明抄本《录鬼簿》，3 人连夜影抄出 1 部副本，后来又和赵万里一起全面整理天一阁藏书。1933 年，宁波文化界人士筹款维修天一阁，并且在阁后移建尊经阁和明州碑林。马廉就将自己收集的数百块古砖全部捐赠给天一阁，天一阁乃特辟一室予以储存陈列，因其中有不少珍贵的晋砖，所以命名为"千晋斋"。自此，千晋斋便成了天一阁的一个组成部分，迄今已有 70 年的历史，这是马廉先生对宁波历史文化的一大贡献。

四　其他藏书楼

沈德寿之"抱经楼"。沈德寿（生卒年不确，一说为 1854—1925，一说为 1862—?），字药庵，浙江慈溪人，知名藏书家。他喜欢古人书画及历朝诸家尺牍，"遇有所获，必详其姓氏，识其真赝，采拾二十年来，属目者以数千计"①。而他对藏书发生兴趣，则是参观了陆心源皕宋楼之后。1884 年游至湖州，拜谒藏书家陆心源，并登藏书楼，看到陆心源所藏珍本秘籍，大开眼界，遂有藏书之志，希望"存前人之真迹，贻后人之鉴信"②。回乡后，遍搜书肆，兼采旧藏书家，遇到不成卷帙或绝版的书，就自费请人抄录。民国年间，从上海书商购回慈溪鹳浦郑氏"二老阁"散失之藏书万卷，没过几年就积书 5 万卷，沈德寿便在沈师桥故里造了藏书楼——抱经楼，并且仿照范氏天一阁、卢氏抱经楼③藏书规则，整理上架，逐一编目。又仿照湖州陆心源《皕宋楼藏书志》体例，著《抱经楼藏书志》64 卷，共著录 3.5 万余卷，约 1450 种，编成于 1906 年。沈德寿在自序文中叙述了藏书的源流和聚书的艰辛，对藏书志的体例也有所说明。沈德寿还有"授经楼""百幅庵"等藏书处，藏书印有"授经楼藏书印""五万卷藏书楼""惟书是宝""学闲馆珍藏""辛勤置书以遗子孙永守""宋元秘本""吴兴抱经楼藏""药庵珍玩"等。抱经楼藏书在沈德寿死后开始散失，所幸未流失到海外，现大部分被中国国家图书馆收藏。

郭传璞之"金峨山馆"。郭传璞（1855—?），字晚香，号怡士，浙江鄞县（今宁波）人，藏书家，书画收藏家。据《鄞县通志》记载，郭传璞收藏古籍和金石书画甚富，有"金峨山馆"，编有《便查书目》，著录图书 1400 余种，在书目之后，附有《癸酉增置书目》《甲戌选存书目》《丙子置书目》《丁丑置书目》《戊寅增置书目》《馈赠友人书目》《金峨山馆法帖目录》等，可见其每年所收藏的图书，都有目录留存。另有金石目录《四明金石志》，刻丛书 12 种，比

---

① 沈德寿：《抱经楼藏书志》，中华书局 1990 年版，第 3 页。

② 同上。

③ 卢氏"抱经楼"，位于浙江鄞县，楼主为鄞县藏书家卢址（1725—1794），建于 1777 年（清乾隆四十二年），曾经与范氏天一阁、郑氏二老阁齐名。卢氏"抱经楼"藏书 1861 年（咸丰十一年）惨遭劫掠，后被当地商人悉数买回无偿归还，民国时代书被卢氏后人卖掉，楼虽仍存，书已尽佚。

较著名的是《金峨山馆丛书》。民国年间藏书散失。藏书印有"晚香""臣郭传璞"等。又雅好音乐，精通音律，自己能够制曲和工于诗文，撰《金峨山馆文酌》1卷、《金峨山馆文甲乙集》、《吾梅集》1卷、《游天窗岩记》1卷、《劫余随笔》等。

徐履谦之"夕可轩"。 徐履谦（1859—1924），字抚九，晚清诸生，自号二亩园主，宁海人。好学工诗，多所建树。历任宁海习艺所所长、杭州育英书院（之江大学）院长，为现代画家、美术教育家、潘天寿之早年师长。其藏书楼"夕可轩"藏书5000卷，有古籍，有英、日版外文图书，有字画轴。所藏字画卷轴甚富，内有潘天寿早年习画百余幅，曾经于1955年选送浙江省文献展览会展出，获有奖状。"文革"期间，"夕可轩"所藏书画被全部堆放天井，一火尽毁。

严修之"蟫香馆"。 严修（1860—1929），字范孙，原籍浙江慈溪，世居天津。1919年创办南开大学，是中国近代教育的先行者，著名教育家、书法家和藏书家。严修酷嗜藏书，以"蟫香馆"名藏书之所，蟫是一种啃书本的小虫子，借以自喻。严修坐拥书城，博览群籍，遂成一代大家。他十分珍爱自己的藏书，镌刻藏书印章两方：一为"蟫香"白文长方小印，钤在书签下端；一为"蟫香馆藏书"朱文长方印，钤在封面和卷端处。严修为读书而藏书，所藏之书，经史子集4部咸备。经部，有清康熙刻本《书经近指》、明晋藩刻本《春秋左传类解》和明正德刻本《四声篇海》等；史部，有明嘉靖刻本《史汉方驾》、清康熙刻本《明名臣言行录》和明天启刻本《筹海图编》等；子部，有清顺治刻本《儒宗要理》、明崇祯刻本《大学衍义》和明刻本《锦绣万花谷》等；集部，有明任城杨氏刻本《蔡中郎集》、明崇祯刻本《黄御史集》和清康熙刻本《午亭文编》等。而丛书也别出一类，将要者觅得插架，如《汉魏丛书》《津逮秘书》和《正谊堂全书》等。1907年直隶省图书馆建馆，藏书无多，严修慷慨奉献，将蟫香馆的藏书1200部，共计5万余卷，无偿捐赠，奠定了省图书馆的藏书基础。1924年，严修又将所藏《二十四史》及"九通"等古籍数10种捐赠南开大学图书馆。1949年后，严修后人又将严氏遗著、墨迹、日记、书札等数十种，捐献给天津图书馆。

陈汉章"缀学堂"。陈汉章（1864—1938），字倬云，号伯弢，宁波象山人。清末民初的史学、经学、训诂学大师。陈汉章就任过北京大学教授、中央大学教授兼史学系主任。著述甚多，主要有《中国通史》《尔雅学讲义》《孔贾经疏考异异同评》《礼书通故识语》《周书后案》《论语征知录》《缀学堂丛稿》《史通补释》等百余种，手稿600余万字，现存北京图书馆、浙江省图书馆。陈汉章一生自奉俭约，啬于衣食，酷嗜藏书，只要是研究需要的文献，一概购备。每到一个地方，搜求遗籍，重金购置，是他的习惯。他生前藏书约 7 万卷，藏书之所名"缀学堂"。1950 年其子陈庆麟捐赠所有陈汉章的藏书和著述手稿，要求浙江图书馆派员前往象山东陈村家中接收。由于交通极不方便，经费又受到限制，浙江图书馆只选藏 836 册及百余幅金石拓片，其中包括陈汉章手稿《缀学堂丛稿》132 册，其他手稿 56 册，亲笔批校本 308 册，其余大量的都留在当地，其中不乏佳本，如同文版 24 史、闽版聚珍本丛书、近代各家所刻丛书等。浙江图书馆派去的人将其分装 60 余箱，再三嘱咐，希望当地文化部门重视这些藏书，予以保管。可惜几十年风雨之后，留在当地的陈氏藏书已经下落不详。

张之铭之"古欢室"。张之铭（1872—1945），号伯岸，晚号豚翁，鄞县人，从小经商，然而嗜书如命。张之铭少时在上海与学校诸友建立实学通艺馆，专储藏仪器以待求者。当时许多人认为故书雅记，但是无益于用，并且旧家藏书者其子弟多不成材。张之铭却不余其力求购搜集图籍，从四部、释典道书以至碑版书画，无不收藏。听到有孤本珍本，非收购不可，即使资金欠够，也不惜奔走乞借收购，得中外图书数以万计。侨居日本期间，曾经在日本东京桥区建书室三楹以庋藏，命名"古欢室"。1923 年日本东京地震，藏书皆毁。次年返回上海，继续广收群书，以原通艺馆为藏书室，仍以"古欢室"名之。藏书千余种，古今中外兼有，其中不乏日本所刻的"和刻本"古籍。章炳麟因此而作《古欢室记》。其藏书印有"恒斋书藏""张之铭珍藏"等。其收藏的《兰蕙小史》，至今仍然在古玩市场上销售。著有《新撰安南国年表》（稿本）、《新撰朝鲜国年表》（稿本）、《历代帝王纪元表三编》、《江浙两省沿海列岛图》等。

倪春如之"椿墅精舍"。 倪春如（1873—1958），号椿墅，浙江慈溪庄市人，藏书家。先世以经商起家，他不问家事，唯书是嗜，一心在古籍书肆浏览，抗战前曾于宁波乡间购屋 5 栋以贮书。民国期间，广泛购书，所得颇多精善之本。抗日战争时定居上海虹口。新中国成立之初经土地改革，乡间藏书散失大半。当时绍兴人严阿毛设春秋书店于复兴中路淡水路，严阿毛原为倪家修补旧书之雇工，深知其家藏之精美，于 1952 年贷款人民币数千元往宁波将倪家旧物剩余部分捆载而归。其中元明抄本数十种被汉口路旧书店收去，其中清代不经见之书不少。当时倪春如已 80 高龄，也赴书肆将几十年前所购之书重新购回，想来出售其藏书的应该是其后人。1952 年，家人促其将新购之书连同旧藏捐入上海图书馆，可惜未能留下目录，亦无藏书印记。上海图书馆派员整理，编有书目 1 册，计 1.7 万余册。1954 年，倪春如向天一阁捐赠图书 296 册，其中大部分为抄本。

张琴之"留斋"。 张琴（1875—1939），字峄桐，号清鹤，晚号留叟，鄞县人。张琴曾入国子监，辛亥革命后在宁波任中学教师，沙孟海即其入室弟子。张琴好藏书，其藏书处名"留斋"，张琴擅长隶书，兼擅行草，于金石考古均有所长。1927 年宁波城墙拆除时，搜得六朝古砖 50 余枚，加以拓片考证，著有《留斋藏砖》。曾经修补诸姓家谱，得诸家谱 10 余姓，直至去世，藏书上万，金石上百，翰墨一捆。1952 年，张琴之子张侗捐赠留斋遗物，宁波市古物陈列所编有目录 1 册，分为经学小学类，历史地理地图类、子书类、诗文词典、笔记小说、韵书类、科举用书及考试诗文类，私塾读本及学校教科书、讲义类，类书丛书、字典词典目录类，杂书、杂志、名录、家谱、刊物、样本类，碑帖类，金石书法及金石拓片、影印书本类，张氏父子著作手迹类等，捐书共计 427 部、1964 册，图 12 种、22 张，碑帖 40 种、121 张，影印本 21 种、27 册。

秦润卿之"抹云楼"。 秦润卿（1877—1966），慈溪县孝中镇（今宁波市江北区北城镇）人，旅沪金融界知名人士。1930 年，清代冯云濠（慈城人）著名的藏书楼醉经阁藏书被其子孙出售，秦润卿闻讯派专人收集庋藏，恰逢为奉养老母而建造的抹云楼落成时，老母去世，遂将所收集的冯氏醉经楼图书藏于抹云楼，并且继续征集珍本，抄集名贵版本。日寇侵入宁波后，"天一阁"藏书楼部分古版善本被盗卖于上海，秦润卿也多方设法购回，贮于"抹云楼"。所藏有浙江省各县方志、《普陀山志》、《赵大愍公全集》（即《赵文华全集》手抄本）等。1945年，为保存"抹云楼"藏书，特组织抹云楼图书保管委员会保管藏书及属于抹云楼的股票、现金。1952年，秦润卿把全部藏书和"抹云楼"财产捐献给浙江省人民政府，计有：二层花园洋房1座以及全部财产股票、现金等，线装古版书籍32996册，现代书籍3335册，各种杂志3324册，图谱碑帖字画2571件。1954年，慈溪、余姚两县划界，抹云楼藏书和财产由慈溪县文化馆移交给余姚县文化馆，余姚县文化馆于同日全部移交城关文化站点收保管。后来抹云楼房子为供销社使用，部分图书为省图书馆收藏，余存图书移藏于慈城中学，至1959年又归宁波市图书馆收藏。

李庆城之"萱荫楼"。李庆城（？—约1955），字连璇，家居宁波市毛衙巷，近代藏书家。1929年，藏书家蔡鸿鉴后裔因为经商濒于破产，把"墨海楼"藏书全部作价银元4万给了李庆城。当时，由于时局动荡和抗日战争爆发，李庆城先后收有"天一阁""大梅山馆""抱经楼""墨海楼"等江南著名藏书楼流出的散本，辟毛衙巷住屋东首明轩楼房3栋为书楼，名为"萱荫楼"，聘请蔡和铿兼理藏书。蔡和铿整理后对全部藏书进行了分类编目，计有宋元本25种，明本556种，抄本189种，清本2109种，共计3000余种，34031册。其书目于1933年被伏跗室冯孟颛亲手传抄，并且对原书目所有舛误以及部分珍本的由来做了很多修正和补充注录，附以跋文。1937年抗日战争爆发，李庆城母子姊弟全家迁沪，藏书托其兄李庆坤随效实中学避地鄞西凤岙市。李庆坤将全部藏书装箱水运至凤岙市，庋藏于一所钱庄的楼房。历时3年，虽然经历了宁波沦陷的战乱岁月，但是仰赖钱庄主人妥善保管，藏书并无损失。1942年，李庆城托人将藏书迁回宁波萱荫楼，几经风险，幸而完璧归赵。1951年，李庆城将"萱荫楼"藏书全部捐献给国家，为此受到文化部郑振铎局长专门接见。李庆城藏书经过浙江省图书馆的整理，将其中宋元椠本及大部分抄本和明清椠珍本运入北京图书馆善本部，其中有《明实录》《国榷》方志和词曲等，版本有宋元明刻本、精抄本、名人稿本等，以明刻海内孤本《天工开物》最为著名，还有明代历朝帝皇实录明椠本，包括世所仅见的《建文实录》的明抄本及明嘉靖抄本《苏氏〈易传〉》、明刻本《明史概》以及姚燮大梅山馆旧藏的《粲花斋四种曲》等数百种善本，则留藏于浙江图书馆。

曹炳章之"集古阁"。曹炳章（1878—1956），字赤电，又名彬章、琳笙，鄞县曹妙乡曹隘人。自幼随父在绍兴经商，20岁从慈溪方晓安游授医学，7年入门。后继续自学，钻研隋巢元方《诸病源候论》及明清百家医学，自设诊所40余年，诊资收入除家用外，尽购医书。先后在鄞县、绍兴、北平、南京、苏州、上海、日本等地选购得医书凡5000种之数。编有《集古阁藏书简目》10卷，分为23类，列入新旧医书4185种，博物类（如动植矿物、物理、化学、农学、各省县物产志等）以及关于药物考证用书655种，其中孤本、珍本、明刻、清抄、明抄等及其日本旧刻本有400余种，其他出借、新购未列入者，尚有百余种。曹炳章汇集自汉唐迄明清一百几十家医学名著以至日本汉医家的著述，堪称一代著名医书收藏家。1935年，他应上海大东书局之聘，将其历年搜集批校及自撰诸书，编成《中国医学大成》丛书，计365种，2100多卷。分为13类，辑为1000册，次年付印分期出版，拟陆续辑3辑，可惜仅出500册，便因抗日战争爆发而被迫停印，原稿也不幸散佚。1952年，遗藏3400余种医书，全部献给华东军政委员会卫生部。曹炳章一生著述甚丰，有《鸦片戒除法》2卷、《喉痧证治要略》1卷、《秋瘟证治要略》1卷、《痰证膏丸说明书》1卷、《彩图辨舌指南》6卷、《瘟痧证治要略》1卷、《规定药品之商榷》2卷、《医界新智囊》1卷，补注、批校、增订的有《潜斋医学丛书十四种》、《医学广笔记》4卷、《慎斋遗书》10卷、《陆氏三世医验》8卷、《增订医医病书》2卷、《临证医案笔记》6卷、《增订伪药条辨》4卷，所存手稿有《霍乱症治要略》《人参通考》《奇病通考》《曹氏医藏类目》《浙江历代名医传略》等30余种。

孙家淮之"蜗寄庐"。孙家淮（1879—1946），字翔熊，鄞县人。居于城南（今宁波南门）塔影巷，楼屋3楹，楼中室藏书，地甚小，故名"蜗寄庐"。初收艺术小品，渐及经史子集4部。遇有精本，则将前藏新刻本相送，常出高价兑换初印本。书友以其能出高价，凡有故家散出之书，莫不先往其家，因此孙家淮所藏版本精美。善本有元刻本《隋书》《范文正公全集》，明刻本《蔡中郎集》，明抄本《圣宋名贤四六丛珠》，绘图本《彩绘天象图占》，明蓝格抄本《录鬼簿》，全祖望批点本《张居正书经直解》，谢肇淛写本《陶靖节年谱》，李逊之稿本《三朝野记》等，共计440余部。所藏明抄本、清抄本及天一阁抄本，大多是范氏"天一阁"、卢氏"抱经楼"、沈氏"鸣野山房"的旧藏。藏书印有"南湖蜗寄庐""四明孙氏蜗寄庐珍藏善本""翔熊所藏""鄞蜗寄庐孙氏藏书""曾在孙翔熊处""渔道人藏"等。抗战期间，为避免日寇战火，孙家淮将藏书转移到乡间，分别置放数处。1979年，其子孙定观将遗藏954部，1.4万余卷藏书，字画86件，全部捐献给"天一阁"博物馆，其中有元刻本《隋书》《资治通鉴》，明刻全祖望批校本《书经直解》，清抄本《杲堂文抄》等。1987年，长孙孙诗乐又将剩下书籍全部赠予宁波大学。

马衡之"凡将斋"。马衡（1881—1955），字叔平，别署无咎、凡将斋，浙江鄞县人，金石考古学家、书法篆刻家、藏书家。马衡的藏书处名为"凡将斋"，又叫"解庐"。"凡将"出自《汉书·艺文志》，马衡将其作为斋名，是取"总"及"领起"之意，意思是收纳广泛全面。马衡的收藏的确非常有特色，不单是与金石研究有关的刻有文字、图画、雕刻的青铜器、甲骨、竹木、砖瓦、陶瓷、金、玉器等器物，其藏书也非常丰富。马衡向故宫博物院捐赠藏书1600余部，涉及《四库全书》分类中的经、史、子、集4部44类中的35小类。可分为5部分：一是钤印拓片类，此类图书在其藏书中占1/3且多为稀世之品；二是访书之精品；三是友人赠书；四是马衡校阅之书；五是所藏版本珍贵的图书等。在马衡的捐赠品中，其毕生搜集的石刻拓本多达12439件，其中以清代与民国年间出土和发现的墓志、造型、石经为主要部分。这批拓本是他一生研究石刻的重要根据，大多拓本上有他精细隽秀小楷行草题跋，现为故宫博物院院藏碑帖中极为重要的一部分。篆刻仅是马衡先生的业余爱好，其治印延续时间之长，搜集历代印谱之巨，沿袭传统艺术之深，为很多专业篆刻家望洋兴叹。在其捐献的印章中，一部分是篆刻名家吴昌硕、唐源邺、钟以敬、吴隐、王褆为其篆刻的作品；另一部分则是马衡为自己篆刻各种字体的印章，其篆刻风格可归纳为战国秦汉古印类、仿金文、碑铭人印类、流派印类等等系列。

叶恭绰之"丰闲堂"。叶恭绰（1881—1968），字裕甫（玉甫、玉虎、玉父），又字誉虎，号遐庵，晚年别署矩园，室名"丰闲堂""宣室"等。原籍浙江余姚，生于广东番禺，书画家、收藏家、政治活动家。叶恭绰祖上即富藏书，故也性喜收藏古籍和文物。他花了大量财力，收藏稀世珍宝，如西周毛公鼎、晋王羲之《曹娥碑》、晋王献之《鸭头丸帖》、明唐寅《栋亭夜话图》等。收藏了大量乡镇专志、清人词集、清人传记、名僧翰墨、文物图录，如清人词集有5000余种，《全清词钞》有3196家。为弘扬传统文化，他刻印了很多典籍，近代文坛名流如文廷式、罗瘿公、潘兰史、曾习经等人的遗作，均系经他整理出版的。他的诗词亦达到很高水平。叶恭绰著作甚丰，主要有《遐庵诗》《遐庵词》《遐庵谈艺录》《遐庵汇稿》《交通救国论》《历代藏经考略》《梁代陵墓考》《矩园馀墨》《叶恭绰书画选集》《叶恭绰画集》等；另编有《全清词钞》《五代十国文》《清代学者像传合集》《广东丛书》等。叶恭绰具有开放的藏书理念，不独私其藏，他曾经将方志、山志、书院志、寺观志、古迹志及关于文献考古诸丙札、图片悉赠上海合众图书馆，清人词3000余种赠予陆微阳，佛教文物捐赠上海法宝馆，重金购得的稀世珍品——晋朝王献之的《鸭头丸帖》真迹捐献给上海博物馆。

蒋介石之"文昌阁"。蒋介石（1887—1975），名中正，字介石，学名志清，奉化人。其藏书楼为"文昌阁"，所藏之书多为线装古籍，有相当一部分是儒家经典及王阳明、曾国藩全集等。1939年日本飞机轰炸，所藏之书全毁。

杨容林之"清防阁"。杨容林（1892—1971），字容士，又字道宽，浙江鄞县（今宁波）人，现代藏书家。早年攻习经济，志于振兴民族工业，任通利原油厂董事和经理、太和酱园经理。杨容林喜读书、藏书，其藏书室名"清防阁"，有藏书1.2万卷，碑帖逾千种。收藏多清中期以后刻本，善本数十种，珍本有明弘治十年（1497）刻本《精选古今名贤丛话诗林广记》、明万历四十二年（1614）刻本阮大铖《和箫集》等，此外，尚有一批宁波地方文献和宁波藏书家刻印的书籍，其藏书印有"清防阁""鄞清防阁杨氏珍藏""四明杨臣勋字文蕉珍藏""容士古稀""杨道宽印""道宽"等。"文化大革命"期间，藏书被抄，所幸未被尽毁。1979年，其子杨祖白等遵父遗愿，将古籍415部、字画25件、碑帖1000余件全部捐献给天一阁收藏。

张季言之"樵斋"。张季言（1897—1957），镇海霞浦人。"樵斋"是张季言为纪念其启蒙老师张樵庄在乡毁家兴学的艰苦经历而建立起来的藏书室，藏书14162册，内史部4478册，子集丛书9700余册，张煌言立轴书画1幅。张季言收书不重版本，而重实用。故从当时图书出版流通的实际情况出发，多采购丛书，这就构成了樵斋藏书的显明特点。丛书的内容十分丰富，一部丛书往往编集了数十种以至数百种著作。樵斋藏书中，丛书约占总数的一半。百卷至千余卷的大型丛书有《平津馆丛书》《汉学堂丛书》《学津讨原》《粤雅堂丛书》等，地方性丛书有《台州丛书》《续金华丛书》《四明丛书》等，此外还有一些专科性丛书。从版本上看，樵斋藏书中嘉、道以来刊印或重刊的占大多数，内容涉及古典文献的许多门类。此外，还有少量民国时期出版的新书，如1929—1936年编印的《故宫周刊》，1938年编印的《鲁迅全集》等。至于善本书的收藏，往往是可遇而不可求。在当时的历史条件下，张季言也收集到了10余种善本，如清乾隆间云南进呈的彩绘稿本《云南苗族写真图》2册，盖从内府流出，较为罕见，是难得的民族史资料；又如《钦定四库全书》原本，残存的《滇考》《放翁诗选》等4种5册，书上有"古稀天子之宝"和"乾隆御览之宝"等印章，散存在民间的亦不多见。此外，明刻本有晋陆机撰《陆士衡集》、唐元镇撰《元氏长庆集》、白居易撰《白氏长庆集》、宋王献等编《宣和博古图》、元朱泽民编《古玉图》、明陈继儒订刻本《南唐书附近事》等。明刻清初补版本有宋洪迈撰《容斋随笔》，司马光撰《司马温公集》等；清康熙间刻本有明叶盛撰《水东日记》、王守仁撰《王阳明全集》、清查慎行撰《敬业堂集》、朱彝尊编《明诗综》，以及康熙十三年殿本《历象考成》等。1957 年 7 月，张季言以"樵斋"藏书 5 万余卷全部移赠天一阁。

黄云眉之"二云楼"。黄云眉（1898—1977），字子亭，号半坡，余姚人，近代著名史学家、藏书家。黄云眉的藏书楼为"二云楼"，以余姚先贤邵晋涵（字二云）命名。他利用藏书对中国古代史、文学史、音韵训诂、版本目录学进行深入研究，尤精明史，通过广借诸藏书家善本和利用家藏图书资源，对明史进行校勘和考证，著有《明史考证》（8 册，约 200 万字），为国内外学术界所推崇。另著有《古今伪书考补证》《韩愈柳宗元文学评价》《李卓吾事实辨证》《史学骠稿订存》《史学杂稿续存》《鲒埼亭文集选注》等多种著作，并有《明实录分类索引》等手稿遗世。1965 年，将旧籍 245 种（3130 册）赠送给家乡余姚的梨洲文献馆及梨洲中学，另有一部分赠予山东大学图书馆，但其所藏是何种书籍，受赠单位均曰不详，令人十分遗憾。

林集虚之"藜照庐"。林集虚，生卒年月不详，主要活动于民国至解放初。本名昌清，字乔良，号心斋，浙江鄞县（今宁波）人。林集虚爱好古籍，其父在外地做官时，他跟随其父生活，另行经营古籍书店，同时搜藏所好图书。当时一些有家藏古典的人家生活窘迫，求售藏书者常交于他所开设的古籍商店，他且买且卖，时间长了，即能辨别版本之真伪。历 30 余年收藏，其"藜照庐"藏书日渐增多，《鄞县通志》记述其所藏善本有 1173 卷，如元至大本《六书统》、《六书统溯源》、姚燮稿本《疏影词续抄》等 150 多种，其余皆为明本。1928 年，曾经为范氏"天一阁"编辑《目睹天一阁书录》4 卷。藏书印有"鄞林氏藜照庐图书"。刊印有《藜照庐丛书》丛书，印行宋至清人著述 10 余种。

张鲁庵之"望云草堂"。张鲁庵（1901—1962），原名锡诚，又名咀英，字炎夫，又字鲁庵，号幼蕉，斋名望云草堂、春在堂，浙江慈溪人。西泠印社早期社员。他是名驰沪浙两地的著名篆刻家，精鉴赏，富收藏；他在印学领域才华出众，有多种编著行世；又以善制"鲁庵印泥"闻名遐迩，匹敌京城制泥高手徐正庵，时有"南张北徐"之雅誉。张鲁庵是"张同泰药店"的最后一任老板，但是格外喜好金石篆刻。一生嗜好历代印谱、印章，广搜博集，凡国内珍稀印谱、印章及有关印学著作，皆不惜重金购藏，仅庋藏印谱就多达 400 余家，篆刻大家赵叔孺（时棡）曾经赞誉其"堪称国中第一"。可谓集印谱之大成，数量之多，品位之高，罕有抗衡者，时称"海内第一家"。据传，他收藏的历代印章最多时达 4000 余方，其中有何雪渔印章 20 方，并且拓之成集，其中"放情诗酒"一印，系杭城著名金石收藏大家魏稼孙旧藏；《十钟山房印谱》有 100 册，原为陈介祺拓赠吴大澂的旧物；曾经出版有《仿邓完白山人印谱》2 卷（民国二十一年影印）、《鲁庵印选》、《鲁庵印谱》、《松窗遗印》等。1962 年 10 月 11 日，张鲁庵将所藏 433 部近 2000 册历代印谱、1525 方名贵印章捐给西泠印社。这批藏品中的印谱有：明代版 33 种、雍正版 3 种、顺治版 1 种、康熙版 11 种、乾隆版 59 种、嘉庆版 25 种、道光版 38 种、咸丰版 12 种、同治版 14 种、光绪版 74 种、宣统版 7 种、民国版 98 种、解放后出版的 7 种、日本明治版 5 种、未记年代的 48 种，以及张鲁庵自拓印谱 10 种等。印章有：秦汉官私铜印 300 余方；明清以来各家刻印 1200 余方，其中"西泠八家"刻印 240 余方，邓石如刻印 2 方；此外，赵之谦、吴让之、吴昌硕等文人、画家刻印无不具备。后经国家文物鉴定机构权威鉴定，这批捐献物品中，明代《顾氏集古印谱》《学山堂印谱》《松谈阁印谱》，清代《飞鸿堂印谱》《十钟山房印谱》等 37 部印谱被定为国家一级文物，347 部被定为国家二、三级文物。印章有 31 方，如何震"放情诗酒"、邓石如五面印、"西泠八家"创始人丁敬的"烟云供养"被定为国家一级文物，1109 方被定为国家二级和三级文物。是年 10 月 20 日起，西泠印社邀请沙孟海、诸乐三、韩登安、朱醉竹、刘江等人开箱整理，并辟专室庋藏，悬挂"望云草堂"匾额，以志纪念。这是西泠印社自创社以来接收的一笔最大、最丰富、最珍贵的文化艺术遗产。

陈献夏之"后雨钞堂"。陈献夏（1909—1967），原名祖厘，字式圭，改名献夏，浙江宁波人，室名"后雨钞堂"，其藏书多半来自叔祖朵峰雨钞堂，取"后雨钞堂"以志不忘。家富藏书，宋明清精本俱存。如宋景定刻本《孟东野诗》10卷，明刻沈朝焕《泊如斋全集》，明成化本元陈龙仁《周礼集说》，明刻小字本《朱子类语》《唐文粹》等，抄本中有明四明月湖陆氏绿格抄《盛明五家诗钞》等。著有《离骚释义》一书稿本。藏书传至其子女手中，后经统计，共有1156种古籍，8400余册，其目未详。

唐弢之"晦庵"。唐弢（1913—1991），原名端毅，字越臣，笔名风子、晦庵、韦庄、仇如山、桑天等，镇海人，鲁迅研究家，藏书家。巴金曾经评价唐弢的藏书："有了唐弢先生的藏书就有了现代文学馆的一半。"唐弢收购、保存至今的藏书多达四万余册，绝大部分为现代文学书籍，其中不乏价值奇高的初版本和毛边本。据现代文学馆的统计，唐弢藏书总计4.3万册，其中杂志1.67万种、图书2.63万种，其中难得一见的一级品多达141种。藏书中有大量20世纪初年出版的图书和杂志，如长沙王运长书局1901年出版的小仲马著，林纾、王寿昌译《巴黎茶花女遗事》，上海南昌普益书局1903年出版的雨果著，苏曼殊、陈独秀译《惨世界》；鲁迅1914年捐资由金陵刻经处刻印的2卷《百喻经》（［印］僧伽斯那著、［日］求那毗地译），都是极其珍贵的藏品。杂志中不乏价值连城、最早的创刊号，如新小说社1902年出版的《新小说》第1期，浙江同乡会1903年出版的《浙江潮》创刊号，上海商务印书馆1903年出版、李伯元编辑的《绣像小说》第1期等。以唐弢收藏的绝版书、孤本书、初版本、毛边书等而论，作为中国现代文学的藏书专家，他获得"中国现代文学第一藏书家"的称号显然丝毫不为过誉。唐弢去世后，其家人将藏书捐赠给中国现代文学馆，成立了以唐弢先生命名的专门文库"唐弢文库"。

应修人之"上海通信图书馆"。应修人（1900—1933），原名麟德，又字修士，笔名丁九、丁休人，浙江慈溪人，作家，上海通信图书馆创办人之一。"五四运动"后开始文学活动，编辑小型文学刊物，与冯雪峰、潘漠华、汪静之结成湖畔诗社。1921 年，与上海钱业界的职业青年创办了上海通信图书馆（初名互助团通信图书馆），并主编《上海通信图书馆月报》。次年组织编制《S. T. T. 图书分类法》（许元启协助完成）。著作有《金宝塔银宝塔》《湖畔》《春的歌集》和《支那二月》等。

励双杰之"思绥草堂"。励双杰（1969— ），慈溪人，家谱收藏家。2011 年被评为宁波十大收藏家之一。藏书楼"思绥草堂"收藏新中国成立以前线装家谱近 1800 种约 2 万册。收录于《浙江家谱总目提要》及《中国家谱总目》的家谱数量为全国私藏之最。励双杰1993 年开始收藏家谱，他的收藏很注重版本，所藏 80% 是孤本。励双杰不但收藏家谱，更悉心研究、考证，曾经先后在《寻根》《谱牒学论丛》《谱牒文化》《北京日报》《中国商报》《藏书报》《天一阁文丛》等报刊发表相关文章数十篇。编著出版的著作有《慈溪余姚家谱提要》（漓江出版社 2003 年出版）、《中国家谱藏谈》（山西古籍出版社 2008 年出版）等，其主编的《思绥草堂藏名人家谱丛刊》被列入"十二五国家重点图书出版规划"项目，2012 年由广西师范大学出版社出版。

附录 1

朱鼎煦[①]**"别宥斋"。**朱鼎煦（1886—1968），字赞卿，萧山人，但久居宁波。民国初任鄞县法院推事，后任龙山法政教员暨律师。嗜好藏书，遇故家藏书散出，不惜重金收购。时常熟毛氏"汲古阁"、歙鲍氏"知不足斋"、余姚卢氏"抱经堂"、肖山王氏"十万卷楼"、陈氏"湖海楼"、山阴沈氏"鸣野山房"、鄞县范氏"天一阁"、卢氏"抱经楼"、慈溪叶氏"退一居"等诸家流散藏书，他均倾力收藏。朱鼎煦还来往于杭州、上海间购所未

---

① 朱鼎煦籍贯不在宁波却又久居于此，因此置于附录。

备图书。藏书庋藏两处，一在鄞城，一在萧山。1940 年日寇入侵，萧山藏书尽毁；鄞城之藏书转移于白象桥郭氏，后来因为水灾迁于后隆阳堂庵，但是不幸遭到盗贼劫掠，手及臂受伤，不得已由西郊入城租居云石街，又遭到白蚁蚕食。历经火水盗虫四劫，其精华之本多已散失。然而朱鼎煦仍继续搜藏，后得到宋本《五代史记》、顾千里手校《仪礼》等珍本，另有黄宗羲辑《明文海》稿本、宋监本《〈春秋·公羊〉注疏》、明嘉靖刻本《孔孟圣迹图》、明万历刻本《金莲记》等皆为善本，其他若说部平话、科场用书、百家杂说图书乃至其残稿余牍也无不收集庋藏，总藏 10 万余卷又书画文物千余件。专家称朱氏所藏版本之佳胜过冯贞群，其宋、元、明三代精品达 500 余种。藏书楼名"别宥斋"，另有藏书处曰"熙修阁""治书轩""乐寿堂""香勾室"等。藏书印有"朱千万""朱十七""朱别宥校""酂卿心赏"等 10 余枚。编《朱鼎煦藏书目录》，著录古籍 500 余种。谢世前嘱托：此书捐赠天一阁并存不朽，吾足矣。其家属代表姚重之于 1979 年 8 月 17 日立文悉数捐献天一阁。

附录 2

宁波帮的同乡会刊①。"宁波帮"遍及海内外，其同乡会组织也随即在居住地成立。在国内外一些主要城市的宁波同乡会还办有会刊，在此介绍其中主要的几种：

《宁波旅沪同乡会会刊》：宁波旅沪同乡会创办。创刊于 1921 年 6 月，初名"宁波旅沪同乡会月报"，由江觉斋义务主编，时出时停，至第 9 期时告停。1924 年由洪达观任主编，出刊 10—72 期（1924 年 5 月至 1929 年 7 月）。自后由余道惟主编，出刊 73—168 期（1929 年 8 月至 1937 年 7 月）。1937 年 7 月，因抗战爆发而停刊。1946 年 9 月复刊，之后共出 20 期（1946 年 9 月至 1947 年 11 月）。会刊以"沟通经济与学术两方面，而使人文物

---

① 宁波同乡会刊本与编辑出版相关，但是因为其办刊宗旨是"读物思乡"而非为了营利，因此置于本节附录之中。

力，得以相持而长"为职志，主要栏目先后有本会纪事（会务纪要）、公学报告（学务）、七邑拾闻、经济、案牍、编着、各界投稿、旅外同乡近讯、明州轶事、杂俎、事件、谈丛等。其中"经办事件"栏目主要记载同乡会每月所办事件，涉及慈善公益、联络公团、遣回给领、送医恤亡、护柩安墓、公平钱价、完聚婚姻、和睦家庭、排解口角、昭雪诬蔑、进行会务、保护侨商、便利营业、关系国际、教育实业、安宁地方、庆祝挽留等等，事无巨细，包罗万象。可见，同乡会不仅为团体内部成员提供了发展动力和活动基地，团体中的每一个成员也能够从这种同乡组织体系中获得好处。

《宁波旅杭同乡会月刊》：1925 年 6 月创办，由宁波旅杭同乡会副会长郑宜亭委托颜耿性主编。据编者自称，"系完全义务"，刊物内容几乎由他独撰，多为时令小品文，涉及同乡会事务者很少，目前仅见 2 期。

《宁波旅渝同乡会三十年度会刊》：1942 年由宁波旅渝同乡会印行。主要包括：会务、商情、论着、乡邦掌故、乡讯、会员录等。刊前有蒋介石题词"敬乡乐群"，又有王正廷、虞洽卿、翁文灏、俞飞鹏、陈布雷等人分别题词。

台北市宁波同乡会刊《宁波同乡》：1963 年创办，至今已经出刊 420 多期。1964 年起张行周①兼任《宁波同乡》主编，至 1993 年秋连续编了 29 年，后来因为健康原因不再亲手编辑，但是仍然继续担任会刊的常务理事。会刊对地方先贤、乡邦风俗及掌故特别关注，如有关宁波的"京班戏""宁波医门沧桑""吃在宁波""漫谈舟山东岳会"等。同乡会后来专门出版一套"宁波丛书"，包括《宁波乡谚浅解》《宁波习俗丛谈》《宁波风物述旧》《宁波艺文什志》，对了解宁波地方史迹与文化很有帮助。

---

① 张行周还于 1968 年 5 月创办浙江同乡会的《浙江月刊》，先后 3 次共计编了 15 年；1981 年创办《舟山乡讯》，编了 100 期后将编务交予他人。

第三节　宁波帮与中国现代体育

宁波帮与中国现代体育的发展有着不解之缘。王正廷作为中国奥委会首位委员，被称为"中国现代体育的鼻祖"，是"中国奥运之父"。魏纪中作为新中国奥运之路的参与者，见证了中国在20世纪50年代退出国际奥委会的过程，又参与了中国重新恢复奥委会合法席位的艰苦努力，并且在北京申奥活动中立下了汗马功劳。在围棋世界中，应昌期推动了世界与中国围棋事业的发展。他制定的"应氏围棋规则"达到了"绝无判例""几无和棋"之目标，号称"迄今为止最合理、完备，符合时代需求的围棋规则"，目前已经成为与中国围棋竞赛规则、日本围棋竞赛规则并列的国际性围棋比赛规则之一。人们将应昌期誉为"黑白世界的诺贝尔"，说他是"一个有远见的围棋改革家"。在中国体育渐渐走向世界的过程中，宁波帮的体育活动家做出了重要贡献。

一　王正廷与中国近代体育

王正廷[①]是近代中国著名的社会活动家，他虽然担任政界要职，但是热心体育事业，并且致力奥林匹克运动在中国的开展，是近代中国著名的体育领导人之一。他把体育作为"立国之本"，主张"当视体育为强健身心之常经，当视体育为振兴民族之正轨"[②]。这里蕴含着他希望通过发展体育运动振兴中华的理念，也使他为推动中国体育运动发展而不遗余力。

王正廷是中国的首位奥委会委员，他的当选与其在中国体育发展中的重要作用有着密切关系。王正廷酷爱体育运动，长于网球、游泳、骑术。从20世纪初开始，王正廷就参与了当时基督教

---

① 王正廷（1882—1961），原名正庭，字儒堂，号子白，奉化金溪乡税务场村（今属白杜乡）人，外交家，体育活动家。

② 王正廷：《〈体育季刊〉发刊词》，《体育季刊》1935年创刊号。

青年会的体育传播活动。1911 年，他留学回国不久，便与基督教青年会亚洲各国体育干事一起，发起组织了"远东体育协会"。1912 年 7 月，王正廷在这个被看作是"亚运会"前身的组织中任首任中国籍总干事，并且参加了自 1913 年开始的历届远东运动会的组织筹备工作，历任要职并是主要赞助人之一，曾经担任第 2 届、第 5 届、第 8 届远东运动会会长。他为中国及亚洲的体育事业做出了独特的贡献。

由于中国发起筹办和参与了远东运动会，给国际奥委会留下了良好的印象。1915 年，国际奥委会致电承认远东体协，并且邀请中国参加下届奥运会和奥委会会议，后来由于第一次世界大战的原因而未能够实现。1920 年，王正廷参与发起的远东运动会和远东体协被国际奥委会正式承认，成为世界上第一个与国际奥委会发生关系的区域性国际体育组织。由于王正廷在推动中国体育事业上的重大作用，经国际奥委会顾拜旦推荐，在 1922 年巴黎召开的国际奥委会第 20 届年会上，王正廷被推举为国际奥委会委员，成为中国第一位和远东第二位国际奥委会终生委员。1924 年，被推选为新成立的"中华全国体育协进会"名誉会长，1933 年任主席董事。1932 年，首次组织和推荐中国运动员刘长春参加第 10 届奥运会，并且鲜明地提出要为祖国争光的口号。1936 年第 11 届奥运会和 1948 年第 14 届奥运会，王正廷均担任中国代表团总领队。因其长期担任中华全国体育协进会的领导人，对中国体育事业做出了巨大贡献，因此人们称他为"中国现代体育的鼻祖"，并且被誉为"中国奥运之父"。

王正廷是推动中国体育发展的重要人物。早在 1916 年，王正廷就积极主张将体育教育引入学校，并且在他出资创办的务本小学开设体育操练课，这不仅在当时奉化学校中属于首创，在全国小学中也十分罕见。除此之外，他还积极投入到筹建全国性体育组织的工作中。其最初的尝试是于 1910 年与唐绍仪、伍廷芳、张伯苓等人发起成立了"全国学校区分队第 1 次体育同盟会"。体育同盟会是在"争取早日参加奥运会"和"争取早日在中国举办奥运会"口号的鼓舞下，为了筹备在南京举办的中国历史上第一次全国运动会而建立的，它不仅被视为中国第一个全国性的体育团体，也是当时中国全国性体育组织的雏形，为日后成立全国性的指导体育事业发展的体育组织积累了实践经验。1922 年 4 月 3 日，"中华业余运动联合会"在北京青年会所正式宣布成立。联合会参与筹办了 1924 年第 3 届全国运动会及 1923 年在日本举行的第 6 届远东运动会的选拔事宜，并且被国际社会承认代表"中国奥林匹克委员会"。这是中国第一个真正意义上的全国性体育组织机构，起到了领导全国社会体育的重要作用，标志着中国体育的现代化揭开新的一页。"中华业余运动联合会"和"中国奥林匹克委员会"主席均由当时任外交部部长的王正廷兼任。全国体协成立后，先后加入了远东体育协会及多个国际单项体育联合会，如国际田径、游泳、体操、网球、拳击、举重、足球、篮球等 8 个国际单项体育联合会。1931 年，国际奥委会正式承认全国体协为其成员组织。与此同时，全国体协在王正廷、张伯苓等人领导下，克服人力、物力、财力诸方面的困难，为发展中国现代体育事业做了大量工作。

王正廷当选为国际奥委会委员后，积极推动奥林匹克运动的发展，其重要行动就是推动中国派团参加奥运会。1932 年，中华全国体育协进会发出了派遣运动员参加在洛杉矶举行的第 10 届奥运会的倡议，但是当时主管体育工作的国民政府教育部，以国难当头、时间匆忙、准备不足为由，拒绝了这一请求。在整个体育界为此扼腕叹息之际，日本支持下的伪满傀儡政权决定派遣东北选手刘长春、于希渭代表伪满洲国参加奥运会，试图从体育作为入口，求得国际认可。全国舆论大哗，强烈要求国民政府派运动员参赛。面对国民政府缄默不语的情势，时任中华全国体育协进会董事长的王正廷深感此事重大，他奔走各方，积极斡旋，在全国体育界爱国人士的大力支持下，决定将计就计，想出了派刘长春代表中华民国参加奥运会的妙计。他利用自己的国际奥委会委员身份，帮助刘长春迅速办妥参赛手续，并且亲自到码头为其送行。王正廷右手执国旗及全国体协会旗，庄重地对刘长春说："予今以至诚之心，代表中华全国体育协进会授旗与君，愿君用其奋斗精神，发扬于洛杉矶市奥林匹克运动场中，使中华民国国旗飘舞于世界各国之前，是乃无上光荣也。"① 这是中国运动员第一次正式进入国际奥运会赛场，当中国体育代表团第一次出现在第 10 届奥运会的检阅队伍中，当刘长春第一次站在奥运会百米赛道上，这一刻无疑圆了王正廷等中国体育人参加奥运会的梦想。

王正廷作为中华体育代表队总领队，率团参加了 1936 年在德国柏林召开的第 11 届奥运会。共有 141 人组团参加，盛况空前，其中中国国术队在柏林进行表演后，在当地引起了较大轰动。虽然与奖牌无缘，但是对于推动中国奥林匹克运动的发展仍然起到了重要的作用，正如王正廷所言："中国对体育之提倡，为期尚短，在此短期间产生之运动家，与世界英雄相比，当然不能希望有无上表演与贡献。中国之参加此次大会，其动机较其所获结果为重要。中国必须先学行，再学走。此次参加大会中国选手所带归之知识及技能，为中国将来胜利之基础。"② 在王正廷的游说下，中华体育考察团获得了国民政府的资助，随奥运代表团赴欧洲 7 个体育发达国家进行相关的调查访问，为中国体育界的精英们打开了眼界。

近代中国的国情，决定中国体育事业不可能有根本性的进步与发展，但是这并不能抹杀王正廷等人为发展我国体育事业所做的不懈努力。王正廷作为民国时期中国体育事业的重要领导人，不计名利、义无反顾地推动中国体育走向世界。正如台湾学者张腾蛟先生所言："为我国体育事业献身献力的人士实在不少，可是要论态度之积极、参与之热心以及成就之辉煌，恐怕要数正廷先生为第一人。"③

1948 年，王正廷再次作为中华体育代表团总领队，率团参加了第 14 届奥运会。此时，国民政府已经处在崩溃边缘，中国代表团的经费捉襟见肘，运动员只得自己带着口粮和副食品去参赛，甚至回程的路费都没有着落。王正廷多方筹集，才把滞留在伦敦的运动员运送回国。这次伦敦之行使王正廷心灰意冷，1948 年圣诞节后，他黯然离开

---

① 刘长春：《我国首次正式参加奥运会始末》，载全国政协编《文史资料选辑》第 70 辑，文史资料出版社 1980 年版，第 165 页。

② 毛根庆：《中国"奥运之父"王正廷传》，浙江大学出版社 2012 年版，第 63 页。

③ 张腾蛟、坛坫健：《王正廷传》，台北近代中国出版社 1983 年版，第 129 页。

大陆，移居香港，直至 1961 年 5 月病逝，终年 79 岁。

二　应昌期与中国围棋

应昌期[①]毕生热爱围棋。他说："我一生以 90% 的精力办围棋，以 10% 的精力办实业。……我不要名，也不要利，在我的能力范围内，做有益于发展围棋的每一件事，这是我的梦，我的一生没有虚度。"[②]围棋是实业家应昌期生命中最重要的一部分，他为中国的围棋事业做出了卓越的贡献，创造了几个世界围棋之最——第一个提出世界围棋规则要统一、第一个倡导举办世界职业围棋锦标赛、第一个举办世界电脑围棋赛、第一个推出应氏杯世界青少年围棋赛。

应昌期 6 岁学棋，在慈溪有"小棋王"美誉，12 岁夺得家乡围棋比赛冠军。在商校求学时，常到学校不远处的普济寺向定法老和尚讨教棋艺，还与海军舰长、围棋爱好者王梦丹会棋，一度曾经自以为棋力不凡。但是在上海偶与围棋名家魏海鸿对弈时惨败，始知"山外有山，天外有天"。于是，工作之余，悉心钻研棋艺，并且常去日本人所开的专业出售围棋书籍和棋具的书店浏览。他以有限的收入广为收集日本人所写的围棋著作，有空便悉心研读，同时面对棋盘一一摆谱，务必读懂。应昌期在上海 4 年的银行生涯中，不仅学到了谋生本领，而且书法、棋艺均大有长进，为今后的成长道路打下了一个非常扎实的基础。

1946 年到台湾后，应昌期即在家设置棋室，号称"五窗填满斋"，广邀亲朋好友会棋，切磋棋艺。应昌期对围棋的热爱不仅表现在对棋艺的追求上，而且表现在他对围棋的全方位关注上。围棋作为滥觞于中国的智力游戏，本是文人的雅趣之一。但是流入民间后逐渐异化，不仅进入茶馆酒肆，甚至也有人以此为赌博工具，每下棋噼啪之声四起，旁边围观人群吆喝支招，下棋人或坐或蹲，或将一腿支于凳上，极不文明。应昌期在去日本人的棋院下棋时，发现日本围棋规

---

① 应昌期（1916—1997），浙江宁波慈溪人，实业家，应氏围棋计点制创造人，被誉为"黑白世界的诺贝尔"。

② 李建树：《应昌期传·序》，台湾理艺出版社 1999 年版，第 2 页。

矩很大，不仅棋具制作精美且规格统一，而且对弈者坐有坐相站有站相，每落子轻柔一推，不发半点声音。棋手们每有心得都笔记下来，一些著名的棋局更是仔细记录，排成棋谱出版。这些做法让应昌期感慨万端，深感中国围棋大有改革之必要，他萌生了一个念头："将来如果有钱，别的可以不干，但围棋改革的大事一定要做！"①

围棋改革成了成了应昌期生命追求的重要部分。他的生前好友袁忠渭曾经说："应昌期的事业是围棋，其他只能算是职业"。确实如此，应昌期对围棋的热爱不仅是个人兴趣，而是一种志向，他"慨然有振兴中华棋艺之志，并引为己任……来台后境遇渐宽，乃一本初衷，致力恢复中国围棋组织，建立职业棋士品位制度，推广新闻围棋比赛，以及改良棋具等等，其尤著者，一为计点制围棋规则之发明，用以推翻日本棋院所执着施行之比目法规则，扫除多年来若干未决案。另一则为成立应昌期围棋教育基金会，时在民国七十二年八月，先生共捐出所属企业股票面额新台币 1 亿元，作为该会振兴围棋之基金……不断筹办国内外棋赛，其中规模最大奖金最高者为应氏杯世界职业围棋锦标赛……为推行应氏计点制规则，培育中华围棋人才，特出资在上海设立围棋学校"②。可以说，应昌期对围棋的热爱是投入心力、财力的至诚之爱。

应昌期对围棋的一大贡献是发明了"计点制填满法"的新围棋规则，达到了"绝无判例""几无和棋"之目标，号称"迄今为止最合理、完备，符合时代需求的围棋规则"。

在应氏围棋规则发明之前，围棋比赛主要采用的是中国围棋竞赛规则（简称中国规则）、日本围棋竞赛规则（简称日本规则）。中国规则为数子法，目前主要在中国大陆采用，数子法就是在一盘棋结束后，每方将自己的占地计算出来，被提去的子是死子，没有被吃掉的子就是活子，谁多谁赢。日本规则是数目法，主要是在日本、韩国采用，也包括北美，欧洲等地区（因为传统力量的影响，这些地区的围

---

① 葛凤章、王跃：《三分实业，七分围棋——记应昌期与他的围棋学校》，《两岸关系》2002 年第 1 期。

② 李建树：《应昌期传》，台湾理艺出版社 1999 年版，第 329 页。

棋爱好者们，也是采用日本规则），数目法规则稍微复杂费解些，其原理是在双方下子手数相等的情况下，不计算双方下在棋盘上的子数，只是计算各方所围之空的数目，谁围的地多谁就胜，空多一方为胜。

但是，比赛的实际情景有时会出现特殊状况——数子法，有打劫①收后的情况出现，这种情况的存在可以使受损的一方因劫材不够，无棋可下，停了一手，眼睁睁地看着受益的一方连走两手，把劫粘上，差掉1目棋。而数目法，也会出现类似的情况，即在数目法中，棋盘上棋子的数目是不计算其个数的，只计算各方所成的空的数目，而在以占地多少为胜负判定基准的前提下，有时会出现空多的一方实际占地反而少，空少的一方实际占地可能反而多的情况。

应昌期萌生研发新棋规的念头，有两个直接的原因。一个是他考察世界棋坛，发现围棋走向世界的速度缓慢是因为"围棋没有一个完善的、统一的书面规则"；二是他在考察了吴清源两次"含冤告败"的成绩之后，痛彻感到棋规的不完善导致了比赛的不公平和不公正。1948年吴清源与岩本薰下了一盘棋。岩本认为他的劫材多，最后一劫可以不粘，日本棋院根据"劫多一方可以不补"的说法，判定"黑不必补"，对此吴清源倍感冤枉。而1959年1月9日吴清源先生与高川秀格在比赛中又出现了"一手劫"的情况，吴清源在半目胜的情况下，出现了一个"一手劫"，根据日本棋院的规则，"一手劫必须补"，结果这盘棋高川秀格半目胜。

这件事成为应昌期致力于围棋规则研究的一个契机。自1973年起，应昌期一头扎进了发明新围棋规则的学术领域，开始潜心研究撰写。从1973年开始到1996年《应氏棋规》正式出版，20余年时间，应昌期无论在家，还是在办公室，甚至出差在国外，一有空便想新规则，一想到什么新点子便记下来。用应昌期自己的话说，就是"我一生以90%的精力办围棋，只以10%的精力办实业"。就这样，应昌期

---

① 打劫，围棋术语。指黑白双方都把对方的棋子围住，在这种局面下，如果轮白下，可以吃掉1个黑子，如果轮黑下，同样可以吃掉1个白子。下文的粘劫是指一方把打劫的位置粘住，避免和对方在此相互循环争夺。

终于发明了完善的"计点填满法"新棋规。

应氏规则的要点是："手分虚实，气尽提取；变穷打劫，子空皆地；除穷任择；气定死活；劫分争揽，填满计点。"其主要的操作规则是：

1. 子空皆地，提证死活。

2. 双方填满计算地域。

3. 黑贴 8 点（和棋黑胜，相当于 3 又 3/4 子），以预数法确定胜负。

4. 劫分争揽。

5. 用时。采用超时罚点制，以罚点替代读秒。职业应氏杯赛事一般为每方 3.5 小时 + 3 次 35 分罚点，即用完 3.5 小时后，超时 35 分钟内罚 2 点，35—70 分钟罚 4 点，70—105 分钟罚 6 点，超过 105 分钟判负。

"应氏规则"将"子多为胜"或"目多为胜"改革为"点多为胜"，解决了"三劫循环""四劫循环"等问题，使围棋"和棋"无胜负的问题得以解决，实现了"绝无判例，无和棋"的目标。这一规则既包含着技术上的完善，也包含着观念上的改变。为考验这个新棋规，应昌期在由他举办的一切国际性围棋赛事中，除冠、亚军高额的奖金外，又单设了一项奖金高达 5 万美元的"判例奖"，即谁如果能够下出一盘无法用新棋规判定的棋，便可获得 5 万美元的奖金。

美国的威廉姆·迈思在评介"应氏棋规"时说："'填满计点'算法精妙绝伦，但黑白子数必须各 180 子，绝对无法办到。"[1] 为了这句话，应昌期在完善新棋规的后十几年中，又沉浸到了围棋棋具的研制之中。他亲自动手设计一种能够不多不少正好装满 180 子的棋罐，为此仅钢模就做了 35 副（每副造价逾万美元），终于有了玲珑剔透的棋罐与他的新棋规配套。那些棋罐的型号，还分别赋予了一定的意义：1991 年问世的命名为"9186 型"，纪念"九·一八"发生 60 周年；1992 年问世的命名为"7755 型"，纪念"七七事变"55 周年；

---

① 李建树：《商界奇才棋坛祭酒应昌期》，《天下宁波帮》2007 年第 2 期。

1994 年改进型的六角形棋罐最为玲珑剔透，其型号定为"JW100"，自然是为了纪念中日甲午战争发生 100 周年。除了棋罐外，应昌期还发明了许多新棋具，如旋转型棋几、书桌型棋桌、量斗棋具以及电子计时器等；用之于围棋比赛的，则又有延时罚点、黑子贴还 8 点及品位棋士局差制度、胜负符号等。人们将应昌期誉为"黑白世界的诺贝尔"，韩国报章称其为"一个有远见的围棋改革家"。

目前，应氏围棋竞赛规则已经是与中国围棋竞赛规则、日本围棋竞赛规则并列的国际性围棋比赛规则之一。采用这个规则比赛的还有世界上奖金最高的应氏杯、世界青少年围棋锦标赛、世界大学生围棋锦标赛以及中国的"倡棋杯"围棋锦标赛①等。

应昌期还大力推动围棋比赛活动，以此推动围棋事业的发展。早在上海当练习生时，应昌期就曾投书上海《新闻报》，建议举办新闻棋赛和开设围棋专栏，刊登棋谱，以推广围棋事业。《新闻报》主笔阅信后击节赞赏，还真的开出了围棋专栏，一时成为美谈。到台北后，应昌期更是常常动员台湾各大媒体出资举办各类赛事，借助媒体力量推动围棋事业。经过他的积极筹划，1951 年《中央日报》的"新闻棋赛"开了先河，此后"青少年围棋赛"也在媒体的推动下开展起来。1977 年在举办第 1 届职业新闻棋赛"名人赛"期间，应昌期还专门请大国手吴清源到台北下了一盘指导棋，引起轰动效应。其后，台湾《自立晚报》《联合报》《民生报》等也参与进来，举办了多届围棋赛。

1965 年，由应昌期出资、《中央日报》与"中国围棋会"联合举办了第 1 届"青少年围棋赛"，这一赛事的进行体现的是应昌期围棋应该从儿童时代开始的主张。"青少年围棋赛"连续举办了 11 届，发现了许多少年英才，如王铭琬（现为旅日九段棋士）、王立诚（现为旅日九段棋士）、林文伯等。1975 年，应昌期又与《新生报》、"中国围棋会"、应昌期围棋教育基金会联合推出了"大专杯围棋赛"。这一

---

① "倡棋杯"中国围棋职业锦标赛由中国国棋协会和上海应昌期教育基金会联合主办，为纪念应昌期诞辰，每年 10 月 23 日开赛。

赛事举办了 10 届，推出了一大批围棋好手。1984 年，"世界青少年围棋赛"开始亮相，这是一个连续的赛事，比赛地点轮流在世界各大城市举行，每届比赛经费为 5 万美元。应昌棋认为，应该大力培养青少年棋手，才是世界围棋明日的希望。中韩不少著名棋手都曾经参加过应氏杯青少年比赛，如中国的常昊、周鹤洋、王磊、胡耀宇、王尧、古力，韩国的柳时熏、李昌镐等。10 余届的"世界青少年棋赛"完成了杰出少年棋士必经的洗礼过程，可以说应氏杯青少年围棋赛已经成为了世界职业围棋的摇篮。

1987 年，应昌期接受了日本围棋记者胜本哲洲的建议：办一个世界上奖金最高的职业围棋比赛，一为推动他所热爱的围棋事业，二为推广应氏围棋规则。经过深思熟虑之后，1987 年 8 月 17 日，应昌期正式向新闻界郑重宣布：首届应氏杯世界职业围棋锦标赛将邀请世界最强的 16 位棋手参加，从中决出世界冠军，冠军独得 40 万美元的奖金，亚军奖金 10 万美元。此项比赛将每 4 年固定举办 1 次，并且皆在奥运年举行。他还特别强调：这样的比赛由发明围棋的中国人来举办，其意义非同寻常。

自 1988 年开始，"应氏杯"围棋赛采用由应昌期发明的计点规则每 4 年举办一次。至今已举办 6 届。第 1 届比赛于 1988 年 8 月 20 日在北京人民大会堂隆重开幕，经过激烈角逐，韩国棋手曹熏铉获得首届冠军。1992 年 7 月第 2 届应氏杯赛在日本东京开幕，参赛棋手由第 1 届的 16 名棋手增加到了 24 名。韩国棋手徐奉洙力克日本棋手大竹英雄，夺得第 2 届应氏杯赛的世界冠军。第 3 届应氏杯赛于 1996 年 4 月在中国上海开幕，经过 4 局较量，韩国棋手刘昌赫以 3 比 1 战胜了日本依田纪基，夺得第 3 届应氏杯赛的世界冠军。2000 年 4 月 29 日，第 4 届应氏杯赛开幕典礼在上海国际会议中心隆重举行，韩国棋手李昌镐以 3 比 1 战胜中国棋手常昊，夺得第 4 届应氏杯冠军。第 5 届应氏杯世界职业围棋锦标赛于 2004 年 4 月 19 日在上海开幕，中国棋手常昊夺得冠军。第 6 届应氏杯于 2008 年 4 月 29 号在上海应昌期围棋学校开幕，韩国棋手崔哲瀚获得冠军。应昌期一直希望中国选手夺冠，但是在 6 届之中，5 届的冠军都落入韩国人之手，这不能不说是令他非常遗憾的事情。终于，第 7 届应氏杯决赛圆了应昌期的梦，2013 年 3 月 6 日比赛在上海应氏大厦战罢，16 岁的中国小将范廷钰在形势一度非常危急的情况下，成功逆转韩国天王朴廷桓，执黑 5 点胜出，以 3 比 1 的总比分赢得本次决赛，夺得冠军，并且成为中国最年轻的世界冠军和九段棋手。

应氏杯作为高水平、高规格的世界比赛，被称作围棋界的"奥林匹克运动会"。在应氏杯创办之后，富士通杯、东洋证券杯、三星杯、LG 杯、春兰杯等世界职业围棋大赛如雨后春笋般先后出台，世界棋坛出现了前所未有的繁荣景象。围棋泰斗吴清源九段说："应昌期先生是创办世界职业围棋锦标赛的第一人。"世界职业围棋赛的繁荣，应昌期功不可没。

应昌期为围棋事业投入了很大的精力，也投入了大量的金钱。为了更好地推进围棋事业，1983 年 8 月 26 日，作为台湾金融界、实业界知名人士的应昌期拿出 250 万美元（合 1 亿台币），在台北成立了"应昌期围棋教育基金会"。他认为，"钱的最佳用法就是生前和死后都在用，并且能够用在自己愿意用的事情上。"[1] 这个基金会将围棋定位为教育工具，并且开始全力培养青少年棋手。这个运行良好的基金会办了很多大事，如自 1984 年开始已经连续举办了 10 余届"世界青少年围棋赛"。另外，还在台北成立"神童班训练营"，训练了近 500 名小棋手，其中有 100 位以上已经升段。另一方面又为一般的小朋友举办初学班、入门班以及初中高级班等，利用寒暑假完全免费接受训练。1985 年，基金会又首先设立"世界电脑围棋赛"，邀请了世界各地顶尖的电脑围棋高手角逐，从而促进了电脑围棋的大发展。1990 年应昌期和他的基金会开始举办欧洲"应氏杯"围棋比赛，1991 年又举办美洲"应氏杯"围棋赛，当然还有最值得称道的应氏杯世界职业围棋锦标赛。

在"应昌期围棋教育基金会"的业绩中，最值得大书一笔的就是他在上海创办的应昌期围棋学校。上海是应昌期的第二故乡，孕育了

---

① 谢锐：《因父之名》，《棋艺》2006 年第 5 期。

他的第一个人生理想：将来有钱时，一定要造一所围棋学校，为弘扬中华民族数千年的文化瑰宝而努力。应昌期认为，围棋是中国的国粹之一，要让更多的人认识与尊重它，必须从孩子开始着手。这是根本且有效的方法，因为学校可以系统地教育下一代，使他们从小就开始认识围棋。这既是为了推行应氏棋规，推进海峡两岸围棋交流合作，也是为了开展全民围棋教育，光大祖国传统文化。1996 年 10 月 23 日，应昌期捐资 1.6 亿元人民币创建了上海"应昌期围棋教育基金会"，并且建造了"应昌期围棋学校"。在开工典礼上，应昌期以"大病初愈，美梦成真"这 8 个字来诉说他的心情，他说："本人在 65 年前曾经在上海天津路的银行做事，那时我只是个小职员，没有什么钱，但我想有朝一日有钱的时候，一定要在这里办个围棋学校，而且最好就在天津路上，65 年之后，这个美梦成真了。"①

为建成现代一流的学校，应昌期先生特聘美国 NBBJ 公司担纲设计这座大厦，主楼高 19 层，裙楼高 8 层及 4 层，地下 2 层为停车场，共 2.5 万平方米的建筑面积，可容纳 36 个班级，还附设有 200 米跑道的操场。建成后的上海市应昌期围棋学校堪称"独一无二"，美丽的校园绿化、色彩斑斓的塑胶跑道和富有特色的教学大楼相映生辉，校计算机房、多媒体教室、美术、音乐、实验、演播、电子阅览室及教师电子备课室等专用教室应有尽有，还有 3 间围棋专用教室，其中 1 间为高级围棋对弈室，以及 300 平方米的多功能健身房、豪华的大礼堂等，这一切无不浸透着应昌期对中国围棋事业的殷切之心。

这所学校自成立以来，始终将围棋作为一种传统文化的德育熏陶，"中国围棋发展史陈列室""世界围棋名人廊""历代围棋文化艺术廊"等围棋文化的宣传场所，占据了学校 7 个楼面，这些场所不仅是孩子们的教育基地，也是社会各界人士了解围棋文化的一个窗口。到过这所学校的围棋名人数不胜数，其中包括世界围棋泰斗吴清源，中国棋界巨擘陈祖德曾经与学校千名小学生进行过围棋"车轮大赛"，中国围棋国手常昊更是"长驻"学校。学生在各级比赛中获得奖项

---

① 李建树：《应昌期传》，台湾理艺出版社 1999 年版，第 286 页。

500 余，没有辜负应昌期的愿望，即上海作为中国经济最繁荣、开放度最高、也是围棋人口最多的一个东方大都会，会更快地将播下的种子在世界各地开花结果。

三　魏纪中与新时代的奥运之旅

魏纪中是新中国奥运之路的参与者和见证者。1954 年，魏纪中考入南京大学法国文学专业。他人长得高，又有运动天赋，是南京大学排球队的主力，继而成为南京市代表队、江苏省代表队的队员。1958 年，魏纪中以南京大学法国文学专业毕业生和江苏省排球队队员的双重身份，进入国家体委国际司工作。魏纪中凭借自己的语言优势开始了体育外交工作，从此他和奥运结下了不解之缘。也正是由于他和同事们的共同努力，中国才再次敲开国际奥委会的大门。奥运百年，魏纪中便亲身经历了 50 年。这 50 年，从抵制，到参与，再到申办奥运会，魏纪中见证了中国崎岖的奥运之路。

20 世纪 50 年代末，新中国的体育事业刚刚起步。国际奥委会虽然同意新中国参加奥运会，但同时也不反对台湾以一个国家的身份参加。1956 年 11 月，在墨尔本举办第 16 届奥运会，由于到澳大利亚的交通不便，中国奥运会代表团的先遣队到达时发现，台湾已经住进了奥运村并升了"国旗"。为了抵制"两个中国"，中国宣布退出本届奥运会。1958 年 8 月，中国奥委会发表声明，中断同国际奥委会的一切关系，反对奥委会搞"两个中国"的阴谋，并且逐渐退出各体育单项联合会，断绝了和国际体育界的一切联系。在那段时间里，魏纪中的工作就是借助于自己的语言优势和国际奥委会的委员们谈判、打嘴仗，谴责国际奥委会是美国人操纵的政治工具。

中国大陆强硬退出之后，台湾便堂而皇之地留在了国际奥委会，并且派队参加了 1956 年、1960 年、1964 年连续 3 届的奥运会，而"中国奥委会"则基本在国际上销声匿迹。直到 1974 年，临时出山主管经济和体育工作的国务院副总理邓小平给中国的奥运之路提出了新的政策，和国际奥委会对抗是不明智的，我们更应当积极谋求进入奥运大家庭。他对当时的国家体委主任王猛说："我看要把恢复我国在国际奥委会的合法席位问题提上日程，我们不能总是在奥运会之外，要进去进行斗争和工作，恢复中华人民共和国的合法席位，同时把台湾当局从国际奥委会中驱逐出去。"①

于是，魏纪中便和同事们一起走上了漫漫的谈判之路。当时，最大的障碍就是国际奥委会已经接纳了台湾，中国恢复席位之后，国际奥委会内势必会出现两个中国概念的席位。国际奥委会委员不同意"中进台撤"的方案，提出"我们不是联合国，只是民间组织，为什么你们进来一定要人家出去？"1979 年元旦，叶剑英发表了《告台湾同胞书》，为跨越这个障碍提供了一个新的思路，即在一个中国的原则下，台湾地区一方的名称必须要以"中国"来限定，最后确定了"中国台北"这一既指称台湾地区奥委会所在地，又指称中国的地理位置的提法。

1979 年 9 月国际奥委会执委会终于通过了恢复中国奥委会合法席位的决议，确认中国奥委会是代表全中国的唯一合法成员，同时允许台湾奥委会在改变旗帜和歌曲的条件下，以"中国台北奥委会"名义，继续留在国际奥委会中。中国回归国际奥委会后，1984 年开始第一次参加在美国洛杉矶举行的第 23 届夏季奥运会。魏纪中的角色又进行了一次转变，他以中国奥委会办公室主任、秘书长的身份带队参加奥运会。

1990 年 7 月，邓小平在视察亚运会场馆后非正式地提出了申办奥运的动议。亚运会一结束，组委会的原班人马立刻着手开始做申办奥运会的准备。1991 年 2 月 13 日，国家体委、外交部、财政部、北京市人民政府向国务院联合提交了申办 2000 年夏季奥运会的报告，并且提出"开放的中国盼奥运"的申奥口号。1991 年 4 月 1 日，北京 2000 年奥运会申办委员会正式成立，魏纪中任中国奥委会秘书长，主持 2000 年奥运会的申办工作。1992 年 4 月 16 日，国际奥委会宣布北京等 8 个城市被确定为候选城市。当时，正值苏联解体、东欧剧变，

———————————

① 王建柱：《魏纪中：经历奥运，见证奥运》，《名人传记》（上半月）2008 年第7 期。

国际形势对社会主义国家申办奥运会非常不利，一些国家的领导人甚至直接出面公开反对中国主办奥运会。魏纪中很快意识到，这次申奥将是一场激烈的竞争。尽管申奥成功的希望很渺茫，但是魏纪中没有放弃，他找委员们说明、解释、辩论，努力争取国际支持。1993年9月24日，北京以2票之差败给了悉尼，魏纪中在这次失败中得出了一个重要结论：要想申奥成功，必须不断地提高我们的综合国力和国际威望。

1998年，北京再次提出申请申办2008年奥运会，并于1999年9月正式成立北京2008年奥运会申办委员会。魏纪中虽然退出申奥第一线，但是他却以顾问的身份做了大量的幕后工作。他在奥组委内部利用自己的外语能力和工作经验负责财务预算、市场开发计划，并且和另一位同是宁波籍的申奥资深人士楼大鹏承担起申办报告中几十万英、法文字的校稿工作。2001年7月13日，国际奥委会决定将2008年第29届夏季奥林匹克运动会的主办权授予中华人民共和国的首都北京，在这个胜利的结果中，魏纪中是一个重要的功臣。

魏纪中的体育活动为中国体育事业做出了巨大的贡献，在国际体育组织中他也是一个颇具威望的领导者。他是亚洲奥林匹克理事会执委兼体育运动会主席，世界跆拳道联合会执委，在做了多年的国际排联第一副主席之后，2008年他又接任国际排联主席。在世界各个体育组织中，国际排联有一套严密的条法体系，以其运作有效而著称，而这套体系的形成，魏纪中功不可没。魏纪中曾经以外行身份担任国际排联条法与资格审查委员会主席，其工作很快得到法律委员会成员的认可，一干就是20多年。其威望使他当选了多年的国际排联第一副主席，并且在国际排联主席鲁宾·阿科斯塔宣布退休时，被一致同意接任国际排联主席，任期至2012年。国际排联主席一直是终身制，第一任主席在任37年，第二任主席在任24年，魏纪中作为第三任主席，直陈主席终身制的弊端，宣布只任一届。2012年9月，他将主席之位交给了民主选举产生的第四任主席，为国际排联的改革奠定了基础。

第四章

文化产业界的宁波帮精英群体

宁波帮的文化产业研究不只涉及宁波帮所创办的文化产业，还涉及这个领域中的宁波帮文化精英。这些精英虽然未必都参与文化产业的经营，也未必都在宁波帮开办的文化产业中工作，但是作为宁波帮整体中的一部分，却是中国文化产业兴起与发展中所依托的重要力量。他们是文化内容的提供者和文化产品的完成者，是行业中抢手的业务骨干。在20世纪这个文化产业勃兴的年代，宁波帮的文化精英遍及文化产业，"人才最多、涉足领域最广、产生影响也最大"，[①] 成为一个时代的传奇。

第一节　电影产业中的宁波籍精英

在电影产业中，宁波籍精英可谓出类拔萃。在电影界，从电影事业家到编导、演员，从摄影、录音、美工到剪辑、服装、道具、化妆，从电影评论家到电影管理者，几乎每个行业都有宁波籍的行家里手，在中国电影兴起与发展的过程中，宁波人顶起了这一行业的半边天。那些为中国的电影事业做出巨大贡献的名字，已被镌刻在历史的碑铭上。

一　开拓先行的电影编导

在中国电影史上，宁波籍的著名导演主要有张石川、袁牧之、应

---

① 王永杰等：《文化群星——近现代宁波籍文化精英》，中国文史出版社1998年版，第1页。

云卫、桑弧、干学伟等。从中国电影的开拓期到新中国电影的建立与发展，他们都做出了独特的贡献。

中国电影诸多"第一"的创造者张石川。 张石川是中国电影的拓荒者。他不仅是一个电影企业家，还是一位一生编导过一百五十多部影片的电影导演。他导演的电影在中国电影史上占据了多个第一：

张石川导演了中国第一部故事片《难夫难妻》（1913）。这部影片由张石川和郑正秋共同导演，从仅有的文献看，《难夫难妻》是中国第一部有编剧、开始讲故事的电影，故事讲述乾坤二家欲结秦晋之好，于是不顾子女意愿，请媒人代为奔走。经媒人甜言蜜语，此欺彼诈，又经繁文缛节，择吉成亲，一对素不相识的男女逼成夫妻。影片以嘲讽的笔触，批判了封建婚姻制度。这部影片虽然拍摄手法永远是一个"远景"，但是用镜头讲述故事的方式却很新奇，放映时取得了"轰动效应"。

张石川导演了中国第一部劳工题材的电影《劳工之爱情》（又名《掷果缘》，1922）。这部全长只有 22 分钟的无声滑稽短片是中国电影资料馆馆藏影片中最早的一部中国电影胶片拷贝。《劳工之爱情》运用平行蒙太奇的手法饶有兴趣地向观众讲述了一个水果摊贩想方设法赢得爱情的滑稽故事，在上海公映引起不小轰动。这部影片在模仿西方影片的同时，已开始中国化的创新，引领了 20 世纪 20 年代滑稽片的潮流。

张石川导演了中国第一部社会伦理片《孤儿救祖记》（1923）。影片讲述的是一场争夺财产继承权的家庭纠纷，一位富翁听信侄子谗言，将守寡且有孕在身的儿媳赶出家门，儿媳含辛茹苦地将孤儿抚养成人，最终孤儿在危难之际救下祖父，赢得继承权。电影上映后反响强烈，扮演儿媳的王汉伦凭此片成为当时的顶尖明星。

张石川导演了中国第一部武侠片《火烧红莲寺》（1928）。这部影片虽然不是武侠和功夫电影的始作俑者，但是它带动了中国影史上第一次武侠电影热。《火烧红莲寺》的第一集讲述的是红莲寺僧人作恶多端，被陆小青等众侠客所破的故事。为了在众多当时流行的商业影片中独树一帜，张石川要求影片要表现出飞檐走壁，御风而行以及放飞剑、掌心雷及各种匪夷所思的武侠神功。摄影师董克毅凭自己的智慧创造出许多特技手段,制造出了侠客骑神鸟飞过山川、侠客分身等画面。影片一上映,即在整个上海滩引起轰动,其后拷贝卖到南京、北平等地,同样制造出万人空巷的效果,大街上到处可见由夏燕燕扮演的女侠英姿飒爽骑在马上的招贴广告。受到票房收入的鼓舞,张石川于当年就开始拍摄续集,并且一人身兼编剧和导演。而且他从续集起在片中增加了一个侠女红姑,由大名鼎鼎的胡蝶来扮演。到1931 年止,《火烧红莲寺》共拍摄了 18 集,这使它成为我国历史上第一部电影长系列片。

张石川导演了中国第一部蜡盘配音的有声片《歌女红牡丹》(1931)。这影片讲述一歌女嫁给一个无赖,受尽折磨和痛苦,但是毫无怨言终于感动了丈夫的故事。影片中穿插了京剧《穆柯寨》《玉堂春》《四郎探母》和《拿高登》4 个片断,增强了电影声音的效果。影片公映后在全国引起了轰动,菲律宾的片商还以高于一般无声片十数倍的价格买下了拷贝。

作为电影导演,张石川还有中国电影史上的许多第一:他导演了中国第一部政治片《黑籍冤魂》、第一部体育片《二对一》等。他导演的影片故事性强,有头有尾,剧情发展过程交代清楚,通俗易懂,粗制滥造的片子固然不少,但是大多很受小市民观众的欢迎。

张石川驰骋影坛三十多年,从无声片到有声片共拍摄长、短故事片 150 余部,是我国早期拍片最多的集"编剧""导演""制片人"与"投资人"于一身的电影奇才。

中国电影界的"全才"袁牧之。在中国电影史上,袁牧之[①]集导演、编剧、演员、电影事业家于一身,是百年中国电影艺术发展史上罕见的"全才",他为中国的电影事业做了重要贡献。

袁牧之在中学时代加入上海戏剧协社,从此开始了他的戏剧生涯。为了艺术,他放弃了大学学习,曾经主演过洪深编剧的《五奎

---

① 　袁牧之(1909—1978)原名家莱,号牧之,1909 年 4 月 12 日出生在宁波市区的杨家桥。电影导演、电影编剧、电影演员及电影事业家。

桥》、苏联剧作家特列季亚科夫编剧的《怒吼吧！中国》、田汉编剧的
《回春之曲》等剧目。除演剧之外，他还创作了一系列独幕剧，《爱神
的箭》（1928）、《叛徒》（1928）、《爱的面目》（1928）《寒暑表》
（1929）、《生离死别》（1929）、《甜蜜的嘴唇》（1929）、《流星》
（1929）等，后结集出版。他还著有《戏剧化装术》（1931）、《演剧
漫谈》（1933）等书，在表演方面有很多独特见解。

　　1934 年，袁牧之加入电通影片公司，投身于左翼进步电影运动，
成为了集编、导、演于一身的罕见全才。他先后编导和主演了《桃李
劫》《风云儿女》《都市风光》《生死同心》《马路天使》《八百壮士》
等影片，虽然数量不多，但部部是精品，在中国电影史上产生了重要
影响。他编剧并且主演的《桃李劫》（1934）是中国第一部以有声手
法拍摄的影片，成为中国有声电影的里程碑；他编、导、演的《都市
风光》（1935）是中国第一部音乐喜剧故事片，成为中国电影音乐创
作和喜剧故事片的重要里程碑。这部影片是袁牧之电影执导的处女
作，他把舞台技巧移到银幕上来，为中国影坛创造了喜剧片的典范。
1935 年袁牧之主演了《风云儿女》，成为在银幕上第一个唱《义勇军
进行曲》（影片主题歌，后来成为了中华人民共和国国歌）的人。电
通停业后，袁牧之进入明星影片公司二厂拍摄了《生死同心》
（1936），他一人成功地饰演了两个身份不同、性格迥异的角色——革
命者李涛和华侨青年柳元杰，受到了世界著名电影大师前苏联的爱森
斯坦称赞，他称袁牧之为“天才的李涛”。1937 年，袁牧之编导的
《马路天使》以现实主义艺术手法，反映生活在社会底层的人们的悲
苦命运，成功地运用电影艺术表现手段（如音乐、音响、表演、蒙太
奇等），把悲剧内容和喜剧手法有机和谐地统一起来，使整个影片的
风格既明快幽默，又含蓄隽永。该片不仅成为了左翼进步电影的成熟
之作，也是新现实主义电影的最高典范，受到世界一些著名电影史学
家和影评家的高度赞赏，被誉为“中国影坛上开放的一朵奇葩”，“经
典中的经典”。

　　1938 年秋天，袁牧之在延安组建了“延安电影团”，深入陕甘宁
边区和华北抗日根据地拍摄纪录片，并且编导了解放区第一部大型历

史纪录片《延安与八路军》。影片以抗战爆发后各地爱国青年赴延安为开头，记录了延安的自然风光和社会环境，拍摄了毛泽东、朱德等中央领导、高级将领的活动，拍摄了抗日军政大学、陕北公学、鲁迅艺术学院等校师生的学习活动，农民自卫队、妇女会和儿童团活动以及农村政权民主选举等活动。可惜在苏联进行后期制作时，因苏德战争爆发丢失了全部底片，成为一部未完成的电影。

　　1946 年，袁牧之参与了接管满洲映画株式会社的工作，创建了第一座人民电影制片厂——东北电影制片厂，并且出任厂长。他举办电影训练班，培育电影新人，开展"三化立功"（指管理上的正规化、科学化、统一化）、"七片生产"（指艺术片、新闻纪录片、科学教育片、美术片、翻译片、幻灯片、新闻照片）运动，建立电影发行网络，在袁牧之的领导下，东北电影制片厂在不到三年的时间里，为新中国电影事业奠定了牢固的基础，培养了大批宝贵的电影干部人才，被称为"新中国人民电影的摇篮"。

　　袁牧之任东影厂厂长期间，生产了新中国电影事业的第一部多集有声纪录片《民主东北》（1947）、第一部木偶片《皇帝梦》（1947）、第一部动画片《瓮中捉鳖》（1948）、第一部短故事片《留下他打老蒋》（1948）、第一部科教片《预防鼠疫》（1948）、第一部译制片《普通一兵》（1949）以及新中国的第一部故事片《桥》（1949）。

　　1949 年 4 月，袁牧之出任中央电影管理局第一任局长，他创立了以国营电影制片厂为核心的电影管理模式，将东影、北影、上影作为中央电影局三大国营制片基地。同时制订出台了新中国第一批电影法律法规和具体规章制度，在中国电影史上第一次使全国公、私营电影业管理有法可依、有章可循。在袁牧之任中央电影局局长的第二年，就形成了新中国电影的第一个高潮，其中"东影"的《白毛女》《内蒙古人民的胜利》《赵一曼》《钢铁战士》，北影的《新儿女英雄传》《民主青年进行曲》，"上影"的《团结起来到明天》《上饶集中营》《翠岗红旗》都堪称优秀影片，其中不少影片在国际电影节上屡屡得奖。同年昆仑、文华、国泰、大同等私营电影制片厂也拍摄了《乌鸦与麻雀》《我这一辈子》《武训传》等经典性作品。电影界的盛况，虽然很难说是袁牧之一个人的功劳，但是史家认为这些成绩与新中国第一任电影局长的领导有方有着极其密切的关系。

"中国剧影界的大树"应云卫。应云卫①是我国早期著名的电影导演和戏剧活动家。他不仅熟悉话剧、电影，而且对各大剧种无一不精通。作为中国话剧运动的开拓者、中国电影创作的先行者和戏曲改革的热心支持者，应云卫被称为"中国剧影界的大树"。

应云卫曾经在浙江商人创办的肇兴轮船公司当报关员，生活富足，前途无量。但是应云卫心里痴迷的对象却是艺术。1921 年，应云卫加入了业余话剧团体上海戏剧协社，成为中国现代话剧运动的拓荒者之一。每排新戏，他总到场充当导演的得力助手，成功的喜悦他和大家共享，但凡失败总是由他一人独自承当经济损失。没有人仔细计算过应云卫在戏剧事业中究竟耗费了多少钱财，但是他为了自己钟情的戏剧事业，很快从富人变成了穷人，最后成了债台筑得最高的艺术家。最终他在排演《怒吼吧！中国》（1933）时激怒了租界当局，他因此被辞退，就此断送了自己的商业前程。

应云卫最大的贡献是在 1933 年导演并且组织演出了大型多幕话剧《怒吼吧！中国》。《怒吼吧！中国》是一出主题尖锐的反帝斗争戏，反映 1925 年英国军舰在四川万县制造惨案，引起中国人民强烈反抗的真实历史事件。排演这个话剧，群众斗争场面大而多，需要筹集较多的经费。应云卫在整个排演的过程中充分地施展了他的商业才能和戏剧组织才能。为了筹集制作码头、兵舰、商船和无线电台等特殊布景的巨款。他先以轮船公司"买办"身份，去向钱庄、银行借贷，随后又说服同乡的宁波帮商人捐款，发放"预约券"。而在角色的安排上，除了主要角色和有戏份的演员之外。他还别出心裁地请来30 位码头工人、20 名童子军队员、数十位学生，加上戏剧协社的同人，饰演了近百名群众角色。这在我国话剧史上是个创举。应云卫运

---

① 应云卫（1904—1967）戏剧、电影导演。字雨辰，号杨震，浙江慈溪人，生于上海。

用各种戏剧技巧和表现手法，使这部 8 场 9 景的空前大戏一气呵成，达到了当时的最高水平。

1934 年应云卫进入电通影片公司转向电影的导演和制作。在严重的白色恐怖下，应云卫首次执导反映爱国反帝的影片《桃李劫》一举成功。影片刻画了一对富有正气、刚直不阿的小资产阶级知识分子的悲剧命运，对当时国民党统治下的半封建、半殖民地的社会制度，进行了深刻的揭露和控诉。《桃李劫》是应云卫和袁牧之合作编剧并且由应云卫导演的第一部影片，也是第一次真正以有声电影故事片的创作方法完成的影片。它的成功进一步显示了应云卫的艺术才华、组织才干和导演才能。抗日战争爆发后，应云卫拍摄了《八百壮士》和《塞上风云》两部影片。影片《八百壮士》气势磅礴，极富宣传鼓动力，生动地表现出中国人民对侵略者的仇恨，它的影响很深远，1995年，该片荣获中国反法西斯战争优秀影片奖；2001 年 4 月，第 25 届香港国际电影节上展映了中华经典影片 25 部，其中就有他导演的《八百壮士》。

新中国成立后，应云卫受到冲击，并且逐渐被剥夺了故事片的导演权。在受排挤的精神痛苦中，应云卫便以其精通电影、熟悉戏曲的独特优势，用影片保留戏曲大师们的表演艺术精华和中国传统戏曲艺术风貌。他先后导演拍摄了周信芳的《宋士杰》和《周信芳的舞台艺术》、王文娟和徐玉兰的越剧《追鱼》，以及盖叫天的京剧《武松》等戏曲艺术片。应云卫将电影艺术与传统戏曲有机结合，为后人拍摄戏曲艺术片积累了许多成功的经验。除了拍摄戏曲艺术片外，应云卫还热心帮助各地剧团排演地方戏，共同探索戏曲改革道路。他先后为滑稽戏、评弹、沪剧、苏剧、京剧、越剧、甬剧、绍剧、婺剧等 10余个剧种，导演了大小剧目 30 余个。特别是 1963 年，他帮助上海堇风甬剧团导演天方编剧的《半把剪刀》，将这个不起眼的传统伦理剧加工成为催人泪下的社会悲剧，引起轰动，被誉为"又一出《十五贯》"。

在现代戏的改革中应云卫也做出了不可磨灭的贡献。他帮助上海爱华沪剧团导演《自有后来人》，并且改名为《红灯记》；他参与导演了上海京剧团《智取威虎山》，并且创造性地把座山雕的舞台正中位置让给了英雄人物杨子荣。然而这样一位卓有成就的艺术家，用生命谱写了中国的"剧影春秋"的人，却在"文革"中被游斗致死，直到死后 14 年才得平反。

中国城市电影的开拓者桑弧。桑弧①自进入影坛便为中国电影事业的发展而努力。他以一种素朴的平民性思想和大众化的趣味显现对生活的独特理解，表现市民阶层在个人事业或情感方面的焦虑与挣扎，被称为"中国城市电影"的开拓者。

桑弧早年曾经为麒派创始人周信芳写戏评，1935 年通过周信芳结识了电影导演朱石麟，从此就在他的启蒙下开始了电影剧本创作。1941 年，桑弧创作了他的第一个剧本《灵与肉》（原名为《肉》，并且借古诗"当年蓬矢桑弧意，岂为功名始读书"之意启用"桑弧"笔名。随后，桑弧接连创作了《洞房花烛夜》（1942）、《人约黄昏后》（1942），均由朱石麟先后搬上银幕。后来桑弧在朱石麟的支持下自编自导了《教师万岁》（1944）和《人海双珠》（1945）。他的作品始终透露出一种市民化的、狡黠的创造性，既无文明戏的僵化酸腐，也不似艳情古装剧的露骨，作品浓淡适宜的特点使桑弧逐渐赢得了大众的认可。

1946 年 8 月下旬文华电影公司成立，桑弧负责公司的艺术创作。为了打响文华电影公司成立的"第一炮"，桑弧邀请张爱玲为文华公司创作电影剧本。张爱玲很快就写出了电影剧本《不了情》。1947 年 2 月，《不了情》作为文华公司的开山之作正式开拍，导演桑弧，主演为舒适和陈燕燕。这部影片只花了两个月的时间就完成了，上映后一炮打响。借着《不了情》的轰动效应，桑弧再请张爱玲创作了《太太万岁》。这部影片哀而不伤，悲喜交集，在这部影片里，桑弧对于喜剧的把握已经成熟。1948 年，继《不了情》《太太万岁》大获成功后，桑弧又拍摄了《哀乐中年》，受到广泛赞扬。他的《不了情》、《太太万岁》、《哀乐中年》、《假凤虚凰》（编剧）等影片"被研究者

---

① 桑弧（1916—2004），电影导演。原名李培林。原籍浙江宁波，生于上海。

定为对中国城市电影和市民观赏趣味的开拓"①。在这些影片的空间里，主要活动着中产阶层的人们，他们是银行职员、公司老板、律师、理发师、小学教员、家庭主妇……这里的人情纠葛是家长里短，人际冲突的核心是世俗利益、家庭的伦理，展现的是都市市民"浮世的悲欢"。

1949 年后，市民的悲欢已经不可能成为文艺创作的主题。桑弧进入上海电影制片厂后，拍摄了戏曲片（越剧）《梁山伯与祝英台》、《祝福》和《魔术师的奇遇》。这三部影片分别是新中国第一部彩色戏曲片、第一部彩色故事片、第一部宽银幕立体声故事片。"文革"开始后，桑弧创作的空间更趋狭小，20 世纪 70 年代拍摄过样板戏芭蕾舞剧《白毛女》（1972）以及三突出类的电影《无影灯下颂银针》（1974）、《第二个春天》（1975）等。1979 年后，他编导了《她俩和他俩》（1979）、《邮缘》（1984）、《女局长的男朋友》（1986）等影片，而他担任编剧的水墨动画片《鹿铃》（1982）获 1983 年金鸡奖和莫斯科国际电影节最佳动画片奖。1990 年，桑弧导演了京剧艺术片《曹操与杨修》，这时的桑弧已 74 岁。桑弧电影收山之作是纪念蔡元培先生的纪录片《蔡元培生平》，在片中他吸收电视手法、请来孙道临和张瑞芳担任主持人，之前几乎无人在电影纪录片中使用这种手法。然而 1988 年拍完此片正逢商业片大潮，该片一直未有公映机会，如今连拷贝也下落不明。

二　成就辉煌的电影演员

在中国电影发展史上，有许多富有才华的宁波籍演员。王丹凤、莎莉、陈思思、韩非、乔奇等以其表演的魅力成为一个时代的传奇。他们塑造的人物形象具有长久的生命力，至今仍为人们所津津乐道。

风华绝代的电影艺术家王丹凤。王丹凤②是我国著名的电影演员，是新中国首批二十二位影星之一。她从影四十多年来，在近六十部影

---

① 李多钰：《中国电影百年》（1905—1976），中国广播电视出版社 2005 年版，第 201 页。

② 王丹凤（1925—　）女，原名王玉凤，宁波人，著名电影演员。

片中饰演过各种不同的角色，她的表演真实而细腻，赋予角色以新的生命。其对人生的多种跨越性演绎，给观众留下了极其深刻的印象。

王丹凤1941年进入影界，在影片《新渔光曲》中她首次担任主角，其真挚传神的表演受到观众热烈称赞，被冠以"小周璇"的称号。1942年4月到1945年8月这三年间，王丹凤便先后在中联影业公司、华影影业公司陆续主演和参演了《落花恨》《春》《秋》《博爱》《断肠风月》《浮云掩月》《三朵花》《合家欢》《两代女性》《万紫千红》《新生》《丹凤朝阳》《红楼梦》《大富之家》《教师万岁》《凯风》《春江遗恨》《情海沧桑》《人海双珠》《鹏程万里》《莫负少年头》《幽兰谱》等共计22个影片，在这些以家庭悲欢离合和男女情爱为主题的影片中，王丹凤扮演的几乎都是那种被侮辱、被摧残和被迫害的不幸女性形象或历经爱情波折的气质高雅的大家闺秀。银幕中不同的女主人公不尽相同的悲剧故事，牵动着银幕之外无数观众的心，王丹凤也成为人们心目中最闪光的电影明星。

1946年王丹凤在杨小仲编导的《民族的火花》中扮演一个富有爱国思想的进步女教师的形象。这是王丹凤在她主演和参演了25部电影之后，一改过去那种柔弱而不幸女性和形象姣美的大小姐的崭新戏路。此后，她在各影业公司相继拍摄了《终身大事》《青青河边草》《月黑风高》《乱点鸳鸯》《鸾凤怨》《断肠天涯》《无语问苍天》《珠光宝气》《夜来风雨声》等9部影片。1948年，她在香港长城电影制片公司程步高编导的《锦绣天堂》《瑶池鸳鸯》，乌莫方编剧、马徐维邦导演的《琼楼恨》，王元龙导演的《王氏四侠》，齐闻韶编剧、谭友六导演的《海外寻夫》，陶秦编剧、李萍倩、刘琼联合导演的《方帽子》等六部影片中，扮演一个个宜古宜今、性格各异且很有光彩的女主人公形象，深受香港观众的欢迎和喜爱。

新中国成立以后，王丹凤参加了《家》《海魂》《护士日记》《你追我赶》《春满人间》《风流人物数今朝》《向阳花》《女理发师》《桃花扇》等十多部影片的拍摄。所饰演的人物也更加多样化了，有工人、农民、护士、理发员、售票员、招待员、歌妓、丫头等不同时代、不同性格的人物，为我国银幕增添了新的光彩。她塑造的李香君

（《桃花扇》）形象可歌可泣，感人至深；她饰演的护士简素华（《护士日记》）则给王丹凤带来了空前的声誉，其中的插曲"小燕子，穿花衣，年年春天来这里"一直被传唱至今。

"文革"时期，王丹凤失去了艺术创作的大好时光。"文革"结束后她继《儿子、孙子和种子》中的胖大嫂之后，还在《玉色蝴蝶》中饰演了心地善良，情操高尚、性格温柔的日本知识妇女竹内君代这一角色。1995 年在纪念世界电影诞生一百周年，中国电影九十周年时王丹凤获"中国电影世纪奖"女演员奖。2009 年，王丹凤又与张瑞芳、秦怡一起获"上影 60 年杰出电影艺术家"荣誉称号。

别具一格的喜剧表演艺术家韩非。韩非[①]是我国著名的老电影演员，他特别擅长演喜剧，常常以自己饰演的角色给人以愉悦，同时又使人受到教益。

韩非在中学时代开始从事艺术活动，显现出了表演才能。后来他参加了于伶领导的上海剧艺社，参加演出的话剧近一百部。1940 年在电影《夜深沉》中饰演马车夫，这是他的第一部影片，此后他又主演了《玉碎珠圆》《乱世风光》《教师万岁》等。抗战胜利后，他参演了多部电影，如《悬崖勒马》（饰少爷）、《人尽可夫》（饰小职员）、《珠光宝气》（饰商人）、《终身大事》（饰穷学生）、《艳阳天》（饰狗腿子）、《太太万岁》（饰太太的弟弟）、《哀乐中年》（饰校长）等。1949 年赴香港，在长城、龙马等影片公司摄制的《误佳期》中扮演专为别人婚丧嫁娶吹喇叭、自己却娶不上老婆的乐手；在《一板之隔》中扮演洋行小职员，与邻居常因一板之隔相互干扰而闹矛盾，在冲突中产生许多笑料；在《中秋月》中扮演一个贫穷的小职员，经济面临重重困境，却为了饭碗和面子，要在中秋节筹措点钱给上司和亲戚送礼。这三部影片，均为韩非的喜剧电影代表作，被当时香港影评家誉为"世界喜剧电影的精品"。韩非也因主演《一板之隔》，于1957 年文化部"1949—1955 年优秀影片评奖"中获个人荣誉奖。

1952 年韩非到在上海电影制片厂当演员。他在表演方面的喜剧风

---

① 韩非（1919—1985）原名幼止，宁波人。著名喜剧演员。

格已经相当成熟，成为著名的喜剧演员。"文革"之前他参加拍摄的影片有：《折断魔爪》（饰特务）、《两个小足球队员》（饰体育教练）、《幸福》（饰一工人）、《林则徐》（饰琦善），《小康人家》（饰一农民），《聂耳》（饰教授）、《香飘万里》（饰采购员）、《乔老爷上轿》（饰乔老爷）、《六十年代第一春》（饰一工人），《女理发师》（饰贾主任）、《锦上添花》（饰段志高）、《魔术师的奇遇》（饰售票员），《血碑》（饰小地主）。他在这些影片中成功地扮演了特务、地主、贪官、工人、教师等各种类型的人物。他因成功主演了《幸福》《乔老爷上轿》《女理发师》《锦上添花》《魔术师奇遇》这 5 部喜剧影片，广受赞誉。他的表演不靠外在动作，而靠内心的充实，夸张而不失实，幽默而不庸俗，自然流畅。其喜剧别具一格，让人印象深刻。

　　"文革"结束后，整整与艺术隔绝了十年的韩非又重返银幕。他参加拍摄了《傲蕾·一兰》（饰达斡尔族萨满）、《儿子、孙子和种子》（饰农民丁有理）、《他俩和她俩》（饰模范店员）、《见面礼》（饰厂长）、《十天》（饰医生）等影片。纵观 40 年来他所塑造的艺术形象，不管是正面人物还是反面人物，除了在个别情况下受剧本限制不宜作喜剧处理外，一般都具有喜剧色彩，而且有许多完全属于喜剧型的人物。他认为作家、导演、演员、摄影、美工、剪辑等人员，应该建立起相对固定的，自愿结合的班子，这样对于拍摄工作的进行、影片质量的提高以及艺术风格与艺术流派的形成，都将起到促进作用。这个见解至今仍有参考价值。

　　"文武双全" 的三公主陈思思。陈思思[①]曾经因主演电影《三笑》而家喻户晓，在这部 1969 年获得第十五届亚太影展最佳喜剧片中，陈思思扮演的"秋香"，可谓粉面含春、婀娜多姿，最有回眸一笑百媚生的韵味。她以俊美的扮相，潇洒自如的表演获得了观众的喜爱，成为当时炙手可热的一线明星。

　　陈思思在银幕上饰演的第一个角色，就是在石慧主演的《鸣凤》

---

① 陈思思（1941—2007）原名陈丽梅，祖籍浙江宁波，生于上海，香港著名影星。

中饰演婉儿，她的成名之作是 1956 年由她主演的《红灯笼》。在这部影片中，她饰演了一位勇敢、豪放而又十分秀媚的绿林女英雄，她骑马、飞刀、歌唱，把一个粗野、勇敢、秀媚的侠女演得活灵活现，既显示出吴越少女的风韵，又有北国男儿的慷慨豪情，给观众留下极深的印象，也奠定了她立足影坛的稳固基础。此后她又拍了不少"侠女"式的影片，如在《云海玉弓缘》（1962）中饰演一个敢爱敢恨、慧黠美丽、狂野而又不失其正义感的少女厉胜男的形象；在《双枪黄英姑》（1967）中塑造了一个英姿勃勃，气势豪放的抗日女英雄形象；在古装悬疑片《密杀令》（1978）中饰演一个江湖卖艺的女子"一阵风"。风华正茂的陈思思不仅外形俊俏，演技也臻于成熟，广受海内外观众的称赞。

　　陈思思不仅"武戏"演得好，"文戏"也演得很精彩，一九六二年，她在主演古装片《三笑》时，饰演机灵、美丽、多情、可爱的秋香。为了饰演这一角色，她曾经投拜京剧名师，学习关目、做手、台步，水袖等表演艺术，从而把古典美人那种摇曳多姿，莲步姗姗的形象饰演得活灵活现。在《飞燕迎春》中，她穿一双软底练功鞋，敏捷地跃上钢丝绳，连续弹跳，姿态惊险而又优美，很像一个有功底的杂技演员。在拍摄《粉红色的梦》时，她为了学会跳舞，特意拜请一位菲律宾乐师教舞、很快地掌握了基本步法。她还在《春雷》中饰演过一位秀外慧中，追求自由，富有爱国热情的江湖卖艺歌女冯如莲，把这位敢于反抗封建势力、争取婚姻自由的女性演得有声有色，柔中有刚。此外，她在《新闻人物》中饰演过一个追求享乐、爱慕虚荣，因而受骗、失身、自杀的女青年；在《美人计》中饰演过一个受黑社会集团控制，后来终于醒悟的年轻而美艳的女骗子；在《红蝙蝠公寓》中，饰演过机智勇敢的餐厅女职员梁丽琴。由于陈思思在各类影片中塑造了许多不同类型的女性形象，气质独特，演技娴熟，被《长城画报》选为香港十大明星之一，被称为"长城三公主"（"大公主"夏梦、"二公主"石慧），成为在香港、东南亚等地拥有观众最多的影星之一。

第二节 演艺业与体育界的宁波籍名人

在演艺业与体育界，宁波籍的精英人物在国际国内都有较高的声望。京剧有周信芳、杨春霞；越剧有戚雅仙、徐天红；甬剧有"四大名旦"、"四小名旦"；曲艺有姚慕双、周柏春与他们的滑稽戏；在音乐界，有歌唱家斯义桂、应尚能、葛朝祉和大提琴家马友友、小提琴家俞丽拿。在体育界，有首位奥运会篮球决赛裁判舒鸿，有男篮教练钱澄海，有日本首位名人本因坊林海峰，有教出了首位中国乒乓球世界冠军的傅其芳。他们在自己的领域中显示出了极高的专业造诣，在观众心中留下了不可磨灭的印象。

一 风格独特的戏曲、曲艺艺术家

戏曲与曲艺都是我国特有的民族艺术，宁波帮的戏曲家和曲艺家们以自己精湛的表演继承和发展了我国的传统艺术，往往自成一派，实力非凡，如周信芳的"麒派"、戚雅仙的"戚派"、姚慕双、周柏春的"洋派"等。他们的出现使古老的艺术焕发了青春，成为民族文化精华中的一部分。

"麒派"艺术的创立者与京剧改革家周信芳。周信芳创立的"麒派"是京剧老生的重要流派，在表现内容与表现方式上"师承数家，旁及百家，自成一家"，既全方位地表达了京剧传统，又吸收地方戏、电影、话剧、芭蕾舞、华尔兹、探戈等多种表演方式的精华，实现了对传统京剧的革新。据统计，他一生演出的戏有596出之多，其数量之多、类别之广，为中国戏曲史上所罕见，在中国京剧流派的档案里也是绝无仅有的。1955年，《周信芳演出剧本选集》上下册由艺术出版社出版，汇集了《四进士》《打严嵩》《投军别窑》《清风亭》《乌龙院》《萧何月下追进韩信》《徐策跑马》等11个剧本。5年后，中国戏剧出版社出版了《周信芳演出剧本新编》，收入了《打鱼杀家》《义责王魁》等4个剧本。这些剧作成了麒派京剧的经典剧目。1961

年中国戏剧出版社出版了《周信芳的舞台艺术》汇集了他六十年的舞台表演经验，是一部麒派京剧表演艺术里程碑式的著作。

周信芳的麒派京剧具有鲜明的时代感。早在"五四运动"前后，他受新文化运动影响，演出时装戏《宋教仁》，表现了同情民族民主革命的政治倾向；又演出《学拳打金刚》，把矛头指向卖国贼。1927年参加南国社，在《雷雨》中饰周朴园。抗日战争前后，演出《洪承畴》，抨击伪满汉奸；演出《徽钦二帝》，激励爱国热情。同时他还演出《史可法》等戏，激起观众强烈的爱国热情。随后又继续演出了《香妃》《董小宛》《亡蜀恨》等具有民族意识的戏，引起强烈共鸣；1949年以后，他参与编演新戏，移植演出了昆曲《十五贯》，创演了《义责王魁》和《海瑞上疏》等新剧目。

在表现方式上，周信芳的演唱富有感情，以苍凉遒劲为特色，朴而不直，顿挫有力，往往有极富曲折跌宕之处，尤其注意抒发人物感情，高拨子、汉调等唱腔有独特的韵味。他的念白有较重的浙江方音，苍劲强烈、讲究喷口，韵味醇厚。口风犀利老辣而且音乐性强，善用语气词，有时接近于口语，生活气息浓厚。无论表达风趣、庄重、愤恨、哀伤的情绪，语气都极为自然生动。他善于根据感情需要处理念白的抑扬顿挫，跌宕起伏，有时断断续续，有时一气呵成，具有强烈的感情色彩。像《四进士》《清风亭》中有名的大段念白，具有感人肺腑的力量。周信芳善于把唱、做、念、打融为一体，表演中运用水袖、身段、步法，结合眼神和面部表情，来表现人物在特定处境中的状态，显示了他提炼生活、再现生活的深厚功力。他在打击乐的运用以及在服装、化妆等方面，都有革新和创造，其鲜明的特色汇成麒派统一的艺术风格，具有强烈的艺术感染力。

周信芳还是京剧的改革者。1915年，周信芳进了丹桂第一台，曾经对时装京戏的服饰进行大胆革新，今天京剧舞台上常用的"改良靠"便是起源于周信芳的设计。此外，周信芳还从编导体制上进行改革，为京剧的发展与进步做出了独特的贡献。

首先，周信芳尝试着以固定的剧本来替代台词有待演员发挥的幕表制。幕表戏是南北演艺界的一种惯制，也称路头戏，提纲戏。演出时没有剧本或并不需要完全按剧本演出，演出的依据只是一个简单的提纲。演员在舞台上只需把握这个简单的"幕表"，具体的对白和唱词，则需要由演员自己视剧情发展自由发挥。演幕戏固然考验了演员的功力，但是显然并不足以使艺术质量得到充分保证，对于经典剧目的保存也有不利影响。周信芳看到了这种弊端，就开始编写剧本。他的第一出连台本戏是《女侠红蝴蝶》，开了沪上连台本戏编演史上的风气之先，带动上海编演连台本戏的时尚。据统计，周信芳在"丹桂第一台"的七年亲自编演的剧目有 126 出，其中 80 余本是连台本戏。

其次，周信芳实行合作编剧制以适应新的需要。1927 年，周信芳受聘为天蟾舞台做台柱演员。他积极筹划参与，使天蟾舞台成为合作式编剧制的重要阵地。《申报》曾经对此评述道："舞台编剧，例由主任负责，独天蟾舞台尚合作制，诸如麒麟童、小杨月楼、王芸芳、刘奎官、高百岁等，所主演场子，分由各该本人自编。……天蟾两年来历排连台剧，金收事半功倍之效。故出品迅速，幕幕饶精彩，人人富精神也。然麒麟童之编剧才亦足贵已哉！"[①] 这种编辑制度周信芳在丹桂第一台时就使用过，但是天蟾舞台的合作编剧制却将上海京剧剧场的编剧制度推进到一个新的时期。合作编剧制大大提高了编戏的效率，保证了剧场及时推出新的连台本戏。

最后，周信芳首开京剧导演先河，成为首个将"导演制"用于中国戏曲的艺术家。1925 年 9 月，周信芳在"丹桂第一台"演出《汉刘邦统一灭秦楚》时，在《申报》的戏剧广告上赫然标出了"周信芳主编导演"的字样，这是上海京剧界第一次明确导演制的明文记载。在中国戏剧史上，专业的导演制是由洪深创立的，周信芳自编连台本戏《汉刘邦统一灭秦楚》，并且出任导演，显现了他敏感的时代意识与求新的探索精神。20 世纪 30 年代，周信芳在他所领导、组织的移风社形成了这样的习惯：每逢排戏，他都要审读剧本，根据演员的条件进行修改加工，然后要求演员依照剧本唱念，反对那种"台上见"的传统习惯。所有大小角色的唱词、念白、身段、开打，他都背

---

① 见《申报》1928 年 9 月 8 日。

得滚瓜烂熟，他不厌其烦地为每个演员说戏，既要求演员理解剧情，也十分强调配角的作用。周信芳以自己的实际行动推进了中国京剧导演制的发展，同时，也将他的麒派表演风格通过一次次的导演与排练，体现到每一部戏、每一场戏里，为京剧艺术的发展做出了独特的贡献。

"越剧第一悲旦王" 戚雅仙。爱好戏曲的人都知道越剧有个唱腔流派叫 "戚派"，其创立人就是宁波人戚雅仙[①]。戚雅仙以擅演善良、命苦的女性著称，生前被称为 "越剧第一悲旦王"。

1941 年戚雅仙进入绍兴文戏科班 "陶叶剧团" 跟陶素莲、叶琴芳两位师傅学戏。满师后，戚雅仙被尹桂芳剧团聘请做二肩花旦，与头肩小生尹桂芳、头肩花旦竺水招配戏。通过几十出戏的演出磨炼，她从一个只会简单模仿袁雪芬的 "袁派小花旦"，成长为能够扮演各类角色，并且有一定舞台经验的越剧后起之秀。1947 年秋天，二十一岁的戚雅仙被徐玉兰主办的玉兰剧团聘请任头肩旦。一出《香笺泪》，使她一唱走红，从此以 "悲旦" 而出名，成为戚派艺术开始形成的标志。

1951 年冬，戚雅仙应中国唱片厂之约，灌制了她新中国成立后的第一张唱片《婚姻曲》。因其唱腔质朴流畅、简而不繁、好记好学，很快传遍大江南北，成为当时越剧的 "流行曲"，为广大观众喜爱和肯定，也使戚派艺术的影响从江浙扩大到全国。1952 年后，戚雅仙在《梁祝》《白蛇传》《玉堂春》《琵琶记》《相思树》等剧目中成功地塑造了祝英台、白娘子、赵五娘等一系列舞台艺术形象。每出戏的上演期都长达三四个月之久，金都戏院门庭若市，场场客满。

在越剧界，戚雅仙的唱腔虽然不是影响最大的，但是她的艺术影响力却是最广泛的。戚雅仙以袁派唱腔为基础，吸收并融合京、昆、绍、越等各剧种名家之长，并且根据自己的嗓音特点和善于演悲剧的戏路，逐步形成韵味醇厚、吐字清晰、感情真挚、朴素深情的戚派风格。"戚派" 唱腔擅长表现悲剧情绪，曲调朴实，花腔不多，用音范围不广，但是组织严密，节奏鲜明，音型简练并经变化反复出现，简

———————————

① 戚雅仙（1928—2003），越剧表演艺术家。祖籍浙江省余姚，生于上海。

而不繁，不事花哨，通俗易学、易记，常用的乐汇看上去很简洁，但是通过各种处理，使唱腔丰富多彩。这种特征鲜明的音调贯穿在所有唱腔中，给人留下深刻印象。

戚雅仙长于塑造善良、温柔、多情的女性形象。如《血手印》中的王千金，《玉堂春》中的苏三，《琵琶记》中的赵五娘，《白蛇传》中的白素贞，《王老虎抢亲》中的王秀英等，演唱朴实无华，感情深沉真挚，韵味醇厚。其"悲戚"的唱腔和艺术风格，征服了上海和江南地区无数个戏迷。《白蛇传》《玉堂春》与她后来主演的《血手印》《玉蜻蜓》并称"白血双玉"，成为戚派的代表性剧目。

上海滑稽戏的黄金双档姚慕双、周柏春。上海滑稽戏有"洋派"一脉，姚慕双、周柏春①就是这种风格的代表，他们曾经为几代人带来笑的回忆。滑稽戏是上海及周边地区特有的一种艺术表演形式。1921年文明戏演员王无能在一次堂会中，表演了单口的滑稽节目，受到欢迎，不久便挂牌演出，初名"独角戏"。由于广播的兴起，独角戏乘着电波进入千家万户，于是"独角戏"便逐渐发展为滑稽戏。滑稽戏接受了中外喜剧、闹剧和江南各地方戏曲的影响，以引人发笑为艺术特色，讲究情节滑稽、表演夸张。原有剧目大多取材于民间笑话、社会新闻，或改编文明戏剧目，受到广大观众的喜爱。

周柏春与姚慕双是滑稽界搭档时间最长并且享有盛誉的兄弟搭档。1942年，兄弟二人加入第一个滑稽剧团"笑笑剧团"开始演滑稽戏，参演过《瞎子借雨伞》《小山东到上海》等。很快，"姚周档"在滑稽界声名大震，被誉为"超级黄金双档"。他们长期在电台播演独角戏，每当他们在电台唱滑稽的时候，每家商店的收音机都在播放姚周双档。在独角戏向滑稽戏过渡的进程中他们是第一批开拓者。

在长期的艺术实践中，姚慕双、周柏春的滑稽戏形成了自己的独特风格。他们以洋派、书卷气为特色，显现了具有上海城市特征的幽默文化。所谓洋派的突出特征就是说"洋泾浜"英语。"洋泾浜"英

---

① 姚慕双与周柏春是同胞兄弟，都是著名滑稽表演艺术家。姚慕双（1918—2004），原名姚锡祺；其弟周柏春（1922—2008）原名姚振民，祖籍浙江宁波，生于上海。

语是当时华洋杂处的上海社会造成的产物，属于旧上海的特色。一些中底层服务行当的小市民，没学过英语，又要经常与老外接触，只好中文、英文夹杂在一起说。姚慕双、周柏春针对上海的这个特点，就编出了许多与英文相关的经典段子。最有代表性的滑稽戏段子就是曾经由美国 ABC 广播公司录像后在美国播放的《学英语》，笑料主要集中在学英文的语音不准和中国式英文。其中，有周柏春很著名的倒背26 个字母，有学上海人、浦东人、山东人讲同一段英文的不同发音——山东人力道大，"好……内个度油度？"（Howdoyodo？），浦东人讲起来，"古德莫宁，王蛤蜊"（Good morning Mr. Wang.），对比起来十分有意思。

姚慕双与周柏春的滑稽表演虽然具有共同的特色，但是又有各自的表演风格。姚慕双开合较大，周柏春的表演动作细致讲究，语言柔软富有弹性，两人在台上相得益彰。他们留下了许多经典作品，如《老账房》《不夜的村庄》《满园春色》《出色的答案》《路灯下的宝贝》《解放千字文》《啥人嫁拨伊》《学英语》《宁波音乐家》《英文翻译》《各地堂倌》等。他们把笑声、笑料、笑声撒向人间，成了没有多媒体、没有绚烂布景的文艺时代的深刻记忆。他们被誉为"超级黄金双档""滑稽泰斗"，美国洛杉矶华人联谊会为他们赠送了"海派滑稽一代宗师"的金匾，中国曲艺家协会授予他们"新中国曲艺50 年特别贡献曲艺家"称号。

二 才华横溢的歌唱家与演奏家

音乐是声音的艺术，主要包括声乐与器乐两大类。在声乐界，宁波人斯义桂的歌声名扬四海，在器乐界，马友友和俞丽拿的琴声更是久久地萦绕在人们的心间。那些优美旋律插上了翅膀，飞越了千山万水，也跨越了不同时代。

"东方来的奇迹"斯义桂。斯义桂[①]是从中国走向世界的歌唱家，

---

① 斯义桂（1915—1994）著名男中低音歌唱艺术家、海外华人世界三巨星之一，与林语堂、张大千齐名。浙江奉化人，1917 年生于上海。

也是音乐家活动家和音乐教育家。1933 年 9 月斯义桂考入上海国立音乐专科学校主修声乐，很快就脱颖而出，成为当时的明星学生。抗日战争期间，斯义桂为抗日救国的募捐义演，演唱了大量的爱国歌曲，随着知名度的增大，他得到了蒋介石的青睐。1938 年西安事变前夕，斯义桂应邀赴洛阳参加了庆贺蒋介石 50 寿辰的演唱堂会，一首岳飞的《满江红》竟使张学良泪流满面。斯义桂曾经远走香港等地，以激昂的歌声激励人们的抗日斗志，以义演的所得献给前线的抗日将士。1944 年 4 月 14 日与著名舞蹈家戴爱莲联袂在重庆国泰大戏院同台义演，征服了来自全国各阶层的爱国观众和盟军官兵，人们纷纷倾囊，这场义演共收到抗日募捐 40 多万元。

1947 年春，斯义桂来到美国深造，经过一段时间的学习和准备，1949 年 11 月斯义桂在纽约卡内基大厅举行独唱音乐会，获得巨大成功。纽约各大报纸纷纷发表热烈的评论，称他为"东方来的奇迹"。这次个人演唱会的成功，标志着斯义桂的声乐跨入了世界级层次的门槛，在国际声乐舞台上为中国人争得了一席之地。此后，他又先后在纽约举办了 5 场独唱音乐会，成为纽约"大都会歌剧院"台柱之一。

1959 年，斯义桂曾经应邀到台湾演出，演唱的《老人河》《教我如何不想他》《满江红》等歌曲，台湾同胞非常喜欢，斯义桂的名字因此家喻户晓。此后的 20 世纪 60—70 年代，斯义桂更频繁地在美国、英国、法国、意大利、德国、荷兰、澳大利亚、新西兰和台湾、香港等地演出，同这些国家的第一流乐团同台演出并且录制了多张唱片。他以中、英、德、意、俄、法六国语言演绎的古典与现代各种风格的数百首世界名曲，为世界各地的听众所陶醉。新闻媒体总是以"出色的歌喉足以与伟大的俄罗斯男低音歌唱家夏里亚宾媲美"，"东方来的奇迹"，"金嗓子"，"唯一中国声乐家在西方乐坛备受推崇之艺人"为报道标题，描述他们对斯义桂演唱的感受与评价。20 世纪 70 年代是斯义桂歌唱艺术走向辉煌的时期，他活跃于欧洲的伯利恒音乐节、荷兰音乐节、巴赫音乐节、贝多芬音乐节、阿斯彭音乐节等国际权威音乐舞台，还获得了荷兰政府为独唱、独奏唱片中最佳音乐诠释者所颁发的"爱迪生奖"。斯义桂以其在音乐上的卓越成就，与文学家林语堂、画家张大千一起，被誉为海外华人文艺界的三巨星。

　　1970 年起，斯义桂先后在美国克利夫兰音乐学院任声乐教授，在罗切斯特大学伊斯特曼音乐学院任声乐系主任、教授、终身教授。因他在国际声乐界的崇高地位，不但荣任美国第三十五任总统肯尼迪就职仪式后音乐会的首席演唱，还两次应邀到联合国，演唱贝多芬《第九交响曲》之《欢乐颂》。

　　1978 年 6 月，斯义桂应香港总督麦理浩爵士邀请，到香港参加第四届亚洲艺术节。他与香港中乐团、香港管弦乐团合作，当他唱完《红豆词》《满江红》《红彩姐妹》《马车夫之恋》和苏联作曲家柴里普宁专门为他创作的清唱剧《欢悦与真挚——98 号》后，听众报以热烈的掌声。满头白发的斯义桂在谢幕时饱含热泪说："请允许我再唱一次 40 年我一直爱唱的《教我如何不想他》吧！"对故乡和亲人的思念溢于言表。1994 年 5 月 11 日，斯义桂走完了富有传奇色彩的 79 个春秋。故乡奉化的儿女为他建造了一座衣冠冢，碑文上刻着：歌声扬全球留得美名传千古；英灵归西天教我如何不想他。

　　第一流的音乐天才马友友。马友友①是一位有着哈佛大学人类学学位的当今世界乐坛首席大提琴家，他的琴艺征服了全世界。他曾经获得 17 次美国"格莱美奖"，被授予"美国国家艺术勋章"。他不仅在古典音乐范畴独领风骚，更涉足爵士音乐、民族音乐、舞蹈音乐等领域，多方尝试各种音乐的可能性。除了为数众多的古典音乐录音外，马友友还曾经创下许多大提琴的新纪录：如使用大提琴挑战高难度的克莱斯勒、帕格尼尼小提琴的曲目，与日本歌舞伎巨星阪东玉三郎合作演出，以巴赫无伴奏大提琴组曲为现代舞配乐，以及与美国"饶舌"歌手鲍勃·麦克菲林合作灌录专辑，尝试将人声与大提琴做完美的结合等。1997 年马友友在香港回归大典上，与作曲家谭盾合作《交响曲 1997》，举世瞩目。1998 年马友友与六个不同领域的艺术家合作《马友友的巴赫灵感》音乐电影，将巴赫的音乐赋予全新的意义。2000 年，由马友友出演的《卧虎藏龙》电影配乐，更拿下奥斯

---

　　①　马友友（1955—　　），大提琴演奏家。祖籍宁波鄞县，生在法国，长在美国。

卡最佳配乐大奖，成为全球华人的骄傲。

马友友自1981年发行首张专辑至今的20年来，共出版了近百张不同风格的音乐专辑，奠定了马友友无可取代的大师地位，被公认是古典、跨界①乐坛难得一见的超级巨星，著名俄籍美国小提琴大师斯特恩赞扬马友友是"我们时代的第一流天才"②。马友友的演奏极富于魅力，观众会陶醉在他那真挚热烈的音乐之中，感到有一种挥之不去的激情在胸中穿梭。他在上海演奏埃尔加的《E小调协奏曲》时，将这部充满悲情伤感的著名曲目演奏得极富个性，令人久久难忘。演奏时马友友浑然忘我，人与琴体融为一体，情与音乐融为一体，他或缓或急地运指运弓，情不自禁地拥琴韵而动，每一个表情甚至每一处间歇都成为音乐的组成部分。他的演奏，让人们真正感到音乐是一种语言，是一种让演奏者与听众沟通沉醉的语言，是来自心灵的情真意切的叙说与歌唱。

马友友以他独特的渗有东方文化素质的特色，把大提琴的演奏发展到前所未有的境界。他的舞台表演意识强烈而准确，在演奏中常与身旁身后的乐手进行积极的交流，他不时地"左顾右盼"，每一个眼神，每一处晃动，似乎都在不停地调动着乐队，感染着人们的情绪。他虽不是乐队指挥，却几乎成了乐队的灵魂。他曾经先后多次与世界一流交响乐团的著名音乐家合作演出，足迹遍及美洲、欧洲、亚洲等地，每年演出都在百场以上。马友友带着他那两把著名的大提琴③走遍世界，其天才的演奏以超越时空的想象力传播着多元的文化精神——他的音乐属于世界，属于人类，属于所有相通的心灵。

三 创造辉煌的体育界名将

中国的近现代体育自民国初年开始由学校走向社会，而后才逐渐

---

① 跨界：指跨界音乐，主要表现为古典与流行的互相串联。莎拉·布莱曼代表了广为大众接受的一种古典跨界模式：曼妙的美声加流行的编曲；而马友友则代表了另一类古典跨界，一种文化旅行式的音乐，呈现不同的民族音乐风情。

② 《马友友：国际乐坛传奇人物》，中国宁波网·天下宁波帮，2004年7月21日。

③ 马友友使用的两把大提琴分别为威尼斯1733年制Montagnana大提琴及意大利1712年制DavidoffStradivarius大提琴。

走出国门参与世界性的运动会。在中国体育走向世界的进程中，宁波人不断为国争光，出现了舒鸿、林海峰、钱海澄、傅其芳等著名人物，在此介绍其中的两位。

围棋天王林海峰。林海峰[①]是围棋大师吴清源的弟子，在日本棋界乃至世界围棋界都备受尊崇。人们称他是日本围棋划时代的人物，是棋手难以攀越的雄峰。迄今为止，林海峰保持着胜局数量"世界第一人"的骄人纪录。

林海峰 13 岁入段成功，为当时棋院史上最年轻之入段者，引发日本棋界轰动。入段后六个月于"大手合"[②]棋赛中又击退资深棋士冈谷三男，晋升二段，创下最快升上二段的日本纪录。1957 年 4 月，林海峰快速升至三段。1959 年 5 月，以八胜二败的"大手合"成绩，从四段升至五段。1960 年 11 月间又以六胜二败升上六段，升段速度之快，打破藤泽朋斋的升段速度纪录。1962 年 11 月升为七段，二十一胜七败的佳绩为棋院胜率最高者。

1963 年初林海峰首次于新闻棋赛崭露头角，拿下亚军高松宫奖，1965 年 9 月 19 日，23 岁的林海峰击败彼时横扫日本的坂田容男九段，夺得"名人"头衔，打进最高位之"名人"赛循环圈，成为日本围棋史上最年轻的名人。1968 年，在第 23 届本因坊战中首获"本因坊"头衔，进入"本因坊"赛循环圈，从而成为第一位赢得"本因坊"的外国人。

在日本围棋界的七大棋战（棋圣战、名人战、本因坊、十段战、天元战、王座战、碁圣战）中，棋圣战虽奖金最高，但是历史较短，因此名人战、本因坊战是最受瞩目的两大棋战。"名人"与"本因坊"这两大赛采取的是循环圈挑战制，"名人"循环圈 9 人，"本因坊"循环圈 8 人。进入循环圈以后，每人与别人交战一局，战绩最好的成为挑战者，战绩最差的就被淘汰出圈，另有新人递补。名人循环

---

① 林海峰（1942 年—　），祖籍浙江宁波，生于上海，成长于台湾，日本知名职业围棋选手。

② 所谓"大手合"，就是升段赛，由棋院主办，九段以下棋手按大手合成绩记分积点升段。

圈每年只有三个名额可入围，却有几百位专业棋手争夺，入围之门相当狭窄。就在竞争如此激烈的情况下，林海峰从 1963 年打进名人循环圈到 2004 年被淘汰出圈，他创下了在籍 39 年的空前纪录，其中挑战 16 次，获得头衔 8 次。而 1968 年进入本因坊循环圈后，在籍纪录是 33 年，挑战 11 次，赢得头衔 5 次。为新制棋赛史上的第一位"名人本因坊"。而在从 1975 年开始由《读卖新闻》与棋院重新合作举办的"棋圣战"中，他在循环圈的纪录是 20 年，挑战 3 次。在林海峰的围棋生涯中，有 32 年是同时在名人、本因坊两大循环圈内，有 20 年是同时在棋圣、名人、本因坊三大循环圈内。1989 年，天元战冠军，此后五连霸，终身享有名誉天元称号。此外，他还获得十段 1 次，王座 1 次，小棋圣 1 次，富士通杯冠军 1 次，他成就了日本棋界的"林海峰时代"。

作为日本棋界的超一流棋手，林海峰一生荣誉不计其数，共赢得 35 个日本正式棋赛冠军，是日本棋界首位在正式棋战中对局数达到 2096 局的专业棋士，已赢得 1300 胜以上。这一辉煌纪录在日本是空前的。他是日本围棋史上四百多年来最年轻的名人，这项纪录到现在没人能够打破。他到五十九岁还赢得名人挑战权，向"棋龄上限"挑战。作为日本围棋划时代的人物，林海峰目前还是一座难以攀越的雄峰。

乒乓王国的"开国元勋"傅其芳。傅其芳①是乒乓球运动员出身，后来当教练，他率领中国队首次夺得代表世界乒乓球运动最高水平的男子团体冠军，并且登上"三连冠"宝座。球场上，傅其芳是一员骁将；当教练，他善于出谋划策，堪称乒坛奇才。傅其芳为开创"乒乓王国"立下了不朽的功勋。

傅其芳念小学时开始学打乒乓球，去香港谋生后曾经在乒乓房当"陪打"，由于刻苦练功，球技渐精，终"反陪为主"。他长于直拍快攻，善打两角直线球，用这种打法击败过来港比赛的许多名将，包括

---

① 傅其芳（1923—1968），浙江宁波鄞县五乡镇人，中国著名乒乓球运动员、乒乓球教练员。

英国的乒乓球世界冠军李奇和伯格曼，名声大振，成为香港人心目中的耀眼球星。1952 年 2 月，傅其芳代表香港首次参加了在印度孟买举行的第 19 届世界乒乓球锦标赛，在男团比赛中取得第三名的佳绩。同年，他所在的香港队在新加坡战胜日本队，夺得亚洲乒乓球锦标赛冠军。1953 年春天，傅其芳怀着为国争光和报答知遇之恩的强烈愿望，来到了 1952 年年底才组建起来的中国乒乓球队，受到贺龙元帅的亲自接见。

傅其芳精心钻研乒乓球技术，形成了变化多端的发球、神出鬼没的"摆短"和正手侧身"滑板"的技术三绝。凭借他高超的乒乓球技术，1954 年，在布达佩斯举行的世界大学生夏季运动会上，傅其芳获乒乓球男子单打第三名，并且与王传耀合作获男子双打第三名。1957 年 3 月在斯德哥尔摩第 24 届世界乒乓球锦标赛上，中国男队获团体第三名，他是主力队员之一，他在团体分组赛中获全胜。

1958 年起，他开始担任国家乒乓球男队教练。执掌中国队帅印后，他不负厚望，在实践中摸索出一条极具中国特色的近台快攻的路子，培养出庄则栋、李富荣、徐寅生、张燮林等一批世界级名将，创造出举世瞩目的辉煌业绩。他提出的要以速度即"前三板"技术取胜对手的理论和"快、准、狠、变"的战术，直到现在还在沿用，并且成为中国队保持长盛不衰的成功法宝。他提出的"练为战，不为看"的原则已成为我国乒乓球队的传统。

1959 年 4 月 5 日，傅其芳指导的容国团在德国多特蒙德第 25 届世乒赛上勇夺男子单打冠军，为中国捧回了有史以来第一座世界冠军奖杯，打开了中国乒乓球登上世界顶峰的大门。为此，世界体坛对中国也刮目相看。1961 年在北京第 26 届世界乒乓球锦标赛上，中国男队凭借威力无穷的快攻打法，一路过关斩将，在半决赛中以 5：1 横扫世界强队匈牙利，杀入决赛。五次蝉联男团冠军的世界霸主日本队本想以新发明的"魔法"弧圈球打垮中国队，实现六连冠的梦想，然而他们刁钻古怪的"魔法球"没起什么作用，中国人疾如闪电的快攻却大发神威，速度之快常常令他们措手不及，最终中国队容国团战胜弧圈高手星野，以 5：3 赢得决赛胜利，第一次为祖国捧回男子团体世界冠军奖杯——斯韦思林杯。接着，庄则栋和邱钟惠相继又将男单、女单奖杯收入囊中，加上 4 项亚军、8 项第三，中国乒乓球队在第 26 届世乒赛上一鸣惊人，震动了世界。

傅其芳任教期间，中国队蝉联了第 26 届、第 27 届、第 28 届世界乒乓球锦标赛的男子单打、男子团体世界冠军。为此，国家体委 1961 年、1963 年两次授予他体育运动荣誉奖章。可以说，傅其芳、容国团这一代人创造的业绩，不仅是乒坛的辉煌，而且是真正代表中国体育走向世界的标志。

第三节　书画业收藏业宁波籍名家

在美术界，宁波人堪称名家辈出，群星闪耀。工艺美术家陈之佛、月份牌画家谢之光，国画大师潘天寿、沙耆、书法大师沙孟海，篆刻大师朱复戡，其声望跨越了时代也跨越了国界。在收藏界，宁波籍的收藏家也常常扬名四海。张絅伯、郑家相的泉币收藏，郑介夫的邮品收藏，陈钢的茶具收藏，祝建国的瓷器、书画收藏，郭永尧的家具收藏，董家权的石雕收藏让我们感受到几代宁波人对收藏的热情。宁波籍的美术家与收藏家在创造精品和收藏精品的过程中，显现出非凡的气度和高韬的精神，令人心生敬慕。

一　开风气之先的工艺美术与商业美术大师

工艺美术与商业美术都属于为人们的生活需要服务的实用美术，在 20 世纪 30 年代，宁波籍的陈之佛与谢之光在中国现代工艺美术与商业美术领域当中开风气之先，成为行业中的先驱者和佼佼者。

工艺美术的奠基者与培育者陈之佛。陈之佛[①]作为 20 世纪最具代表性的中国传统工笔花鸟画家，也是现代工艺美术的奠基人之一。作

---

① 陈之佛（1896—1962），又名陈绍本、陈杰，号雪翁，浙江余姚人。现代美术教育家、工艺美术家、中国画家，尤善花鸟画。

为我国早期实用美术的播种者，陈之佛在中国现代工艺美术方面做出了杰出的贡献。

20 世纪 20—30 年代是我国现代工艺美术的萌芽时期，陈之佛撰写了我国第一本图案教材——《图案讲义》（1917），绘编了我国第一册丝绸图案纹样参考资料——《图案》（1929），著述了我国第一部图案技法理论专著——《图案法 ABC》（1930）。他独自创办了我国第一所培养工艺美术人才的学馆——"尚美图案馆"（1923—1927）；组织举办了我国第一个工艺美术作品展——"广州美术学校图案科师生作品展"（1929）。这一系列的创举使他成为中国工艺美术这一新兴学科的奠基人。他的《表号图案》（1934）、《图案教材》与《中学图案教材》（1935）、《图案构成法》（1937）等图案理论专著以及一系列工艺美术理论论文①，既填补了我国图案理论空白，又为了解世界工艺美术状况与发展我国的图案教育，振兴民族工艺美术事业开拓了道路。

陈之佛在工艺美术设计方面也有重要贡献。陈之佛曾经为丝绸、花布设计图案，从流传至今的一批 1923—1927 年所作丝绸图案看，他设计的纹样格式受日本图案风格影响较大，其一注重表现花草植物、云雾日月等大自然景观，或想象中的事物诸如孔雀尾饰的花团、麒麟、龙纹等神化事物等。其二弯曲线构成形式运用较多，兼有三角连纹、菱形对称等几何纹样。其三纹样的描绘手法偏爱于朦胧效果，而不强调绝对的清晰、明净。底纹的花草纹饰常常隐映于雾朦之中、显得静谧含蓄。其四纹样主题变化多样，意趣无穷，植物、动物、自然景观和普通主题交错穿插配用，甚至佛教图案忍冬、宝相花、卷草纹也有所表现。主题变化多样、意趣无穷，植物、动物、自然景观和其他主题交错穿插配用，图案纹样取材广泛，风格新颖。手法多样，色彩雅致。

除了设计丝绸、花布图案外，陈之佛还设计过书刊封面、徽章和

---

① 如《现代法兰西的美术工艺》《中国历代陶瓷器图案概况》《美术与工艺》《谈提倡工艺美术之重要》《混合人物图案之象征意义》《图案美构成的要领》《应如何发展我国的工艺美术》《重视工艺图案的时代》等。

邮票①。1932 年陈之佛为国立中央大学设计了三角形校徽，校徽为等边三角形（按政府规定，边长 4 厘米），紫边、黄底、红字、黑色图案。色彩上采用紫、金两色，分别象征典雅、高贵、浪漫及光明、辉煌和智慧，体现了中央大学的"校色"；图案设计上将中央大学标志性建筑（中央牌楼门及圆顶大礼堂）居校徽正中，以体现"中央"之意；礼堂寓意"全国最高学府""涵盖全部学科"；礼堂两边的城墙表示中大"建在六朝古都石头城内"，下端数行水纹，寓意"学校设于长江之滨，历史源远流长"。

1961 年他应邮电部之邀设计的特种邮票《丹顶鹤》，在 1980 年被评为新中国成立三十年来最佳邮票设计之一。邮票是国际文化交流的一种艺术形式，要求民族特色鲜明。丹顶鹤是人民喜闻乐见的福寿题材，象征长寿。为方寸间意境、形象、色调、布局更突出主题，充分表现邮票图案艺术美和民族风，他殚精竭虑，精益求精，数易其稿，最后于 7 幅中选了 3 幅。画面构图独具匠心，风格飘逸优雅，意境深邃，如《碧空翔鹤》以 S 形构图，展示两只追逐飞鹤穿越彩云掠空而过的场景。

陈之佛还曾经为苏绣创作过绣稿。他的绣稿能够充分发扬刺绣工艺的特点，构图疏密有致，色泽浓淡相宜，用笔工细。无论小幅《蔷薇小鸟》《芙蓉翠鸟》，还是巨幅《月夜芦雁》《春江水暖》《松龄鹤寿》以及《荔枝白鹦鹉》等绣品在国内外展出均获好评。其中陈之佛的绣稿代表作《松龄鹤寿》被苏州刺绣研究所绣成双面绣，置于北京人民大会堂江苏厅。作品采用中国传统文化中象征美好的题材，用喜气洋洋而又充满生命活力的艺术形象，精心描绘了十只仙鹤在青松之下自由自在活动时的神态。只见画中十只丹顶鹤，一字形排开，或停立、或漫步、或凝视、或回盼、或搔腮、或梳翎、或唳天、或私语，各尽其态。每只鹤细致入微，身上每一丝羽毛，腿上每一处细节都历历在目。丹顶鹤身后是寿历千年的青松，根深叶茂。更为精妙的是画的色彩：灰黄的背景、青翠的松针、洁白的羽毛，殷红的鹤顶，艳丽

---

① 书刊封面设计将在第六章介绍。

中透着古朴。这幅绣稿是陈之佛在国庆十周年时创作的献礼作品，松象征生命力极强，鹤又是长寿的飞禽，自古相传鹤寿千岁，体现了人们长寿的愿望，表达了他对祖国的良好祝愿。

月份牌广告时尚的引领者谢之光。 谢之光[①]并不是广告产业的经营者，而是广告的制作人。这位出生在余姚的美术爱好者，14 岁时师从周慕桥学习国画、油画，继后又师从于张聿光、刘海粟，擅长人物、鸟兽、花卉等，尤擅仕女画，笔法采中西之长，别具一格。从上海美术专科学校毕业后，以舞台美术、商业美术设计为业，曾经在上海福州路的天禅大舞台画背景，后来画月份牌、香烟广告，不久即成为闻名上海的广告画家。

1922 年，他年方 23 岁便出版了第一张月份牌《西湖游船》。构思与技法非同凡响，取得成功。南洋兄弟烟草公司捷足先登，把他请入公司的广告美术部门。谢之光以自己丰富的想象、华美的构图、精彩的场景及时尚的女郎形象，为南洋兄弟烟草公司创作了一批月份牌画，在社会上引起了很大的反响，受到了各界人士的喜爱，促进了南洋兄弟烟草公司的香烟销售。

谢之光的才能被上海华成烟草公司看中，便以高薪聘他出任广告部主任。1925 年年初，上海华成烟草公司推出"美丽牌"香烟，由谢之光设计烟标。谢之光精心绘制，一举成功。"美丽牌"的烟标是一位面若桃花、明眸皓齿、俏美妩媚的女子，颇有上海佳丽独有的迷人风韵，旁边配有"有美皆备，无丽不臻"的广告语。"美丽牌"烟标一问世，立即在市场上引起轰动。人们为烟标的魅力所倾倒，"美丽牌"香烟也随之名声大振，迅速畅销大江南北乃至东南亚一带。而"美丽牌"女郎更是成了当时最时尚、最靓丽的美女肖像。

20 世纪 20 年代是谢之光创作的高峰期，他能够画各种不同题材的月份牌广告画，除了美女图外，有活泼俏皮的《村童闹学图》，有表现爱国情操的《木兰荣归图》，也有隐喻上海赌风盛行的《八

---

① 谢之光（1899 年—1976），初名廷川，署东山后裔，后易名之光，室名栩栩，浙江余姚人。早年擅月份牌年画。

仙消遣图》。他于 1927 年作的《虢国夫人》将手持鲜花轻纱飘扬，骑在马上的虢国夫人画得柔媚异常。他的时装女性作品，造型活泼生动，色彩朴素淡雅，表情妩媚情深，别有韵味。他的画融合了中西技法的特点，"集中国画之韵，融西洋画之味，在月份牌画坛上独树一帜"① 1927 年 21 期《良友》杂志曾经专门介绍："画家谢之光，作品遍海内外，所作月份牌美人画，每年出十余万，为人谦霭，勤于绘事。"② 在 1928 年 25 期、26 期、27 期连续三期以谢之光的擦笔美女画作为封面，这在号称第一时尚杂志的《良友》是绝无仅有的。

20 世纪 40 年代，谢之光在月份牌销路剧减的情况下开辟画片市场画画片，其仕女画是画片社的重头戏，销路很好。1947、1948 年，他还创作了大批报纸广告，特别是红金香烟系列报纸广告。1949 年后谢之光不再进行商业绘画，而把全部身心投入到国画创作上，成为著名的国画家之一。但是不管怎样，他青年时代在月份牌广告上的成就都是上海广告美术史上非常精彩的一笔。

二　格调非凡的书画艺术大师

书画自古就与商业有着千丝万缕的联系，即使艺术家主观上并没有考虑市场的因素，但是艺术作品在流传过程中，仍然无法摆脱与商业的关联。一个艺术家的作品越是有个性，其流通中的价值就越高，那些经得起时间考验的作品更会随着时光的流逝而不断增值，国画大师潘天寿的指墨画、书法大师沙孟海的书法作品就是这样。

指墨画的集大成者潘天寿。潘天寿③是我国当代杰出的国画家。潘天寿擅长意笔花鸟和山水，兼善指墨画，偶作人物亦多别致。对书法、诗词、篆刻、画史、画论等均有极精湛的研究和丰富的著作，与吴昌硕、齐白石、黄宾虹一起，并列为 20 世纪的"四大家"。

潘天寿的指墨画是他艺术成就最突出的一部分。指墨画创始于清

---

① 成砚志：《年画技法》，江苏美术出版社 1998 年版，第 130 页。

② 《良友》1927 年 21 期。

③ 潘天寿（1897—1971），原名天授，字大颐，号寿者，浙江宁海人。

代画家高其佩，至今已有 300 多年的历史。其间数潘天寿成就最为卓著，享有"300 年间仅一人"之誉。潘天寿从事指墨画时间长达 50 多年，所创作的指墨画精品最多，其晚年代表作多为指墨画，而且多巨幅大画的精品，世无其匹。其画风坚如铁铸，凝如石刻。有金石之气而无剑拔弩张；有深沉倔强之力而不见筋露骨；生动的造型和磅礴的气势形成一股巨大的感染力，震荡着观众之心。潘天寿追求的是一种雄强、浑厚、苍茫的艺术境界，他选择指墨画作为绘画形式，并不是为了标新立异，而是深感画笔的表现技法和表现形式已经无法充分表达他的感受，所以决定以指墨画这样一种难度高、限制大的绘画形式来开拓自己的艺术道路。

潘天寿喜做大幅画面，指墨画的特点正好满足了潘天寿的个性及绘画风格。他从 20 世纪 20 年代开始接触指墨画，《古木寒鸦图》是其存世最早的作品。到三十二岁时他所作的《穷海秃鹰图》已经形成了自己的指墨画风格。此后他不断精进探索，指墨画作品的比重也逐渐加大。20 世纪 40 年代其指墨画艺术进入了新的境界，一些典型性造型此时已基本确定：奇崛险峻的构图布置、凝重苍劲的线条处理、圆浑有力的苔点，以及由此而铸造的画面中特有的沉静、高古、雄强气势等。尤其是几件人物画精品，传神之妙连当时的人物画家也望其项背。在这一境界上，《读经僧图》所表现的形象，仿佛在我们面前凸显出画家一生追求的理念，一种对人生和艺术真谛的洞见。20 世纪 50—60 年代，潘天寿的指墨画登上了新的艺术高峰，这也是他艺术的成熟期，许多指墨精品在这一时期产生，如《松梅群鸽图轴》《江南春雨图》《小憩图》《江洲夜泊》等都是这一时期指墨山水画的代表作。20 世纪 60 年代初的几年是潘天寿指墨画创作最为丰盛的时期，也最能代表代表潘天寿的艺术风格。这一时期创作的作品，最终奠定了他在中国近现代美术史上现代型中国画大师的地位。这一时期潘天寿创作了许多指墨花鸟、山水的精品，其中不乏丈二匹①以上的巨作。画面气魄雄浑、酣畅淋漓，如《堪欣山社竹添孙图》《梅兰夜色图》

___

① 丈二匹：大幅宣纸的略称，尺寸一般为 145cm×366cm。

《抱雏图轴》《晴霞图轴》《夏塘水牛图》《新放》以及山水画《无限风光图》《暮色劲松图轴》《梅月图轴》等。在结合自身创作、实践的基础上，潘天寿还写成了专著《指头画谈》。书中总结了指墨画的历史发展，指墨画的方法技巧，以及与毛笔画相比较，指墨画的优劣等。对以后指墨画艺术的发展具有重要的指导意义。

潘天寿的指墨画以奇崛雄浑为主要风格特点。现藏中国美术馆的《松鹰图》画面灵动，引人入胜。鹰的全身由淡墨点成，但是却把丰润的羽毛的质感表现出来。停在松枝上的鹰的俯视的姿态神俊不凡，生气勃勃，用浓墨点成的眼睛，突出于全身的淡墨之中，放射出闪耀的光芒。画幅左下有一尖角岩石，与鹰的姿态相互呼应。右边空白的面积很大，给人以寥廓的感觉，似乎为雄鹰创造了"天高任鸟飞"的典型环境。这种"不似之似似之"的手法，正是比现实更美、更高的"神似"的范例。《无限风光》是一幅丈二巨轴，把劲松、险峰、暮色、乱云表现得淋漓尽致，那棵劲松是画中的主体，不仅"枝如青铜根如石"，而且连松针也仿佛由铁铸成，是力与美的高度结合。再配之以巉岩的山石，迂回的山径和淙淙的流泉，衬托出高远的险峰，苍苍茫茫，遗世天外，产生了雄奇壮阔的气象和境界。画幅右下方有"偶作指画，气象在铁岭清湘之外矣"的题跋，可见画家自认为此幅是自己的得意作品。

潘天寿的指墨画取诸家之长，成自家之体，简繁相宜，朽拙成趣，洋溢着生命的豪气与生活的情趣。他以最大的毅力从传统艺术中打进去，又能以最大的勇气从中蜕化出新的艺术语言形式，借古开今，自成一格。有人评价说："潘天寿以奇雄阔大风格向充满着纤弱、枯索而公式化的国画现状挑战言，他超越了传统，进入了现代；而就他以'不雕'等理论模式约束自己的'一味霸悍'言，他又回到了古典传统的规范……他是传统绘画最临近而终未跨入现代的最后一位大师。"[①]

---

① 郎绍君：《近现代的传统派大师——论吴昌硕、齐白石、黄宾虹、潘天寿》，《新美术》1989 年第 3 期。

书坛泰斗沙孟海。沙孟海①从小在父亲的影响下开始书法、篆刻的学习，后从吴昌硕、马一浮等学书法篆刻，书艺大进，其书法远宗汉魏，近取宋明于钟繇、王羲之、欧阳询、颜真卿、苏轼、黄庭坚诸家，且能化古融今，形成了自己雄强恢宏而清婉的书风。通常书家的师承关系能够一眼看出，而沙孟海的书法虽然曾经深受黄道周书法的影响，但是不为所囿，在他后来的书法中已很难分辨出石斋书法的痕迹。他曾经从一代大师吴昌硕学习书法篆刻，但是能够摆脱他的引力圈，得其气势，博大而不失精细；他对颜真卿、宋四家、明季诸家以及北碑、篆隶、章草，博观约取，博采众长，终成 20 世纪的书坛泰斗。

纵观沙孟海的书法风格，整体上气酣势疾，刚健有力，韵味沉厚，雄浑遒劲，卓然成家。但是在不同的阶段，其书法创作却蕴含着无数次心灵的裂变与观念的重塑。他的书风流变大致可分四个时期：

第一个时期是 20 世纪 20 年代起，沙孟海以精严细整的中小楷书驰誉书坛。得意之作如《陈夫人魏氏墓志铭》《上海修能图书馆记》，都是极认真的恭笔细书。其风格显现了和谐、优雅的基调，同时又保留了自身的艺术意味，或飞动，或沉静，或清畅，或凝练，美不胜收。《辛稼轩寿词抄本》是沙孟海书法用笔、结体、章法及意境的一次全方位展示，将作者的才能艺术功底发挥得淋漓尽致，同时也为作者整个的艺术旅程竖起了一块丰碑。

第二个时期，可以从 20 世纪 50 年代初算起。此时沙孟海多关注字的"体势"和章法的"气势"，其擘窠榜书被称为"真力弥满，吐气如虹"。1955 年他为杭州灵隐寺所写"大雄宝殿"，每字三尺半见方，自谓"我写此匾如牛耕田也"，功力自可用"行神如空，行气如虹""气酣势畅，精力弥满"来形容。从总的趋势看，此时的作品，在用笔厚实的同时，越来越将线条作"钝化"处理，使作品弥散出一种苍茫、雄浑之气，最终成为一代大家的气象。

---

① 沙孟海（1900—1992），原名文若，号石荒、沙邨、兰沙、决明、僧孚，以字行，浙江省鄞县塘溪沙村人。二十世纪书坛泰斗，于语言文字、文史、考古、书法、篆刻等均深有研究。

第三个时期，是在 20 世纪 70 年代末至 80 年代初，是沙孟海先生书法的转折期。这一时期沙孟海潜心揣摩如何把握作品的整体气势，如何控制字行的氛围。其书体的特点是专注行草而不兼篆棣，技法上追求粗率豪放，不刻意局部而追求整篇的气度与神采。最明显的是浓墨大书，一泻千里而绝无凝滞，有时偶露败笔也并不修饰，但是在大氛围上却绝对震撼观众，具有极强的控制力。因此，这是一种从面面俱到的精致走向磅礴大气神采的大跳跃，由前期的重技巧到中期的重气势。

第四个时期，是 20 世纪 80 年代。伴随着沙孟海先生作为一代宗师在海内外赢得极高声誉，他自身也开始走向顶峰时代。这个时期的作品，行草书和擘窠大字占据主导地位。其书风的主要特征是他的绚烂之极归于平淡，用笔更趋简化，并且枯笔或飞白的成分日趋增加。尽管作品线条较为粗壮，但是却显得极为从容、娴雅。书于 1986 年的《司空表圣诗品长卷》雄浑而清逸，朗健而茂密，沉郁豪迈的笔势舒敛有致，既体现了重"势"求"雄"的一贯风格，又因传统帖学一脉的笔法滋润而清新刚健，其笔力可谓炉火纯青。当 92 岁的沙孟海离开这个世界的时候，人们给了他这样的评价："他是当代书坛年岁最长，成就最高的学者，他在书法、金石学、篆刻学、考古学、文字学等多方面均有独创性的成果，又是中国书法教育界的开创者者之一。"[①]

三 境界脱俗的收藏名家

有人说，收藏代表着财富、品位、修养及地位。在宁波籍收藏家身上的确可以感受到这些特质。他们以收藏来陶冶情操、修身养性，借藏品来体味历史文化的丰富信息。也正因如此，他们既能够费尽心力四处搜求藏品，也能够毫不吝惜地将这些凝结着心血的藏品无偿捐赠——只要能够让藏品展现出更大的精神价值，他们乐于断腕割爱。在泉币收藏家郑家相与邮品收藏家郑介夫身上我们就看到了这样的特质。

---

① 刘江：《丰碑一座，永垂不朽——悼念沙孟海先生》，《西泠艺丛》1992 年第 2 期。

泉币收藏郑家相。郑家相[①]自幼受其父影响，对泉币颇有兴趣。1916 年在宁波中学任教时结识钱币专家张絅伯，从此兴趣更浓，大力搜求、考订古泉，成为泉界鉴别家。

郑家相集泉，用了很多办法。一是贴广告，他坐镇在自家的元泰纸号收购；二是请人搜罗。有位对古钱小有兴趣陈信高专门为郑家相至各乡村收钱，足迹遍及浙江、江苏、安徽、福建。郑家相先生古泉藏品初具规模，得他搜罗之力不少。三是在甬地古钱精品已经稀少的情况下，去绍兴收买。驻绍收钱二月，得钱二千余枚，有莽刀、莽布、莽泉、六朝之丰货四铢、唐代建中、大历、十国之广政、西夏之乾祐，以及其他珍稀品。四是在小摊上觅求。其铅开元背闽字钱、小字折二篆书靖康通宝、南北宋铁母、嘉靖通宝折五钱等，都是在小摊上觅得的。

从 1917 年起，郑家相先后在司法、财政、军事、商业、铁路等机关任职，足迹遍及浙、粤、直、鄂、晋、豫、苏、皖诸省，所到之处，不忘搜奇集异，三十年间得泉万种。由于他精于鉴定，勉力搜求，因此集得许多精品。1927 年他在南京任津浦铁路局文书员时，当地古遗址出土了大量南朝梁代钱币的泥范，散落于工人之手。他前后费时五个月之久，获范二千余方，整理得一百六十余种，这就是梁五铢土范。郑家相因收藏此种梁范名甲天下，他自此后遂以"梁范馆主"为别号。

郑家相为收藏可谓倾尽心力。为了搜集泉币，往往晨昏无阻，寒暑不避，闻风即动，窥影穷追。哪怕节衣缩食也要勉力为之，可以说每件藏品都凝聚着他的心血与痴情。对于收到的泉币，还要对其"出身""年龄""籍贯"进行探查，对附着其身的文化、社会、经济、民族等各种"密码"进行解析，查阅典籍，夙夜披览，多方考证，务求弄深弄透。在他的眼中，这些泉币已不再是单纯的器物，而是固体的历史，有形的文明，里面蕴藏着丰富的历史信息。几十年的研究探讨，使郑家相成为泉币研究的专家，其主要著述有：《中国古币考》

---

① 郑家相（1888—1962），浙江鄞县人，泉币收藏家。

《上古货币推究》《中国古代货币发展史》《古布鈢字之研究》《明刀之研究》《半两之研究》《五铢之研究》《古代文字汇编》《梁五铢土范考》《泉家小史》《瘞钱考》《中国古代货币冶铸法考》《历代冶炼法考》《古代的贝币》《古钱的伪造及鉴别》等论著。抗战胜利至新中国成立前夕，郑家相利用自己高超的拓印技术和广泛的社会交往，四处寻觅古泉并且拓影，编选了《泉拓》6 册 16 卷，包括周秦至清代及外国钱范等。

不过，真正有境界的收藏家并不把拥有当作最终目的，当多年富藏的喜悦过去之后，对藏品的态度会发生质的变化，对藏品的占有欲趋近于零。他们经历沧海，不惊不喜，心愿单纯：只盼万千民族瑰宝，能够平安稳妥，藏有所居，给后人以启迪教化，让子孙引以为豪。所以，我们最终看到的结果是——郑家相将梁五铢钱范 119 件捐赠给南京博物院；把铜鼎、铜炉、铜造像及瓦当、量器等文物捐赠给宁波天一阁；1962 年，其夫人吴秀卿秉承先夫遗愿将其生前所藏文物 6409 件（其中钱币 5969 枚，书画 305 件，陶瓷 96 件，青铜器 7 件，符印 17 件，杂类 15 件），古籍图书 256 册全部捐赠给上海博物馆。

邮品收藏家郑介初。郑介初①是香港的一位邮品收藏家，他从 1944 年在重庆郊外南温泉读初中时开始集邮，当时只有 14 岁。1945 年一个偶然的机会，他无意中以面值价购到 50 枚整版孙中山先生肖像错体邮票，即集邮界叫惯了的"纽约版贰元中心倒印"票。这就是集邮史上有名的民国四珍之一"二元倒"。郑介夫一下子成为珍邮"二元倒"的发现者和唯一的拥有者，也意味着他从此拥有了一大笔财富。之后他将其中部分与邮商交换到另外不少珍贵邮票，于是，集邮兴趣越发高涨。1949 年，郑介夫考入北京燕京大学新闻系，临上学前他整理了全部邮票，竟然有大小 12 箱之多，可惜的是这些珍品在"十年浩劫"中因抄家而遗失殆尽。

1990 年秋，郑介夫承香港《良友画报》社伍福强社长之约，为该画报"邮海漫画"专栏撰稿。为了写稿，他又重新集邮，再次成为

---

① 　郑介初（1930—　　），笔名哲夫，祖籍宁波镇海，生于上海。著名邮品收藏家。

集邮行列的一员。但是经历过世事沧桑的郑介夫所关注的已不仅仅是邮票本身，而把历史的情愫融于集邮活动之中，从而将集邮提高到了另一种境界。促使他将集邮与历史联系起来的是一张 1902 年 2 月 24 日由天津寄往德国法兰克福的集邮用的战地明信片。按国际惯例，从一个主权国家寄出的邮件应贴用所在国邮票。但是，这张明信片除了贴有清盘龙 1 分邮票之外，另贴有法国邮票、日本加盖支那字样邮票、德国横盖 CHINA 字样邮票、俄国斜盖俄文"中国"字样，以及印度维多利亚女王像、加盖 CEF（中国远征军）邮票，都盖上了各国在天津的邮戳。再翻开那一段邮政史，他看到各国列强在华邮局及其代办所居然达到 340 个之多，这在世界邮政史上绝无仅有。郑介夫从此开始关注旧明信片，利用集邮收集历史。很快他就集到了 2000 多份异常珍贵的明信片、信函和图片。

郑介夫超越于一般集邮爱好者的地方，就是他能够充分发掘邮品中的文化内涵，升华集邮的境界。从 20 世纪 90 年代开始，他陆续出版了《邮海漫话》《续邮海漫话》《百年沧桑》《旧上海明信片》《明信片中的老天津》《从鸦片战争到八国联军》和《老明信片选》7 部以邮品为基本素材的集邮专著和图册，让人大开眼界。《旧上海明信片》是 1903—1938 年的明信片专辑，这里既有外滩、南京路、黄浦江、苏州河、南市老城、交通运输、风土人情，也有日军轰炸上海的镜头；《明信片中的老天津》所展示的 300 多张旧明信片，分"九国租界""津门风物""沽上民情"和"邮海拾遗"四部分，贯穿了"以史为鉴"的编辑理念。《从鸦片战争到八国联军》被史学家称为"一本有震撼力的图史"，这是郑介夫从收集邮品延伸到图片，以最终达到"收藏历史"的成功尝试。

郑介夫的邮品收藏更多的是为志趣而不是为市场。在身患癌症之后，他便开始为寻觅半世的宝贝找到永久的福地。2001 年 6 月，郑介夫向筹建中的宁波博物馆捐献了 27 件反映近代宁波的明信片、图片、史料信函和纪念章等；2002 年，他又向宁波博物馆捐献了 24 件文物；2005 年，郑介夫向上海历史博物馆捐赠了 1600 件藏品；2009 年，郑介夫向武汉市捐赠了 288 件近代文献和邮政历史藏品，2010 年，再次捐赠 23 件包括反映辛亥首义前后的邮票、明信片、实寄封、画报、铜版画等。郑介初的收藏见证了历史，升华了集邮的境界，显现了超越世俗的博大胸怀。

第四节 新闻出版业宁波籍英才

20 世纪是中国新闻与图书出版勃兴的时代，随着行业的发展，新闻人与编辑家也应运而生。报纸作为宣传的工具，传播着办报者的理念与声音，出版作为商业与文化的结合，其内容也体现着出版者的意图与诉求。新闻界的陈布雷、陈克寒，编辑家张静庐、丁景唐、傅璇琮等都在史册上留下了自己的名字，他们或以自己的选择为后人留下诸多思考，或以专业建树令世人仰慕。

一 与时俱进的新闻"弄潮儿"

民国时期报纸新闻得到了自由发展，记者这个职业群体也随之出现。他们关注民生社会，大胆挑战威权，勇于揭发政治黑幕，成为时代的弄潮儿。在那个动荡的时代，新闻与政治有着不解之缘，身为宁波人的陈布雷与陈克寒的新闻生涯就非常耐人寻味，他们在"做文"与"做人"之间的无奈或者矛盾，都可引发我们深入的思考。

从报人到宣传家的陈布雷。 陈布雷[①] 1912 年夏从浙江高等学校肄业，"原以从事新闻事业为志愿"，因此应上海《天铎报》之邀任撰述记者，开始正式的新闻职业生涯。他以"布雷"笔名撰写短评和社论，初露头角。但是其少年得意和锋芒毕露的文章，终为主持笔政的《天铎报》总编李怀霜所不容，陈布雷在受排挤之下愤而离职。

1920 年 10 月陈布雷应邀担任上海《商报》编辑主任，这是他第二次从事新闻工作。他勤奋笔耕，夙夜孜孜不倦，每周撰社论 5 篇，

---

① 陈布雷（1890—1948 年）原名训恩，号畏垒，字彦及，浙江慈溪人。报刊政论家，蒋介石私人秘书。

星期日撰一短评。其论评先重政治，渐及文化、工商、社会、国际时事等，文笔犀利而富有情感，议论通达透彻，为时人及报坛所称赞，不仅在商界、政界拥有大量读者，而且在青年学生与知识界也拥有较多读者。1923 年起，《商报》评论开始实行署名制，陈布雷以笔名"畏垒"撰写社评，倒军阀，争主权，倡改革，虎虎有生气，颇为广大知识分子及青年所喜爱。著名报人邹韬奋写文章推崇他，说陈布雷"不但是有正义感，而且还有革命性。当时人民痛恨军阀，倾心北伐，他以畏垒为笔名在《商报》上发表的文章，往往能够以锐利的笔锋，公正的态度，尽人民喉舌的职责。"①

从 1926 年春天起，陈布雷屡屡撰文评论国共关系，断言中国是"最不适于试行共产之国家"，中国革命"舍国民党莫属"等，政治倾向已十分鲜明。蒋介石的幕僚陈果夫一向欣赏陈布雷的文才，时常通过各种途径，把国民党圈内的决策透露给他，陈布雷据此评析时局，每每有"先见之明"，因而国民党官员都知道他的大名。到 1927 年蒋介石率国民革命军北伐，陈布雷更以热切的言论鼓吹迎合。蒋介石意欲留他在自己身边工作，并且亲自与陈果夫介绍他加入国民党。陈布雷感激知遇之恩油然而生，欣然承命代拟《告黄埔同学书》等文稿，深得蒋介石的嘉许。陈布雷虽然反复陈述自己的志趣是仍在上海做报人，但是不久之后还是被蒋介石召至南京任中央党部书记长。

陈布雷的新闻生涯，可以 1927 年为分界线，分成藕断丝连的两块。1927 年以前属于"文人论政"，其出发点是文章报国，是知识分子对国家兴亡的关注，是以天下为己任的襟怀和抱负。所以他以一颗爱国热情和满腔的正义感关注社会时事，对社会弊政、腐败丑恶现象进行监督，给予大胆有力的抨击，其观点保持着自己的独立性。加入国民党后，他便成了国民党的宣传家，其思想依附于蒋介石，锐气不复以前，思想也渐趋平淡。

新华社的中坚陈克寒。陈克寒② 1934 年投身革命，从 1936 年

---

① 邹韬奋：《韬奋全集·卷十》，上海人民出版社 1995 年版，第 849 页。

② 陈克寒（1917—1980），浙江慈溪人。新闻记者及新闻官员。曾经任新华社社长，中共中央宣传部处长，出版总署副署长，文化部副部长，中共北京市委书记处书记等职。

"西安事变"时他参加中国共产党在国民党统治区第一个公开的新闻机构—红色中华社（新华社前身）西安分社工作，到1951年年底他离开新华社社长职务，历时整整14个年头。从记者到总编再到社长，陈克寒一直敏锐地把握当时关系全局的重大问题，作为记者，他善于抓住人们关注的热点写出报道；作为领导，他善于抓住事业发展中的关键，做出新的决策。

1938年5月，毛泽东同志发表《论持久战》，论证中国必胜、日寇必败，批驳"亡国论"和"速胜论"。两个月后，陈克寒以汉口《新华日报》特派员身份，深入华北敌后晋察冀边区进行历时一月的考察，以他特有的政治敏感，对边区的创建、民主政权建设、统一战线的实践、农民运动的发展、妇女工作的开展、矿工游击队的斗争、边区则政贸易金融状况、新型文化教育等，撰写了总题目为《模范抗日根据地晋察冀边区》的系列通讯，共20篇，连续刊载于八九月间的《新华日报》。这是国内第一次全面系统地介绍抗日根据地的报道，真实地反映了我党开始实施中共中央抗日救国十大纲领的显著成效。陈克寒这一系列通讯，以晋察冀边区的活生生的事实，很有说服力地宣传了毛主席《论持久战》的道理，也产生了很好的国际影响。

1942年5月，陈克寒在《新华日报》主持报社工作。当时新华社主要转发中央的重要文件和报纸的社论，新闻报道很少，编辑力量单薄，也没有分布全国各地的通讯网。有鉴于此，陈克寒大胆设想要用最大的力量加强通讯社的工作，他创造性地组建总社编辑部门，并且亲自主持编辑业务。

新中国成立后，陈克寒同志担任新华社社长，立即着手规划建立统一集中的国家通讯社的工作。陈克寒深知建设集中统一的国家通讯社的必要性、迫切性，也对面临的困难问题和当前工作任务有清醒的认识。针对不少记者由于思想业务水平不能适应新的形势，稿件采用率低，对集中统一有畏难情绪的情况，陈克寒一方面在会议上正面阐述意见，一方面开展练笔运动，创办交流经验的《新闻业务》刊物，并且调整充实分社干部，总社和分社干部实行上下交流。这些举措大大加速了新华社统一集中的进程，为今后的发展奠定了坚实的基础。

　　陈克寒与新华通讯社一起成长。从其前身"红中社"开始到新中国成立后，从抗日战争时期新闻工作由"以报为主"转为"以社为主"，从解放战争时期加强前线和地区分社建设，到新中国成立初期新华社实现统一集中管理，陈克寒都亲临其事，积极倡导，作了深入细致的调查研究和繁重的组织工作。新华社作为中国共产党早期创建的重要宣传舆论机构，从诞生起就在党的直接领导下开展工作，发挥喉舌、耳目、智库和信息总汇作用。陈克寒作为这个特殊机构的新闻人，自然要围绕和服从党派的政治利益来开展工作，在特定的历史时期，他的一系列新闻工作策略都取得了非常好的效果，对瓦解旧政权、成立新中国起到了积极的作用。

　　然而在做人上，陈克寒似乎并不成功，"他没有任何业余消遣或爱好，日常生活是近乎刻板式的，全部精力都倾注在工作上"①，平时爱发脾气爱骂人，因此人缘很差。在"文革"结束后胡乔木提议让陈克寒去出版局工作时，出版局党组竟"几乎一致表示反对"②。在倡导做"革命事业的齿轮和螺丝钉"的年代，工作为先的观念支配了他的价值观和人生观，作为党的喉舌，政治上的压力往往又会随时而至，其性格也不可避免地会受到影响。如果说陈布雷是屈从于党的喉舌身份而渐失个人独立思想的话，那么在陈克寒身上，还隐含着一代人在重压之下性格扭曲的悲剧。

二　术业有专攻的书刊编辑家

　　能够称为"编辑家"的人，通常都是视野宽泛博大，专业知识精深的专家，同时又是书刊出版的精神核心。宁波籍的编辑家张静庐、丁景唐、傅璇琮等既有自己的专业建树，也在编辑活动中做出了引人瞩目的成绩，其成果往往长久地为人所称道。

　　书刊编辑家与出版史家张静庐。张静庐不仅是一位出版产业的经营者，而且是一位出色的编辑。"利国利民，文化传承"，这是他编辑

　　①　吴冷西、朱穆之、高戈、赵棣生：《胸怀全局　锐意创业——怀念新闻界前辈陈克寒同志》，《中国记者》1995 年第 11 期。

　　②　王匡：《想起陈克寒》，《中国记者》1988 年第 6 期。

出版的基本原则。在二十年的编辑生涯中，从编报到编杂志再到编书，都显现了他在新文化的思想传播运动中一个编辑出版家的精神追求。

在大动荡的年代，张静庐的编辑方针是根据国家的局势组织出版内容，表现了自觉的社会责任意识。卢沟桥事件发生后，邮路不通，张静庐便将每一战线的记事，编成一集，印行了《西线血战》《东战场》《平汉前线》《闸北血史》等单行本，方便上海以外的人了解战局。他还出版了大量的抗日救亡书刊，如丁玲、舒群主编的《战地》，胡风主编的《七月》，茅盾主编的《烽火》，邹韬奋主编的《抗战》，李辉英主编的"战地报告丛书"，叶以群主编的"战地生活丛书"以及与抗战有关的政论书籍和文艺作品。抗日战争期间，张静庐的上海杂志公司前前后后组织编辑出版了上千种书刊，为宣传抗日，传播新文化和新思想尽了自己的一分力量。

张静庐曾经出版过不少作家的文艺作品，郭沫若、鲁迅、洪灵菲、郁达夫、老舍、丁玲、胡也频、张天翼、田汉等都曾经在他主持的公司出版过作品。他还主持出版过不少文艺刊物，比如，李公朴主编的《读者生活》，鲁迅、茅盾发起的《译文》，郁达夫主编的《大众文艺》月刊，蒋光慈主编的《拓荒者》，施蛰存主编《现代》杂志等。1936 年夏，张静庐征得译文社和鲁迅同意后，决计以三年的时间从事高尔基全集的翻译。全部分作六辑，每辑十部，半年出齐。为力求每一位担任翻译的人之便利，买齐英、德、日文三种译本的全集。张静庐全力筹备，经过两个月的搜集，买到了全部日文版，半部德文版，半部英文版。正要登报公布免得国内出版界再做重复性工作，却被人捷足先登，一家图书杂志公司刊登《高尔基全集》出版预告，并且以一元二角的书价征求预约。为避免造成不必要的资源浪费，张静庐停止了筹备。不料对方所谓的《高尔基全集》仅六册薄书，与张静庐计划的六十部不可同日而语。对此，张静庐怒不可遏，认为这是"出版家的罪恶"，"丢尽了中国出版家的脸"。为了弥补心中的遗憾，上海杂志公司在战火中陆续刊出了《高尔基选集》。

作为一位有追求的编辑家，张静庐不仅在策划出版内容上有自己的独特思路，而且在学术上也有自己的追求。早在 20 世纪二三十年代，张静庐就曾经出版过《中国小说史大纲》（泰东图书局 1920 年 6 月出版）、《中国的新闻记者》、《中国的新闻纸》（光华书局 1928 年 10 月出版，1930 年 7 月修订再版时，两书合在一起，改名为《中国的新闻记者和新闻纸》）、《新闻学概要》、《中国的通信社》（光华书局 1930 年出版）等著作①，到 1938 年他又出版了《在出版界二十年——张静庐自传》（上海杂志公司出版），为其后来的出版史研究打下了基础。

《在出版界二十年——张静庐自传》不仅描绘了张静庐的前半生经历，而且还可以直观地感受到那个时代的出版氛围。它是对民国上海时期文化和出版的全景再现，从中能够窥测到民国时代社会的风貌以及上海的文化中心地位。书中共提到了 76 位与报纸、杂志、书籍等出版有关的人物，其中既有像鲁迅、茅盾、邹韬奋、张元济、陆费逵、王云五这样当时风云上海的名人，也包括张静庐身边和公司中职员这样的小人物。共提到了 72 种杂志和报纸，既有《创造周报》《拓荒者》《奔流》《小说月报》这样在中国近现代文学史和出版史上占据举足轻重地位的报刊，同时也有反映一个时代特点、跟随时代不断变化的报刊。既有商务印书馆、中华书局、世界书局、良友图书公司等近现代出版史上声名显赫的出版社，也讲述了当时的出版热潮和出版界的相关掌故，它所涉及的方方面面都有极为珍贵的史料价值。

继《在出版界二十年》之后，张静庐又做了一项了不起的工作，就是在 1954 年出版了《中国近代出版史料》初编、二编和《中国现代出版史料》甲编、乙编、丙编、丁编和《中国出版史料》补编②。这一壮举使张静庐成为中国近现代出版史研究当之无愧的开创者。这部史料全书共 8 册，250 万言，收录了自 1862 年京师同文馆创立至 1949 年中华人民共和国成立 87 年间出版事业的重要资料，包括图书

---

① 童银舫：《张静庐编著书目》，载方厚枢主编《中国出版社年鉴（1990—1991）》，中国书籍出版社 1993 年版，第 295—296 页。

② 《中国近代出版史料》初编由上海杂志公司 1953 年 10 月出版，中华书局 1957 年 12 月再版，其余由中华书局在 1954—1959 年间陆续出版。

期刊、教科书、印刷装订技术、出版法令、图片、年表、书影等，保存了大量丰富的第一手出版史料，有的辑录于当时的图书期刊，有的是未经公开发表的，还有的资料是特约编写和专门调查的，极为难得，对于中国近现代出版史和文化史的研究具有极为重要的参考价值。

1958 年以后，他在继续搜集整理中国近现代出版史料的基础上，曾经设想编撰一部《中国近现代出版大事记》，还打算写一部《中国近现代出版史》，他所撰写的《戊戌变法和出版事业》（载《戊戌变法六十周年纪念论文集》，中华书局 1958 年出版）和《戊戌变法前后报刊作者字号笔名录》、《辛亥革命时期重要报刊作者笔名录》（载《文史》第 1、4 辑，中华书局 1962 年、1965 年出版）等工作，都是这个计划的部分准备工作。他希望在退休后继续完成这一计划，可惜未能实现。

现代文献的发掘者与整理者丁景唐。丁景唐①从十八岁便开始尝试做编辑，在以后七十余年的岁月中，始终以编辑出版为自己一生所专注的事业。在丁景唐的编辑生涯中，最重要的建树是参与和主持了三项重要的出版工程。

第一项是文化部 1957 年开始策划的《申报》影印工作。《申报》于清同治十一年（1872）由英人安纳斯脱·美查（Ernest Major）等在上海创办，1949 年 5 月 27 日停刊，历时七十八年，共出至二五五九九号。《申报》是中国近现代史上一份历史最久、影响最大的重要报纸，是研究我国 19—20 世纪中期政治、军事、经济、文化、社会等百科全书式的历史载体。作为我国历史最悠久的报纸，《申报》相当于一部"近代百科知识宝库"。

20 世纪 60 年代初，这项任务移交上海。1961 年，丁景唐出任上海市出版局副局长后，立即召开座谈会听取意见，明确《申报》影印出版的指导思想，不遗余力地推进此项工程的进行。他调整人员配

---

① 丁景唐（1920—　）笔名丁英、歌青春。浙江镇海人。现当代文学研究家、出版家。

备，从局出版处将《文汇报》老报人徐铸成调来负责索引编制工作，又将原局办公室主任方学武调任出版文献资料编辑所主任，同时又协调机构，将《申报》影印组并入出版文献资料编辑所。这些举措，明显地提高了效率，至1966年"文革"前，《申报》影印工作取得了初步成效：收集整理《申报》母本补上缺页，又将部分报纸复印成样张，对《申报》索引也拟订了编制要求的体例。同时，还制定了先将1917—1937年的《申报》进行影印的计划。然而，"文革"骤来，《申报》影印出版工作被迫停顿。直到1987年，这套新中国成立后最大的一部纸质出版物——四百册的《申报》才影印完成，时间已跨越了三十年。

丁景唐参与的第二项重要出版工程就是《辞海》的修订工作。《辞海》是一部汉语大型综合性工具书。这部辞书从1915年开始商议，1928年开始编纂，1936—1937年分别出版了上下册，直到1947年才出版《辞海》合订本。新中国成立后，基于内容与形势不相适合，乃建议重新修订。1961年，丁景唐受《辞海》编辑部之托，带领南方组十三人，一路风尘，到浙江、江西、湖南、福建、厦门、广东等六省市征求意见。在三个征求意见组汇总讨论基础上，丁景唐执笔起草了向中央宣传部请示关于修订《辞海》的报告。1965年4月，《辞海》（未定稿）上下册精装本出版。

丁景唐主持的第三项工程就是编辑出版中国现代文学史料。这项工程其一是左翼文献的发掘与编辑出版，其二是《中国新文学大系》的重印及续写出版。

1954年，丁景唐见到了谢旦如捐赠给上海鲁迅纪念馆的一批20世纪30年代鲁迅等主编的左翼文艺刊物，其中有一些是罕见的珍本，如1931年编印的纪念"左联"五烈士的《前哨》和《文学导报》。丁景唐凭着学者特有的敏锐，立刻意识到了这批期刊的价值。上海在20世纪二三十年代是新文学发展重镇，各种类型的文学刊物层出不穷。但是历经天灾人祸，当年印数仅一二千册的刊物，现在存世量极少，有的将"濒临绝境"，如不及时抢救，就会被永久湮灭。为了使这些第一手的珍贵史料能够得到妥善的保存和广泛的传播，他建议广泛征集中国现代文艺书刊，影印"左联"时期的文艺刊物，并且会同有关编辑一起制定了影印计划，亲自为影印刊物撰写"出版说明"。1958—1963 年，陆续印出了四十一种刊物，包括左联、文总（左翼文化总同盟）、创造社、太阳社、艺术剧社等办的刊物，如《前哨》《文学导报》《萌芽月刊》《拓荒者》《太阳月刊》《北斗》《文化批判》等。通过这些刊物的影印，为学界在这一领域深入研究做出了基础性、开拓性的工作。这一工程为中国现代文艺研究做出了功德无量的贡献，在国外都引起了强烈的反响，并且被日本研究机构所翻印。

丁景唐一生中最辉煌的业绩，要数重印《中国新文学大系》第一辑（1917—1927）和主编皇皇巨作《中国新文学大系》第二辑（1927—1937）了。《中国新文学大系》第一辑由良友图书公司于 1935 年出版，赵家璧任主编。作为中国最早的大型现代文学选集，它第一次对"五四"以来新文学"头一个十年"的成果进行全面系统的搜集、整理和评价，完整而丰富地反映了初期新文学的基本面貌和主要成就，给这段文学历史作了初步总结。编者都亲身参加了文学革命和新文学运动，各自在不同的领域作出过贡献，他们的选本和导言，就格外受人重视。《中国新文学大系》第一辑（1917—1927）在 1979 年后曾经一度被列为"内部发行"，直到 1981 年 10 月才得到公开影印出版。这套资料受到了文学界、学术界的高度赞扬，由此丁景唐便开始着手主持编纂《中国新文学大系》第二辑（1927—1937）的出版计划。

1983 年，《中国新文学大系》第二辑（1927—1937）的编选工作开始启动。丁景唐为《大系》的编选作品工作定下了一条重要原则：坚持从最初的版本和报刊上发表的原作中选择作品，力求保持作品的原始面目。《中国新文学大系》第二辑共有 20 卷，一千几百万字，是一项浩大的工程。丁景唐决定采取协同作战的方法，集中一批精英编辑力量，同时聘请《大系》第一辑的主编赵家璧为顾问，并且广泛争取文艺界知名人士的支持。在短短一两年内，他南来北往，奔波于京沪之间，拜访了叶圣陶、巴金、周扬、夏衍、聂绀弩、艾青、吴组缃、于伶、芦焚等前辈作家，邀请他们担任分卷主编并为《大系》作序。《大系》第二辑的出版历时六年，在国内外引起了轰动，受到了读者的广泛好评。

《中国新文学大系》第二辑的问世，为丁景唐的编辑出版生涯画上了一个圆满的句号。但是退休后的丁景唐又担任了第三辑（1937—1949）和第四辑（1949—1976）的顾问，还亲任第四辑《史料·索引》卷主编。《中国新文学大系》第三辑（1937—1949）于 1990 年底一次出齐，《中国新文学大系》第四辑（1949—1976）至 1997 年11 月全部出齐。进入耄耋之年的丁景唐，一直关心着《中国新文学大系》第五辑（1976—2000）的编纂动态，直到 2009 年出版。作为一项文化积累的世纪工程，《中国新文学大系》全面、系统、真实地反映了中国新文学发生、发展和成长壮大的全貌。皇皇五辑，百年百卷，共六千余万字的《中国新文学大系》，将成为 20 世纪中国新文学的总库，而由他大力倡导的坚持收录初版本的编选原则，也为以后的编辑家们继续贯彻发扬下去。"丁景唐"这个名字，也与这项经典性的宏伟工程一起载入史册。

古代文献的研究者与编纂者傅璇琮。傅璇琮[①]是著名的中国古典文史研究专家、古籍整理专家和出版家，为改革开放以来的古典文学研究事业和古籍整理规划、出版事业，做出了重要贡献。他曾参加《二十四史》的点校和编辑，担任《唐人选唐诗新编》《中国文学大辞典》《唐五代文学编年史》《宋登科记考》《宋才子传笺证》主编，主要著作有《唐代诗人丛考》《李德裕年谱》《唐代科举与文学》《唐诗论学丛稿》《唐人选唐诗新编》，合著有《河岳英灵集研究》等。这些著作纠正了不少原先流行多年的错误，还原了历史面貌，对于古典文学研究具有重要意义。

傅璇琮组织过一系列宏大的文献工程，出版了一大批有重要历史意义的大型书籍。如他策划与主编的《中国古籍总目》《续修四库全书》《唐才子传校笺》《全宋诗》《中国古代诗文名著提要》等大型书

---

① 傅璇琮（1933—　）浙江宁波人，著名中国古典文献和文学研究专家，编辑家。历任中华书局总编辑，国务院古籍整理出版规划小组秘书长、副组长，兼任清华大学中文系教授等。

籍，工程极为浩大，他在其中发挥了令人难以想象的超越个体的巨大作用。

《中国古籍总目》共 26 册，编纂出版历时二十年，是现存中国汉文古籍的总目录，全面反映了中国（大陆及港澳台地区）主要图书馆及部分海外图书馆现存中国汉文古籍的品种、版本及收藏现状，可以说是中国古籍的百科全书。它不但在数量上远远超过了清代官修《四库全书总目提要》，而且在学术质量上更是继承前人成果，并且站在 20 世纪学术发展的高度，对我国传统文化进行整体概括与具体评析，为进一步做好古籍整理研究和出版工作打下了坚实的基础。

傅璇琮与顾廷龙主编的《续修四库全书》更是一项里程碑式的工程，所收书的总量远超过《四库全书》。这部按经、史、子、集四部分类，用绿、红、蓝、赭四色精装的 1800 册《续修四库全书》，是文史学者研究的重要基础文献，随着电子化与数据库的普及而成为文史学者使用率最高的丛书之一。他所撰写的《续四库全书编纂缘起》一文，就清修《四库全书》所收典籍、禁毁书目以及乾隆以后至 1912 年的学术成果详加论析，并且提出了续修四库全书的根本原则与具体步骤，宏通博肆，淹贯经史，体现了高度学术整合的水平和识力。

《唐才子传校笺》是由傅璇琮主持，20 多位学者合作完成的著作，全书 5 册，历时近 10 年才最后出齐。这部作者将唐代近 400 位诗人的传记资料从史源学的角度作了一番集成性的整理，为学术界提供了一份齐备而实用的研究资料，"学术乃天下之公器"古训在此被赋予了新的含义。其后的《全宋诗》积 12 年之功编纂而成，共有 72 册，收诗人 8900 人，是迄今中国最大的一部断代诗歌总集。《中国古代诗文名著提要》全书总计收别集近 2000 种，仅诗文评就有 670 种，远超《四库全书》所收，被称作是"推进 21 世纪古代文学研究向纵深发展的一项大型基础工程"①。

---

① 杜晓勤：《读傅璇琮主编的〈中国古代诗文名著提要〉》，《文学评论》2010 年第 3 期。

　　傅璇琮在古籍研究领域的大局观在当今学术界几无比肩者。他对整个古典文学研究结构等方面的建设性规划，以及组织实施的古代文学研究的一些大型合作工程，产生了很大的学术影响，引起了学术界乃至思想界、文化界的广泛关注。

第五章

宁波帮文化产业的经营与管理

在文化产业的 9 大类别中，除旅游业、网络业这两个新兴的行业外，宁波帮在图书出版业、报刊业、广播影视业、音像产业、广告业、艺术产业、体育产业 7 项当中都有相当出色的业绩。鲍咸昌的商务印书馆，张静庐的上海杂志公司，邵洵美的时代图书公司，金臻庠的《时事公报》，董显光的《庸报》，张石川的明星电影公司，邵醉翁的"天一"电影公司，柳中亮、柳中浩兄弟的国泰和国华电影公司，邵逸夫的邵氏兄弟公司及 TVB 电视台，张啸林的长城唱片公司，王万荣的荣昌祥广告公司，黄楚九的上海大世界，黄金荣的荣记大舞台与黄金大戏院，陈逸飞的逸飞视觉艺术集团，魏纪中的体育产业等，都曾经领一时之风骚，创造了时代的辉煌。他们留下的不仅是承载着深厚文化内涵的精神遗产，而且还有经营管理方面的宝贵经验。他们的经营观念、经营管理模式及经营策略充分显现了宁波帮文化产业家们的聪明才智，也显现了他们与使命意识结合在一起的效益观。

第一节 宁波帮文化产业经营的组织形式

文化产业作为一种精神生产，它高度依赖于个性化的精神创造性劳动，这使得文化产业的生产与经营有了自己鲜明的特征。文化产业的运行自始至终都与创意行为密切相关，但是有的偏于个人的创造，有的则必须是团体合作，如此，经营的组织形式也便有了各自的特点。从宁波文化产业实际存在的组织形式看，主要有个人性经营、家族式经营、股份制经营与帮会式经营，此外还有政府支持性经营。

一　个人性经营

文化产业中的个人性经营主要是指集创意与制作于一身的单个人自主经营的一种类型。在宁波帮的文化精英中，一些画家、音乐人、表演家、工艺家等拥有艺术天赋与独创能力，他们往往是文化产业所依靠的中坚力量。一般说来，文化产业家通常是文化生产的组织者，而文化精英则是文化生产的承担者，在承担文化生产的过程中，那种不需要协作只靠个人才能进行艺术生产的人往往会独自经营，从而形成了一种比较特殊的类型。

个人性经营在画界与音乐界表现得比较突出。民国时期的画家或悬格卖画，或办学授徒，或为商家画广告画，美术才能是他们谋生的手段。谢之光曾经以广告画和开画室来供养全家，他的一张广告画当时价值 500 大洋，开画室招收学生的一次性学费也是 500 大洋。不过谢之光并不认为这是一种理想的经营方式，所以在他因"美丽牌"香烟烟标而名声大噪之后，便去了南洋兄弟烟草公司的广告美术部门工作，不久又被华成烟草公司高薪挖去担任公司广告部主任。陈之佛曾经短暂地经营过尚美图案馆，其后为书店和杂志社进行的装帧设计则属于个人性经营。他曾经应郑振铎之约为《小说月报》《文学》做封面设计，应胡愈之之约为《东方杂志》做装帧设计，应天马书店之约为其出版的许多书籍设计封面等，都是将创意与制作集于一身而完成的。商业性美术设计往往会受市场所左右，因此个人经营要承担更多的风险。一旦消费者的兴趣发生了转移，就可能带来生活的不稳定。谢之光之所以受雇于烟草公司的美术广告部，其实就是在规避这类风险。而陈之佛在其书刊装帧设计的黄金时代过去之后，到南京的中央大学任教，也从另一个方面显示出个人性经营的不尽如人意之处。

新时代的个人性经营有了新变化，那便是出现了经纪人这个中间环节。马友友在不同国度的舞台上一展风采，离不开经纪人的策划与沟通。陈逸飞的画作拍卖屡创新高也离不开经纪人的包装与引导。陈逸飞从不讳言自己有经纪人，有关画廊的事情都交由经纪人全权负责，包括给画作找买家。他把个人的经营权交给了经纪人，因为经纪人的介入可以在相当程度上降低文化生产者可能面临的风险。经纪人是文化市场方面的专家，他凭借自己对市场的研究和理解进行策划营销，往往能够实现其市场价值的最大化。在经纪人的运作之下，陈逸飞的画作在佳士得、苏士比以及纽约、中国香港等地拍卖活动中屡创佳绩。据报道，陈逸飞的《浔阳遗韵》在 1991 年香港佳士得秋季拍卖中以 137 万港币创下中国油画卖价的最高纪录。1997 年他的《罂粟花》被佳士得拍至 387 万港币，令海内外藏家为之惊叹。2005 年他的《大提琴少女》以 550 万元人民币拍出；《晨曦中的水乡》在上海保利春季拍卖会上获价 671 万元人民币；《布达拉宫》在浙江以825 万元人民币成交。2006 年，陈逸飞的精心之作《玉堂春暖》在上海以 1100 万元人民币成交，使得陈逸飞的油画作品突破了千万元大关。他的早期作品《黄河颂》在 1995 年香港苏士比拍卖会上以 128万港元成交，2007 年则以 4032 万元人民币的高价成交，比 1995 年的价格上涨了 30 多倍。此价不仅夺得陈逸飞本人油画作品的最高价，也创下了中国内地油画作品成交价的最高纪录。显然，经纪人的存在，使陈逸飞有充分的时间保证每年 20 幅的画作产量，也使他有了经营自己的视觉艺术产业的雄厚财力。

个人性经营还表现在收藏方面。他们倾个人财力进行图书或文物收藏，凭个人兴趣著书立说，或建立私人博物馆，这种经营主要不是为了赚取经济利益，而是基于一种文化传承的使命感，如张寿镛、冯孟颛等人的藏书，郑家相、郑介初等人的收藏，以及宁波当代的私人博物馆等均属于这一类型。

二　家族式经营

宁波帮的文化产业还有一种组织形式是家族式经营，它以血缘、亲情关系管理控制产业发展，其所有权与经营权是合一的。在产业的初创阶段，这种模式对资本的原始积累和顺利度过艰难期具有重要的作用，邵氏、柳氏公司就是因为兄弟及家庭其他成员间的通力合作才在激烈的竞争中闯出了自己的一片天地。

"天一"影片公司由邵醉翁与二弟邵邨人、三弟邵仁枚、六弟邵逸夫 1925 年共同创办，邵醉翁任经理和导演，邵邨人担任编剧和负责账目，邵仁枚负责发行，年仅 18 岁的邵逸夫进入公司学习摄影和编剧。所以邵氏家族自己拥有电影编、导、摄等主创人员，这样既节省了部分资金，而彼此之间又没有老板、员工式的雇佣关系，因而有利于家族公司的长远发展。家族里多人参与到公司的业务中，发挥各自的长处，使他们成功地规避了许多风险。公司经理邵醉翁搞过文明戏，会导演。邵邨人懂得编剧，了解观众的喜好，同时还是一名很好的会计。此外，邵醉翁本人经过商，懂得市场，能够从商业的角度来投资拍摄电影，他的一位夫人又是公司捧红的明星，所以邵氏的家族电影公司相比较于合伙创办的小公司在市场上具有资金、人才和整体竞争优势。

　　"邵氏"公司到了香港发展后经历了邵醉翁时代、邵邨人时代和邵逸夫时代，又以邵逸夫时代影响最大。由于香港地域狭小，电影市场消化能力有限，因而电影需要依赖海外市场。邵逸夫在香港主要负责制作电影，同时兼顾发行。邵仁枚在星马地区①拥有许多影院，负责星马地区的发行，如此就可以减轻"邵氏"公司在发行上的压力。同时香港的公司又可以为星马地区的影院提供稳定的片源，这样的相互支持使得"邵氏"公司多了一个资金回收渠道，因而比其他公司更能够承受投资的风险。一部影片如果在香港不能完全收回投资，可以在星马地区得到弥补，此外还可以在台湾、欧洲、北美市场方面做一些发行上的补充。

　　所有权与经营权合一的家族式管理模式，凭借着所有者、经营者两位一体的高度责任心，对市场机遇的准确把握，灵活多变的经营策略，可以减少经营风险，实现产业的迅速立足和快速增长。以血缘为背景的家族制能够构建起强烈而全面的信任关系，又由于家族成员有着共同的家族整体利益，利益的一致性降低了心理契约成本和监控成本，有利于降低企业内部管理成本，也使家族制企业能够在很短的时间内获得竞争优势。柳氏与邵氏当年在激烈的竞争中能在电影行业中

---

① 星马地区指新加坡和马来西亚。

占有一席之地，显然与这种家族式的经营有着直接关系。比如 1928 年，天一公司培养起来的明星胡蝶被明星公司挖走，为了不再出现类似问题，邵醉翁考察了陈玉梅，觉得她人品很好，是合适的夫人人选，如果"娶了陈玉梅而将她捧红，将来天一公司便不怕没有主角"，所以他通过小报炒作，将陈玉梅评为上海电影刊物《影戏生活》组织选举的"电影皇后"。这样陈玉梅作为他的夫人之一，便成了永远不会被第二家影片公司挖去的女主角了。"天一"的很多电影都是由陈玉梅领衔主演的，不必求助于外人演主角，成本就少了许多。"天一"在重重围困之中仍然能够立足，与这种家族式的运作模式显然有着非常重要的关系。

柳中浩、柳中亮兄弟的戏院与电影公司也是如此。1930 年，柳氏兄弟首先在南京最繁华的地段新街口兴建了自己的第一家戏院——世界大戏院；1932 年，又在上海各家电影院都被战火所毁的时机兴建了金城大戏院和金都大戏院；1938 年，在明星公司被付之一炬之后，柳氏兄弟依靠明星旧人办起了国华电影公司。他们的电影事业既得益于机遇，也得益于他们对家族性的重视，他们会把电影的中坚力量变成自己的家人——著名影星周璇成为柳中浩夫妇的义女，柳中亮的儿子柳和锵娶的妻子是"国华"的明星凤凰，柳和清则与"国泰"的王丹凤结为伉俪。有了这些明星家人的支持，柳氏的电影制片厂在抗战时代虽然经过几起几落，但是终于能够在极其复杂的政治形势下在电影业占据一席之地。柳氏兄弟的电影公司直到公私合营时才退出了电影经营，因为那种大势他们无力扭转。而转战香港的邵氏兄弟则为电影产业找到了一片适宜发展的土壤，在那里他们创造了一个时代的辉煌。

三　股份制经营

股份制经营是在西方现代企业运作方式传入中国之后出现的一种新的产业模式。两个或两个以上的利益主体，以集股经营的方式自愿结合，以适应社会化大生产和市场经济发展的需要。商务印书馆虽然不是出版业最早使用股份制的，但是它在创业伊始就采用了这种经营模式。商务印书馆最早由夏瑞芳、鲍咸恩、鲍咸昌、高凤池等人以合股的形式创办，最初的资本只有 3750 元。他们严格按照股份制企业的标准设立组织机构，最高层为股东会，其下设董事会，董事会直接管理总务处，总务处下设总馆、分馆及附属机构等，这为它后来的发展创造了条件。1901 年，张元济加盟商务印书馆是带着股份进来的，这就决定了他与商务印书馆的创立者之间，不是一般的雇佣关系，而是合资人之间的平等关系，这就从经济体制上为他们的精诚合作确立了基础。股份公司这一现代企业组织形式，有利于内外并举开展融资，有利于在内部形成责权明确、监督有力的层次结构，有利于广揽经营、管理、编辑等各类人才，大大促进了近代出版业的繁荣和发展。1903 年，商务印书馆吸收金港堂的日方资本，各出 10 万元合资经营，既扩大了资本实力，又为技术和人才的引进创造了条件。随后的 10 年，是商务印书馆发展极为迅猛的时期，与日方资本的合作，在其中起了主要作用。若没有股份制的组织形式，这种合作难以有效实现。1914 年，商务印书馆受到外界压力，收回了日股，核算下来，日方除历年分得红利外，回收时得到 45 万元，增值 3.5 倍，而商务印书馆本身的资本也达到 200 万元；1930 年，商务印书馆的资产已达1200 余万元。在一进一退之间，既显现了这种体制的便利与灵活，同时也确实带来了经营的实效。商务印书馆股份制经营一直坚持到 20世纪 50 年代实行公私合营，其间商务印书馆的重要职员大多享有一定数额的股份，这种形式形成的主人翁意识，有利于培养其敬业精神和对企业的忠诚。

股份制的经营形式在宁波帮的书业、报业、广告业都曾经运用，显现了他们对这种新形式的优势有一致的认同。务实的宁波人看到股份制可以把每个人不充足的资金集聚起来，充分发挥资本的力量，同时又可以使持股人团结一心，共谋产业的发展大计。金臻庠创办《时事公报》，是志同道合者自筹股金。现代书局创办时也是同道共出资金，在 5000 元资金中，洪雪帆出 1000 元，张静庐和沈松泉各出 800元。在其后的运营中，为了解决资金不足问题，他们还借现代书局创办 5 周年纪念之际，用《申报》一幅整版的版面大张旗鼓地对外公开招股，每股 100 元。这种招股方式已经与合伙人的入股方式有了很大的不同，显现了股份制的变化与发展。王万荣的荣昌祥广告公司的合股方式又是另一种情形，由于感到资金不足，他采用的是与其他公司合作的方式扩大自己的经营。1943 年，几经磋商，由联合公司投资2.5 万元，他则以木料、铅皮等原材料折合 2.5 万元，合资重组荣昌祥股份有限公司，合资双方分工合作，其广告业务也因此得到了迅速发展。

四 帮会式经营

在商业运作中，行业协会在保护从业者利益，保证市场有序竞争方面起着重要的作用，因此文化产业中的行业协会是普遍存在的。但是从宁波帮文化产业的某些行业看，其表现形式比较特殊，比如近代上海的戏曲演出基本处在被青帮帮会控制的状态。青帮是清初以来流行最广、影响最深远的民间秘密结社之一，到了民国时期，由于海运兴起，漕运没落，大批青帮弟子进入上海，从事各种行业。黄金荣统领青帮时期，除了贩卖烟土，开设赌场、妓院、旅馆外，他们还通过经营剧场，控制演出、演员和渗透京剧舆论阵地，由此便形成了宁波帮文化产业之中的一种特殊的组织形式。

近代上海，娱乐业的繁荣与兴旺是一道独特的风景，但是其复杂与险恶也是众人皆知，所以要在上海滩的娱乐业立足，寻求帮会的庇护则为明智之举。作为青帮头领的黄金荣，对京剧痴迷一生，因此上海的戏馆、剧院便成为他控制的对象，以至于人们称他是上海滩的"众家老板"。黄金荣 1913 年接手共舞台，1927 年接手童子卿创建的大舞台，改名"荣记大舞台"，1930 年创办了黄金大戏院，其弟子顾竹轩也早在 20 世纪 20 年代初接手了天蟾舞台，几乎上海全市大剧场均归荣记所有。根据 1940 年日本兴亚院华中联络部的调查报告《上海剧坛与帮会的关系》显示，6 大京剧剧场（黄金大戏院、更新舞台、荣记共舞台、鑫一记大舞台、天蟾舞台、卡尔登大戏院）中，到1940 年为止，除了卡尔登大戏院的经理周翼华没有加入任何帮会之外，其余 5 家的经营者金廷荪、董兆斌、张善馄、范衡德、顾竹轩均为青帮弟子。① 青帮把持了几乎所有的剧场经营，凡名角上台，或外地来沪献艺的艺人，事先都要拜见大亨黄金荣，并且送上厚礼，才能太平无事。如果得罪了帮会人物，必定招致祸端，甚或丧命。这种不成文的规定，使得青帮大亨笼络了大批叫座的著名演员，汇聚到自己旗下，一方面从他们身上获取更多经济利益，另一方面也能利用这些红极一时的名角为自己撑门面，挣面子。不过，能够为青帮大亨们赚取经济利益并不代表演员们身份地位的提高，使用各种手段克扣演员工资，是极其普遍的现象，就连黄金荣这样家财百万的大亨，也经常对大舞台的演员做手脚，如借故克扣演员的"戏份"（工资），有时卖了"满堂"，对演员却说卖了八成等。他们深知，控制了剧场，就等于控制了演员、控制了演出、控制了剧目等一系列因素，而他们的掌控性越强，赚取的经济利益就会越多。

在具体的管理上，黄金荣仍然沿用了黄楚九时代的大世界内部组织系统：最上层是总经理、经理，下设总稽查、账房间、游艺部、总务、财务、摊务等，分管人事、场务、行政、演出等事情。场方与剧团一般是契约关系。为娱乐业激烈的竞争形势所迫，青帮的各大剧场经营者绞尽脑汁，投观众所好，力争做到角色整齐、行头精美、服务周到，全方位地满足观众需求，提高自己在业界的竞争力。他们按照自己的喜好邀请北方名角，又在报纸杂志上进行大量宣传，一旦得到观众认可，不仅演员能赢得上海这个南方市场，剧场经营者也赢得了丰厚的经济回报。因此，各剧场邀请的名角儿能否在上海滩一炮打响，成为经营者挑选演员和剧目的出发点。每家戏院都有五六位头牌演员，阵容强大，搭配齐全，只有这样才能招徕观众，赚取更多的经济利益。这种竞争态势推动了上海京剧的变革，连台本戏、机关布景、灯彩特技，为京剧注入了更新的元素，演员想尽办法取悦观众的表演，又打破了京剧表演中的一些成规，从而形成了独特的海派风格。

---

① 苏智良、陈丽菲：《海上枭雄黄金荣与上海社会》，江苏人民出版社 2000 年版，第158 页。

戏曲演出的帮会式经营，一方面促进了上海戏曲的繁荣，但是另一方面也有许多负面的东西。由于上海市民缺乏对传统戏曲欣赏的文化积淀，观众更愿意接受可观性强、新奇、热闹、刺激的戏曲表演，为了迎合市民的喜好，赚取更多的票房，作为剧场老板的青帮极力选取更极具感官刺激的剧目，并且越演越烈。当时，剧场经常上演各种奸毒淫杀、荒诞不经和恐怖凶残的剧目，如《红毛僵尸》《海底肉弹》《风流寡妇》等，内容低俗，已经背离了京剧的传统。另外，由于青帮对戏曲的长期掌控，也使戏曲界人士沾染了许多帮会气息。拜师仪式的帮会化，拜兄弟、拜姐妹之风的盛行，腐朽生活方式的帮会化等，使很多演员因此过早地结束了自己的艺术生命。

青帮的帮会式经营虽然未必尽属"黑社会"性质，但是从对娱乐行业的经营来看，的确带有明显的"黑社会"色彩。因此，新中国成立后，政府对上海的帮会采取了令其自行解散的政策，在上海滩霸道多年的青帮烟消云散。

五　政府支持性经营

公益性文化产业大多属于这种形式。由于博物馆、图书馆等产业不以营利为目的，因此政府的资助则成为经营经费中的重要组成部分。宁波帮的公益性文化产业主要是博物馆与藏书楼，由于私人藏书楼大多已经将图书捐给公共图书馆，其管理者与宁波帮又没有密切的关联，故在此主要讨论与宁波帮相关的博物馆经营。

博物馆的主要功能是对人类遗产的收藏、保护、研究和展示，无论是国有还是私有，都具有明显的公益性。国有博物馆的管理者由政府任命，运营经费也主要来自于政府，其资金不足部分由社会捐助与自筹加以补足，如马衡时代的故宫博物院以及后来马承源时代的上海博物馆都是如此。以故宫博物院为例，马衡在此任职20余年，见证了故宫博物院从"民间"走向"国有"的历程。1924年11月20日，作为故宫博物院之第一步的"清室善后委员会"宣告成立，开始筹备建立故宫博物院，1925年9月"清室善后委员会"制定"故宫博物院临时组织大纲"及"故宫博物院临时董事会组织章程"，并于1925

年 10 月 10 日正式宣告成立"国立故宫博物院"。建院之初，故宫博物院设临时董事会和临时理事会，前者是决定全院大事的决策和监察机构，后者是具体事务的执行机构，博物院下设古物馆、图书馆和总务处。由于当时时局动荡，故宫博物院同人不愿意让北洋政府干涉院务，所以一直不接受政府的拨款，经济一度非常拮据，以至于要借款度日，还曾经引发过员工索薪导致会长辞职事件。① 在动荡中维持了3 年之后，1928 年 10 月 5 日，《故宫博物院组织法》颁布，明文规定"中华民国故宫博物院直隶于国民政府"。这是对其所有权的明确说明。三天后公布的《故宫博物院理事会条例》，进一步明确博物院事务的最高监督机构是理事会，博物院的一切重大事务都要经过理事会通过。故宫博物院理事会理事由国民政府任命，27 名理事来自党、政、军、文化、宗教等社会各界的知名人士和学者，马衡名列其中。经理事会推举、国民政府任命，由李石曾任理事长，易培基任院长，马衡为古物馆副馆长。按故宫博物院组织法规定，博物院下设秘书处、总务处、古物馆、图书馆、文献馆，并且就理事会的职权，及 5个处、馆的职责做了明确的规定。在当时的设想中，故宫博物院并不仅仅是一个单纯的文化机构，而是在国民政府中与国务院、法院、监察院、考试院并列的"5 大院"之一的行政机关。在管理体制上既有监督机构（理事会）、决策机构（理事长 1 人、常务理事 3—5 人，博物院院长为当然常务理事），也有执行机构（秘书处、总务处、古物馆、图书馆和文献馆）。不过，当年因为国库没有预算，经费有很大一部分需要自行解决。兼职人员（如马衡在北大教书，又在故宫古物馆做副馆长）在原单位领工资，职员薪俸基本是从门票所得中支付，事业费则是从中华教育基金会申请的补助。② 但是这种情况很快得到了改善，故宫博物院在政府的支持下经费有了保障，再加上门票及社会捐助，使日常运营及房屋的重大维修经费得到了解决。

　　私人博物馆与国有博物馆的经营有很大不同。从所有权上说，它

---

① 那志良：《抚今忆往话国宝：故宫五十年》，香港里仁书局 1984 年版，第 47 页，第 54 页。

② 吴瀛：《故宫尘梦录》，紫禁城出版社 2005 年版，第 64 页。

是用公民个人、企业所有的文物、标本、资料、资金等资产设立的博物馆。许多私人博物馆的经营者，倾其毕生的资产搜集藏品，但是在博物馆的建立和运营上，却需要政府的帮助。比如何晓道创办的宁海"十里红妆"民俗博物馆，其运行机制为民办公助，政府负责展馆建设，何晓道负责提供展品，实行公私合营，内部机制实行民营企业的运作方式。由于机制灵活，在大江南的概念下，正在摸索一条民办博物馆创办、管理的新路子。几年来，博物馆的经营收入除去日常开支外，已经初步实现了赢利，其社会影响也在不断扩大。现在宁波地区的一些小有规模的私人博物馆大多是免费向公众开放的，其运营资金除个人的企业支持，或"以商养馆""以物养馆"等方式外，政府也给予一定的补贴。

第二节　宁波帮文化产业的经营之道

每个产业都有自己的经营之道。宁波帮的文化产业在经营的过程中，既有"为什么而经营"的明确目的，也有为了实现经营目标所采取的经营方略。从总体情况来看，宁波帮的经营目标主要表现出两种倾向：一种是以商业追求为核心，在追求经济利益的同时兼顾社会效益；一种是把文化传承当作自己的使命，为了完成自己的目标往往不计成本。一般情况下，两种经营理念能够充分体现出营利性文化产业与公益性文化产业的区别，而一些例外的情况作为参照则为经验教训的总结提供了具体案例。

一　营利性文化产业的经营理念与经营策略

以营利为目标的宁波帮文化产业尽管因为行业有别，其经营方式各有特点，但是从经营理念与经营策略角度看其经营之道，还是能够发现一些突出的特点。重视现代化管理、重视市场、重视服务、重视营销、重视人才与先进技术，是宁波帮营利性文化产业通用的经营之道。在管理与竞争互补、产品与市场接轨、服务与营销共进、人才与技术并重的理念下，宁波帮的文化产业迅速壮大与发展。

重视科学管理。早在 1922 年张石川的明星公司就引进现代企业管理方式，进行规模化生产。明星公司成立了以张石川与郑正秋、周剑云 3 人为核心的领导集体，建立了严密的组织机构。5 位主创人各尽其能，分工明确，张石川任总经理兼导演，郑正秋任协理兼编剧，周剑云负责行政兼发行，郑鹧鸪负责公司剧务，任矜萍负责宣传和对外联络。明星公司设有股东会、董事会以及总管理处，下设制片部、总务部和营业部。制片部设有编剧科、导演科、摄影科、剧务科、置景科等电影生产部门；总务部设有会计、文书、保管等科室；营业部设有片务科（负责收藏、修复胶片）以及业务科和宣传科，管理体制非常完整。在具体的操作中，张石川与电影公司内部各工种人员的合作既有一套严格的硬性标准，又有跟不同人交流的策略，从而树立起一套行之有效的秩序，保证了整个公司团队的拍摄效率。这样的管理方式使得明星公司能够及时调整制片路线，以适应市场需要，同时也能够采取有效的策略参与市场竞争。比如明星公司创办杂志、开办中国最早的电影演艺训练班、制造明星、发展院线发行、进行媒体宣传等，为中国早期电影企业的经营管理探索出了一条有效的路径。

商务印书馆自 1897 年成立以来，随着规模的不断扩大，逐渐形成了一套管理体制。董事会作为其最高决策机构，负责商务印书馆重大事项的决定。董事会下设总务处作为商务印书馆的最高管理部门，实行合议制管理体制。1918 年商务印书馆总务处改组，下设 9 个部门，积极借鉴西方先进的管理模式，建立了一整套的制度进行规范管理。比如经理以上的管理者都派到日本和西方考察学习；招募员工择优录用，但是本馆在职人员的亲属则予以回避；鼓励员工进修学习，并为开展多种形式的员工培训提供条件与制度上的保障；员工除薪金外还有年度奖金，星期日或本馆放假日，薪水照给。这种薪酬制度，既保证了收入与贡献的一致，又给予员工足够的成长机会和发展空间，使商务"人"的因素得到极大的激活。此外，商务印书馆还采用向员工发售股票的方式使本馆成为"人人有份"的利益共同体，既以此挽留住人才，也是吸引优秀人才的手段。而商务印书馆在休假、保险、工伤治疗、津贴、子女教育补助、员工储蓄等方面的较优厚的福利制度，更是当时很多企业难以企及的。其花红制、"推律金"、"膊赠金"、"特别抚恤金"、"同仁人寿保险"、"同仁子教育扶助金"等都是当时给员工带来良好福利的项目。鲍咸昌去世以后，商务印书馆又进行了一系列的改革，如突出总经理独裁制，推行标准化，搞好财政预算与成本核定，明确规定各岗位职责、技能要求及工作量，以考核结果决定升级加薪或调岗培训等，其管理在科学化方面更进了一步。

在竞争中求发展。竞争是市场经济永恒不变的主题，天一影业公司突破"六合围剿"南下发展，黄楚九在上海新兴娱乐场所林立的时代开办"大世界"，显然都与竞争行为与竞争意识直接相关。当年，由于"天一影业公司"发展非常迅速，使上海滩上的大小电影公司感受到了威胁，于是联合起来结成反"天一"联盟。面对"六合围剿"的严峻局势，"天一"一方面在国内建立非"六合"院线，一方面在南建立发行及放映网络。竞争产生的危机意识使他们拼尽全力拓展事业，最终不仅在南洋站稳了脚跟，而且还在天一公司南迁香港后，在与"电懋"争霸的过程中，以兴建影城，挖走明星，同题争拍等手段击败对手，最终雄霸东南亚影业市场，并且多年都无人与之争锋。

在娱乐业，黄楚九的新世界买卖兴隆之后，带动了上海新兴娱乐事业的大发展。"天外天""绿云天""小世纪""神仙世界""大千世界"等各种游乐场先后开业，连"先施""永安"等大百货公司也在楼顶附设游乐场所。在这样的格局中，黄楚九的"大世界"便以"出奇制胜"为经营策略与同业竞争。他坚持的宗旨是"别人没有的我要有"，"别人有的我要多要好"，最终使"大世界"脱颖而出，每天接待游客高达2万人，成为上海最大、最有名的游乐园。

以内容吸引消费者。文化产业承载了丰富的文化内容，尤其是电影、书籍、杂志等视听传媒内容更与效益直接相关。宁波帮针对这一特点，采用内容优先的策略吸引消费者。比如"天一"坚持"一只眼盯着艺术、一只眼盯着商业"的方针，公开标榜"注重旧道德、旧伦理，发扬中华文明，力避欧化"的观念，大量拍摄根据民间故事和旧小说改编的影片。由于影片故事情节家喻户晓,人们在银幕上看到心仪已久的人物不禁大为兴奋,再加上声势浩大的宣传,观众观影如潮,不仅国内市场看好,南洋电影市场也火暴一时。

书籍的内容也是出版商关注的对象。1937 年"八·一三"事变,战火波及上海。作为全国出版中心,上海此时不管本埠或外埠的杂志一无所有,也无书可读,地图和战时摄影成为主要商品。战争期间邮寄停滞,上海报纸上刊登的各战线的通讯和报告,没有办法使上海之外的大众读到,张静庐便将每一战线的记事编成一集印成单行本,《西线血战》《东战场》《平汉前线》《闸北血史》等抗战史料既是"最有实效的宣传文字",又满足了人们对战事的关注,取得了良好的社会效益和经济效益。其后上海杂志公司又出版了许多宣传抗战的文艺作品,以丛书形式出版的有"战地生活丛刊""抗战报告文学选辑""抗战戏剧丛刊""战地报告丛刊""战地生活丛刊"等共 24 种,其内容在唤起全国民众抗战情绪的过程中,吸引了消费者。

金臻庠的《时事公报》也是如此。这份报纸"无党无派","敢为民众喉舌",登载新闻又多又快,尤其敢于迅速报道社会生活中的重大新闻。其丰富及时的新闻吸引了大量读者,也带来了大批广告客户。至 1940 年冬,《时事公报》发行量已经达到 1.5 万份,创当时浙东报纸发行记录。发行量的剧增带来了丰厚的广告收入,当时报社资本总额已经达到 1000 万元,新建了办公大楼,规模也因此不断扩大。

强调大众化定位与服务意识。宁波帮的文化产业大多将自己定位在大众化的层面上,以薄利多销赚取利润。如黄楚九的"大世界"面向大众,票价低廉,而且实行一票制,游客进场后可以玩一天,自由选择游乐项目。他的想法是"上海有这么多的人,只要在每个人身上赚一块钱,就不得了啦。我们的票价应该定在让更多人都玩得起的标准上"①。当年"新世界"游乐场的门票只收小洋 2 角。这个价目即使当时引车卖浆者流的穷苦百姓,难得花费一次,也承受得起。"大世界"开业后,尽管又增加了许多项目,价格依然只收小洋 2 角。此

---

① 曾宏燕:《上海巨商黄楚九》,人民文学出版社 2004 年版,第 226 页。

外，还有许多其他优惠，比如凭门票在"大世界"里买烟可以打7折，吃西餐可以优惠，又可以买月票。"大世界"的这些经营策略，给"掘金能手"黄楚九带来了巨额利润，并且把他的事业推向巅峰，大大推动了上海乃至中国现代娱乐业的发展。

除了大众化定位，宁波帮的文化产业还特别强调优质服务，处处为消费者着想。比如张静庐的上海杂志公司之所以在较短的时间内就得到广大读者的青睐，显然与其服务意识的强调有直接的关系。1925年他在光华书局首开现代中国开架售书之先河，同业纷纷效仿；1934年创办上海杂志公司，第一件事就是把所有的新书、新杂志都公开地摆放起来，竭诚欢迎没有钱买书的读者自由自在地翻看所需要的书籍和杂志。其后又以"快、齐、廉"为原则，采取种种方便读者和符合读者利益的经营办法，他提出读者在上海杂志公司订阅杂志，有"改定、退定的绝对自由"，从而增加了读者对上海杂志公司的信任和支持。

多样化的营销手段。为了扩大影响，宁波帮的文化产业营销方式多样，他们或做广告、或树品牌、或打造明星，根据行业的不同特点将自身的优点聚焦放大，推动营利的最大化。

黄楚九的营销与广告分不开，他不仅用富有创意的广告宣传他的文化产业，而且还把他的医药、烟草、银行产业囊括在内，彰显了营销上的特殊智慧。比如在"大世界"开张之前半个月，他主办的《大世界报》创刊。除了介绍"大世界"，还有各种通俗文艺，让各色人等都满怀期待。"大世界"开张之后，他又在附近开了日夜银行，存钱到一定数额，就可以换1张"大世界"的门票。他还在"大世界"里搞"万龄大会"，请100多名年逾古稀的老人参与活动，第二天报纸大幅刊登这些老人的长寿秘诀是服用了黄楚九九福公司出品的"百龄机"。而集齐了黄楚九大昌烟草公司小囡牌香烟的1套4张烟标，消费者也可以换得"大世界"门票1张。这些一举多得的营销策略，既树起了"大世界"这一块游乐品牌，又捧了"百龄机"，宣传了小囡牌香烟，同时还为自己开设的日夜银行吸引到了消费者的存款。

电影界的营销方式主要是打造明星，辅以各种方式扩大明星的影响。明星们不仅引领了生活潮流，还带来了新的消费观念，带动了如唱片业、图书业等相关行业的发展，也带动了如烟草业、服装业等制造业的繁荣与发展的景象，因此谁拥有明星谁就会拥有市场。明星公司捧红了王汉伦等四大名旦，挖来了明星胡蝶；柳氏兄弟的国华影业公司捧红了周璇这块"金字招牌"；邵氏公司更是明星云集，阵容强大。为了打造明星，他们或者创办明星影戏学校，出版期刊扩大宣传；或者为明星量身定制剧本，强化明星效应。为了打造明星，竖立在闹市区的巨型广告牌绘上明星的形象，各种花样翻新的电影海报层出不穷，各种报纸上的宣传也越演越烈，以此来吸引观众的目光。当年国华公司曾经指定剧作家为周璇量身定制能够发挥她兼具表演和歌唱才能、适合她的性格和气质的剧本，又聘用了电影界最有资历和名望的张石川等擅长拍摄古装片和音乐歌舞片的导演为她执导，聘请了当时最有名气的词曲作家如陈歌辛、黎锦光、陈蝶衣、吴村等根据她的音域和演唱特点专门为她写作歌曲。而明星公司在影片放映过程中，曾经别出心裁地让明星出现在影片放映现场演唱片中歌曲，从而引起观众的巨大轰动。明星云集的"邵氏"公司除了在自己的电影刊物《南国电影》上进行广泛宣传之外，还不断参加影展，通过获奖扩大自己的影响。从 1958—1962 年，"邵氏"在亚洲影展中获得大小荣誉奖共 46 项，引起世界影坛的震惊，堪称"中国电影获奖之最"。这一举措显然对影片的上座率具有决定性影响。

多方网罗人才。文化产业的发展离不开专业水平出类拔萃的人才，因此宁波帮便多方网罗人才，增加自己的软实力，比如商务印书馆的壮大就与人才因素有重要关系。1902 年，夏瑞芳邀请张元济加入商务印书馆，并且聘请蔡元培为首任编译所所长。他还延请了一大批知名学者和专家加盟，制订了系统全面的编辑出版计划。1920 年 4月，鲍咸昌任商务印书馆总经理兼印刷所所长，主持工作期间，他聘请王云五及多位专家进馆，如在国内颇具声望的郑振铎、叶圣陶、周建人、杨贤江、何炳松、冯定、金仲华等，还有刚从国外留学归来的周昌寿、郑贞文、何公敢、任鸿隽、竺可桢等，引领全国的文化方向。人才济济的商务印书馆因此呈现了勃勃生机，打破了外国人垄断中国出版印刷业的局面，在海内外铸造了民族出版业最著名的品牌。

电影业更是一个需要各类人才的产业。张石川善于挖掘人才，使用人才，他费尽心机，多方搜罗，挑选杨耐梅、宣景琳做演员，又从文明戏班里挑选来夏佩珍，从穷苦的女工家里挑选来阮玲玉，又从"大中华"挖来张织云，从天一影片公司把初露头角的胡蝶挖进明星公司的大门。这些电影明星具有票房号召力，使张石川大赚其钱。除了网络表演人才，他还特别重视电影技术人才。摄影师董克毅发明的"接顶"技术把许多看似不可能的事情变成了现实，高耸云天的塔楼、画栋雕梁金碧辉煌的楼台庙宇、剑尖吐出如蛇之舌的剑芒、侠客们身轻如燕一纵数丈高的绝技，都在电影中再现出来。明星公司之所以能创造一时之辉煌，显然与张石川的人才战略有着极大的关系。邵逸夫也同样重视人才，曾经特别通过媒体广告广揽制片、化妆、剪辑、配音、暗房、编剧、导演、演员等人才，[①] 很快他便罗致了许多日后扬名四海的一流导演、一流明星，一流人才。在邵氏门下，有擅长宣传的邹文怀，有才华横溢的导演李翰祥、张彻、胡金栓、楚原，有电影明星林黛、李丽华、凌波、狄龙、郑佩佩、乐蒂、罗烈、张家辉、傅声、岳华、尔冬升等，邵氏也因此很快进入发展的鼎盛时期。

引进先进技术。文化产业的发展离不开技术的支持，宁波帮清楚地知道先进技术对产业发展的推动作用，因此往往会以技术的率先更新来抢占先机。比如在默片仍有市场的时候，"天一"就开始改进自己的技术装备，积极筹备有声影片的试拍工作。他们不惜重金，从美国聘请了摄音师、录音师来华，并且租借了这些美国人的有声器材，拍摄了片上发声的《歌场春色》，从而成为中国最早问世的片上发音的有声片之一。先进技术使这部电影公映后轰动一时。

商务印书馆的迅速发展，也与敢于和善于及时引进西方的先进印刷技术和设备有关。他们不断进行设备更新和技术改造，定购新机械，大搞技术革新。商务印书馆的印刷设备，如铜模、铅字、花边、电镀铜版等，曾经先后获得南洋劝业会、意大利都郎博览会、美国巴

---

①　戴光中：《浙籍港台巨商》，中国社会科学出版社 2008 年版，第 19 页。

拿马万国博览会①一等金牌奖和二等银牌奖。其先进的技术与设备使其各种出品无不精美异常，其综合实力在远东各国无与匹敌。

黄楚九的娱乐业也在技术成果的引进中得到了利益。游乐场一类的娱乐场所不像电影制片厂或出版社那样直接使用新技术创造新成果，而是利用技术成果来吸引消费者。比如黄楚九在经营新新舞台时从日本购得天幕幻灯，这种设备可以根据剧情需要在天幕上幻化出雷电云雨、日月星辰，好奇的观众被它吸引，一时顾客满座，生意兴隆。后来黄楚九又在新新舞台装上了当时非常时髦的电梯，2毛钱乘1次，从新新舞台直抵楼外楼，百姓蜂拥体验，楼外楼也因此名声大噪。

建立发行网。文化产业作为一种商业行为，其目的是要把产品销售出去，如果销售通道不畅，产业就会大受打击。当年"六合"围剿"天一"影业的手段就是堵塞其发行通道，规定任何发行商如果与"六合"签订了合同，就绝对不准购买"天一"出品的影片。此举一出，"天一"果然损失了在上海的部分市场。这次教训使"天一"意识到了发行网的重要性，所以才发奋努力建立起南洋的发行网。邵逸夫的制片公司除了制作影片之外兼顾发行，其网点遍布台湾、香港及欧美地区。此外，他还让其兄邵仁枚负责星马地区的发行，从而保持了一个稳定的销售渠道。

发行是出版的命脉，书刊出版家们极其重视这一点。比如商务印书馆1901年下半年就设立了发行所，并且在外埠设立分馆、支馆。此外，还设有临时的"现批处"，即当春秋课本发行时，就到一些中心县推销课本、词典，结束后即撤掉；设有特约经销处，经营小批量批发和零售。正是由于建立了这样一个由不同等级网点构成的发行网络，为商务印书馆出版物的发行打开了局面。在分支馆的备货上，商务印书馆采用总馆集中备货、销售点勤添的办法解决存销矛盾，化解发行风险。张静庐的上海杂志公司也非常重视发行，除了利用上海的

---

① 指1915年2—12月为庆祝巴拿马运河通航而在美国旧金山举办的国际博览会，中国作为参展者，获得1211个奖牌和奖状。

中心位置为学校、学术团体、图书馆等机关单位开展外版书刊的代购代销业务外，还为内地书店同业开展上海版书刊的配购批发业务，并且在全国各地建立许多分店，使得业务量大增。

宁波帮营利性的文化产业由于历史的风云变幻，大多没有能够传承下来，但是他们的产业管理思想、经营理念以及一些成功的经验，至今还有积极的借鉴意义，这也是他们留下的最宝贵的遗产。

二　公益性文化产业的经营观与经营手段

公益性文化产业存在的目的并不在赚取利润，而在实现"公益的使命"，满足社会的公共文化需求。它不像营利性文化产业那样以经济效益最大化为经营原则，而是以寻求最高社会效益为目标。但是，"不以营利为目的"，并不代表没有营利行为，只是营利的部分继续投入到公益性使命上来。在这个意义上，公益性文化产业的"经营"既包括与经济相关的活动，同时还包括与文化传承相关的使命感和事业心。宁波帮在博物馆、藏书楼的经营中，以坚定的信念坚持自己的文化使命，并且将此当成自己安身立命的理由。在社会的大动荡中，他们倾尽心力与财力千方百计地保护和收藏文化遗产，并且形成了自己的特色和品牌。

使命感与事业心。文化传承的使命感与事业心是从事公益性文化产业经营的一个关键词。这是一种信念，也是一种根基，没有它，就很难在这个领域中坚持下去。在宁波帮中，文博家马衡、马承源，藏书家张寿镛、冯孟颛等就是以使命感和事业心经营着自己热爱的文化事业，他们在文物保护和文献整理方面倾尽心力与财力，为民族为国家保存了珍贵的文化遗产。

使命感与事业心使马衡在严峻的战乱时代担负起了保卫中华文化的历史重任。他带领同人以自己的血肉之躯和顽强精神，实施了世界战争史上规模最大的文物迁徙，创造了战时万件国宝行程万里无一毁损的奇迹。这场文物长征辗转大半个中国，历经日机轰炸、土匪拦截、敌特跟踪、山道险峻等艰难险阻，最终得以完整保存。而在国民党把文物迁往台湾时，又千方百计进行拖延，最后将大量珍贵文物留在了北平，留住了今天北京故宫博物院的家底，守护了中华民族文化的根脉。

使命感与事业心也使马承源冲破时势的限制想方设法保护和抢救文物。在大炼钢铁的年代，马承源在废品堆里抢救出各式各样的文物数以万计，其中不乏国宝级文物，如春秋时期的龙耳尊、鲁原钟，东汉时期的婴座熨斗等。"文化大革命"爆发，北京来的红卫兵小将要到上海博物馆破四旧，马承源和同事们赶紧将所有的文物陈列柜都用毛主席语录贴起来，以此躲过劫难。而在抄家之风越演越烈的时候，马承源建议由博物馆"代为管理""牛鬼蛇神"家中的文物，一些有名收藏家的收藏因此得以保全。1995 年他在香港古玩市场为国家抢救了 300 多件珍贵文物，包括青铜器、石刻雕塑、玉器、印章、陶瓷等，而最轰动的就是他对战国竹简的发现和抢救。今天上海博物馆文物收藏的"半壁江山"与青铜器藏品"世界第一"，马承源的特殊贡献功不可没。而他所做的一切均源于传承中华文明薪火的使命感。

藏书家张寿镛不为名利藏书著书，其使命意识体现在他的字里行间。1932 年冬，《四明丛书》第 1 集刊刻出版，所选的作者从宋遗民王应麟、黄震到明末的文人李杲堂、周容，其文字中的"家国之痛"无不与当时的现实息息相关。从 1933 年开始编纂的《四明丛书》第 2 集，入选作者几乎是中国历代的忠义节烈之士，尤其是把当时能够搜罗到的投身明末清初抵抗运动的浙东知识精英，如张苍水、钱肃乐、翁洲老民①等人的诗文尽数收入其中。书生遭遇战争，从传统资源中寻求对外侮的回应几乎是所能报国的最好的方式之一，张寿镛编辑这些气节之士的诗文，使得民族精神的遗产变成了超越时空的思想存在，忠、孝、仁、义的传统价值观念在此被演绎为高涨的民族主义激情及对祖国的忠诚。可以说，张寿镛一方面是在保存着中华文献，另一方面也是在传承着中华精神。

---

① 张苍水（1620—1664），名煌言，字玄著，号苍水，浙江鄞县人，南宋将领、诗人、民族英雄，抗清烈士；钱肃乐（1606—1648），字希声，一字虞孙，号正亭，南明大臣，漂泊于海岛后继续抗清；翁洲老民，身世不详，据推定为明遗民，共所撰《海东逸史》记载了明末清初的抗清事迹。

　　宁波的另一位著名藏书家冯孟颛也同样以一种使命感致力于地方文献的搜集、整理与文物保护工作。他发起参与重修黄宗羲讲学处甬上证人书院"白云庄"，募款修葺天一阁倾圮的东墙，搜集宋元明清碑碣80余方建"明州碑林"，又历时3年整理编纂天一阁全部藏书目录。无论刮风下雨，还是酷暑严寒，冯孟颛每天往返于伏跗室和天一阁之间，不要报酬，不拿薪水，在敌机轰炸宁波那段时间，一会儿书房，一会儿防空洞地转来移去校藏书目录，最终拿出《鄞范氏天一阁书目内编》20册。他曾经赎回很多流散在外的天一阁藏书，并且悉数赠送归阁。宁波沦陷后，冯孟颛又与范氏后裔一起将藏书偷运出天一阁，在龙泉密藏8年，从而使天一阁珍贵的藏书躲过了日军的袭击，得以流传至今。冯孟颛所做的一切，均无个人私利的任何考虑，无论是收书、藏书、著书，还是后来将自己的收藏悉数赠给天一阁，都是出于一个书生对文化的虔诚之心。

　　对文化传承的使命感可以说是公益性文化产业经营的精神根基。这种使命感不仅使他们在寂寞中守护这块精神家园，而且还千方百计将那些宝贵的遗存集中起来留给后人。

　　个性化经营。公益性文化产业强调自身特色，以个性化的经营来满足人们的精神需求，宁波帮主持的博物馆与藏书楼充分体现出这样的特点。马衡主持过的故宫博物院，曾经为明清两代的皇宫，曾有24位皇帝在这里生活并对全国实行统治。这个在明朝、清朝两代皇宫及其收藏基础上建立起来的中国综合性博物馆，从古建筑到各种奇珍异宝，其文物几乎涵盖整个古代中国文明发展史和几乎所有文物门类。皇宫的神秘与文物的繁多，形成了故宫博物院难以取代的特色，这当是其得天独厚之处。马衡主持故宫期间，在清点、整理、鉴定文物的基础上，对院藏文物进行富有特色的陈列展览，如钟粹宫前殿的"宋元明书画专门陈列"，后殿的"扇画、成扇专门陈列"；景阳宫前后殿的"宋元明瓷器专门陈列"；承乾宫的"清瓷专门陈列"；景仁宫前殿的"古铜器专门陈列"；斋宫前殿的"玉器专门陈列"；咸福宫的"乾隆珍赏物陈列"等。此外，还保持、充实和改善建院初期在中路乾清门至坤宁门四周廊庑开辟的象牙、玛瑙、珐琅、景泰蓝、雕漆、如意、文具等工艺美术类文物的专题专项陈列。这些展览吸引了众多游客，在社会上产生了广泛的影响。

故宫的皇家特色令其他博物馆难以望其项背，但是其他博物馆总有几件"镇馆之宝"彰显自身不凡。比如上海博物馆就有周康王时代的大盂鼎，周孝王时代的大克鼎、小克鼎，西周成王时代的德方鼎，懿王时代的师虎簋、师兑簋，宣王时代的颂鼎，春秋时代的浑源李峪村青铜器群的主要器物牺尊和鸟兽龙纹壶、齐侯壶、邾公华钟，田齐三量和商鞅方升等，这些精品使得上海博物馆有国内文物庋藏"半壁江山"与青铜器藏品"世界第一"之誉。除此之外，马承源还为上海博物馆增添了2件镇馆之宝：一件是他从香港文物市场上抢救回来的1套14件的晋侯编钟，一件是战国楚简。编钟形制精确，音律精准，这在今天也不易办到。合理的金属成分配比和规范的外形尺寸，以及工艺上的特殊处理，使编钟达到了令人赞叹的音响效果。这套编钟上所刻的355字铭文十分整齐，每钟所刻文字多少不一，但是铭文都是用利器刻凿，专家们配置了不同硬度的利器在青铜上刻凿文字，都以失败告终。这说明早在距今3000年的西周时期，人们已经制造出了比青铜器更为坚硬的工具刻字。战国楚简共有1200支，记有《易经》《诗论》《缁衣》《鲁邦大旱》《孔子闲居》《乐书》《性情论》《颜渊》《曾子立孝》《彭祖》《四帝二王》《性自命出》等81种先秦哲学、文学、历史、政论等方面的书籍，多为佚文。马承源认为它的文化意义比建造一座博物馆还要大，目前已经成为专家学者研究的重要对象。

博物馆以镇馆之宝来体现自己的特色，藏书楼则以独特的藏书类型体现自己的个性。宁波帮的藏书家对于乡帮文献非常重视，他们总是竭尽所能全力搜访。冯孟颛的"伏跗室"极力搜藏家乡文献，得自董沛"六一山房"、赵氏"种芸仙馆"、徐时栋"烟屿楼"等故家散出的藏书总量达12万卷，所藏乡邦先贤著作达五六十种。张寿镛的"约园"积50年之功藏珍本、善本及乡邦文献，后辑成《四明丛书》，收集了四明（今浙江宁波）地区作者历代著作文献，共8集162种1188卷，不少系珍贵的地方文献；秦润卿"抹云楼"除珍本

外，藏有浙江省各县方志、《普陀山志》、《赵大愍公全集》（即《赵
文华全集》手抄本）等。此外，曹炳章"集古阁"所藏尽为医书，
他汇集自汉唐迄明清 100 多家医学名著以至日本汉医家的著述，编成
《中国医学大成》丛书，计 365 种，2100 多卷，堪称一代著名医书收
藏家。马廉"不登大雅之堂"专事搜罗研读各种说部、戏文、俚曲、
弹词、宝卷等，名扬海内。他一生为国家收藏、保存了 900 余种、
5000 多册通俗文学图书，一些小说及名剧之珍本，尤为国内外学者所
珍视。这些藏书楼各具特色，为文献及文化的保存与流传起到了重要
的作用。

　　多种渠道的经费筹集。公益性的文化产业要以社会效益为先，具
有非营利性的特质，但若要充分发挥社会效益，经费又是一个必须考
虑的问题。原因在于，博物馆、藏书楼等公益性文化产业不仅仅是日
常的维持，其收藏的增加或房屋的修葺等往往需要增加大笔开支。当
年故宫博物院、天一阁的修葺和上海博物馆的重建，只靠政府拨款远
不能满足需要，而那些稀有藏品或孤本书籍往往价值连城，其收购资
金的需求也非常巨大。因此，在公益性文化产业的经营中，资金的筹
集就是一个必须面对的问题。

　　博物馆的经费一般来源于三个方面：政府拨款、社会捐助及辅助
性经营所得。以马衡时代的故宫博物院为例，其日常运营由政府拨
款，① 但是大型的修缮费用则还是需要社会的捐助。当年蒋介石与新
婚夫人宋美龄参观故宫，看到故宫年久失修的破败之象，曾经捐出四
万元的修缮费，成为故宫古建专修捐款的第一人。随着故宫的不断开
放，参观故宫的各国政要及热爱中国文化艺术的友好人士也纷纷解囊
相助。② 此外，博物馆除了收藏、陈列、研究的基本职能外，也会开
展一些辅助性的经营业务来补充经费之不足。比如举办展览的门票收
入，制作个性化的仿古工艺品，开办有偿的文物鉴定培训班、书画装

---

　　① 据资料记载，由于故宫博物院是国民政府行政院的直属单位，"所以其员工的薪酬
由行政院秘书处核定"，见魏奕雄、陈黎清《故宫国宝藏峨眉的档案现身》，《乐山日报》
2010 年 6 月 16 日。

　　② 俞建伟、沈松平：《马衡传》，上海教育出版社 2007 年版，第 88 页。

裱培训班、艺术品鉴赏讲座，以及咨询活动等，都能够在普及文物知识，满足民间收藏爱好者的需要的同时，获得一定的经济效益。故宫博物院的古物馆创立之初便设立了流传课，对经过审定有价值的古器物文字，均付传拓，以资研究流传。这些古器物的传拓刊印，不仅使宫廷珍宝更多地为世人所了解，同时对解决博物院的经费困难也不无小补。马衡在主持文物南迁以躲避战乱期间，故宫博物院坚持日常展览，自 1934—1945 年，各项展览仍达 70 余次；在南迁的上海、南京，西迁的重庆、贵阳、成都等地也举办展览；甚至在 1935 年还赴英伦，参加"中国艺术国际展览会"，举办了中国首次出国展。这些活动既是发挥博物馆传承文化的服务功能，也有经济上的考虑。通过陈列和展览使博物馆的资产不断增值，社会声望不断提高，从而在精神与经济上获得双重效益。

　　新中国时期的上海博物馆，其经费来源及经营管理方式大致与此相同。博物馆正常运行的经费，主要来源于政府公共财政的支持。所谓"正常运行的经费"，包括博物馆营业时所需的水电、保安、保洁、设备更新维修等费用，还包括完成博物馆征集、保护、研究、传播任务所需的文物征集、保护、研究和出版的花费，以及临时展览、宣传策划、公众服务、员工培训等费用。维持运营的经费，大部分由政府拨付，另一部分则自筹解决。自筹部分的经费主要来自于出国展览、设立艺术品商店、文物修复工场等日常经营。马承源在一份工作汇报中曾经提到，上海博物馆从 1985—1990 年，一共举办了 14 个出国展览，6 年当中收入 508 万元，为国家创汇 109.9 万美元。同时又设立艺术品商店，积极开发文物复制品、仿制品，不断增加经销品种，扩大经营范围。此外，文物修复工场除了为馆藏文物服务外，还承接国内外的文物修复、书画装裱业务，从而实现社会效益与经济效益的双丰收。①

　　不过，若有大的支出，除政府出资及自筹之外，还需要社会捐助。比如上海博物馆新馆立项后，据初步预算约需 4 亿多元人民币。

---

　　①　马承源：《上海博物馆工作汇报提纲》，《中国博物馆》1991 年第 3 期。

市政府拨付 1.4 亿元，卖掉老馆价值 2500 万美元，当时大约合 1 亿元人民币，而其余的部分由门票和其他收入抵充一小部分支出，另外的就要借助于社会的捐助。马承源运用自己的社会活动能力，四处奔波，终于在三年的时间里筹到了 1000 万美元的捐款，完成了建造新馆的宏愿。

宁波私人藏书楼的经费情况则另有特点。通常藏书楼的主人都有一定的经济实力，"抹云楼"主人秦润卿身为金融业巨子，家财万贯；"伏跗室"主人冯孟颛继承祖业经营钱庄，家境殷实；"约园"主人张寿镛虽非商贾，但是职业收入也能够在家用之外有盈余去买书藏书，因此他们的藏书经费一般情况下不会有大的问题。但是，一旦有大的开销，也还是有力有未逮的时候，这就需要筹措经费。比如冯孟颛在天一阁东垣倒塌危及藏书之时，曾经向京沪等地热爱乡邦文化的同邑人士募捐 1.4 万余元，对天一阁进行大修；而张寿镛仿《四库提要》之体例，编写《四明经籍提要》时，曾经联合同志十余人，集资数千元，借宁波旅沪同乡会 3 楼藏书室作为社址着手编辑。原打算 3 年成书，后因故只汇集四库提要部分，编成《四明经籍提要》甲集 10 卷。他在《六十年之回忆》中曾经说道："我积 20 年工夫搜到乡邦文献不下 400 余种，就我已刊之四集，约百种，然已花费至二万金以外，再刻 6 集，非再有 3 万金不可。现在经济已形拮据，不知能毕我愿否？"① 由于经费不足，张寿镛把这两部书目列入《四明丛书》第 9 集和 10 集中出版的计划未能实现。

藏以致用，传播文化。在宁波帮公益性的文化产业中，无论是博物馆还是藏书楼，都以藏以至用为原则，一边费尽心力搜集文物典籍，一边用各种方式进行文化宣传与传播。陈列展览是博物馆进行文化传播的重要方式，故宫博物院在战乱年代仍然坚持举办展览，积极发挥文物的宣传、教育作用。国外展览有 2 次，第一次是 1935 年从存沪文物中选择铜器、书画、漆器、织绣、玉器、景泰蓝、家

---

① 张寿镛：《六十年之回忆》，载《1926—1945 良友人物》，上海社会科学院出版社 2004 年版，第 168 页。

具、文具等各类文物 735 件，赴英参加"伦敦中国艺术国际展览会"，这是中国历史文物也是故宫博物院文物首次出国展览。展览从 1935 年 11 月至次年 5 月在皇家艺术学院展出，出版了英文版展品目录及图录，皇家艺术学院又举办了 20 多场有关中国艺术品的讲演会。参观展览者逾 42 万，蔚为英国国际艺术展览史上的一大盛事，有力地宣传了源远流长、光辉灿烂的中华古代文明。第二次是 1939 年，故宫以 100 件珍贵文物参加莫斯科"中国艺术展览会"，同时展出苏联国内收藏家收藏的中国艺术品 1500 多件。1940 年 1 月展览会于莫斯科国立东方文化博物馆开幕，后来又到列宁格勒展出。1941 年 6 月苏联参加英美同盟，向德宣战，为保障文物安全，乃提早结束了列宁格勒的展出，1 年后运回国内。在国内，抗战前和抗战期间也曾多次举办故宫博物院文物展览，如 1937 年 3 月以 396 件展品参加在南京举办的第 2 届全国美术展览会，1943 年 12 月在重庆中央图书馆举办书画展览，1946 年 4 月在贵阳贵州艺术馆举办书画展等。这一系列活动，如马衡先生所说："结果不独在阐扬学术与国际声誉方面，已有相当收获，即于启发民智、增进一般民族意识，亦已有影响，成效颇彰。"①

1949 年 9 月，故宫博物院开辟了"帝后生活陈列室""禁书陈列室""纺织陈列室""玉器陈列室"等 4 个陈列室，举办了"清代帝后生活与农民对比展览""国内各民族文物展览""清代帝国主义侵华史料陈列""清代昇平署戏曲资料展"等。1952 年 1 月，故宫博物院明代馆、钟表馆和"乾隆时代装潢陈列艺术展"开放，为博物馆进一步发挥文化传播功能写下了新的篇章。

宁波的藏书家本着"藏以致用""储书供众"的藏书思想，热衷于书籍的编撰和刊刻，其中最典型的是曹炳章、张寿镛。据民国《鄞县通志》载，鄞县曹妙乡曹隘人曹炳章，钻研隋巢元方《诸病源候论》及明清百家医学，"尽购医书"计 5000 种，编有《集古阁藏书简目》10 卷。1935 年，曹炳章应上海大东书局之聘，将历年

---

① 《国立北平故宫博物院 1944 年度业务检讨报告》，现藏于中国第二历史档案馆。

搜集批校及自撰诸书编成《中国医学大成》丛书，计 365 种，2100 多卷。1936 年 4 月，又将其分为 13 类，辑为 1000 册分期出版（后因抗战事起，实际出 125 种）。张寿镛则致力于乡邦文献的编撰和刊刻工作。宁波自宋以来，渐渐成为浙东学术重地。元、明、清时期，遗著不下数千百种，然而佚者过半，未刊者甚多，虽刊而稀见传本者也不少。因此，合刊乡贤著作而为丛书，便是一项抢救性保存地方文献的工作，对于弘扬优秀民族文化，推动学术文化的发展具有深远的历史意义。张寿镛自民国初年即开始搜集四明文献，此后又对乡贤遗著做了广泛调查。1930 年起，他开始编印地方文献《四明丛书》，单就其 8 集、178 种、1000 余卷的规模，足可见证他所付出的心力。

除了编刻典籍，宁波帮的一些私人藏书家还将私藏捐奉国有，以自己慷慨无私的壮举，完成对文脉的传承与传播。1934 年，旅沪巨商秦润卿把"抹云楼"洋房以及藏书、器具全部赠予家乡，并且捐助天一保险公司股份 5000 元，以每年所得股息作为费用，聘请地方绅士 5 人、旅沪绅商 3 人和家属 3 人合组"抹云楼图书保管委员会"，呈请政府备案，并且声明身后主权归公。1947 年起抹云楼图书公开阅览。李庆城"萱荫楼"藏书 3 万册，均无偿捐献给国家，分别藏于北京图书馆善本部和浙江图书馆。冯孟颛弥留之际，嘱咐家人将伏跗室藏书、财产全部无偿捐献给国家，总计藏书 3367 种，3734 部，31045 册，109746 卷，其中善本 426 种，另有碑帖 533 种。朱鼎煦"别宥斋"的藏书 10 万余卷、书画文物千余种，孙家淮"蜗寄庐"的藏书 10 万卷和字画 1700 余件均如数捐赠天一阁。唐弢去世后，他的夫人沈絜云及其子女也将唐弢藏书完整地捐给中国现代文学馆，计各类书刊达 3 万册。私人藏书楼以这样的方式，将其生命融入现代图书馆中延绵永续，至今仍然在发挥着传承文明的作用。

宁波帮公益性文化产业的经营方式几乎都与赚钱无关，他们以一颗虔诚的心对待中华民族的文化遗产，费尽财力心力收藏，再心无挂碍地与人分享，这种精神境界无论何时都会让人们心生敬佩之情，念念难忘。

第三节 宁波文化产业管理与经营案例

上一节谈到的宁波帮文化产业的管理与经营之道，是对其共性特征的梳理与概括，具体到某一个产业，又会体现出与行业、时代相关的管理与经营特点。本节选取几个典型的案例进行阐述，点面结合，以期呈现宁波帮文化产业那些至今仍然具有现实意义的思路与经验。

一 邵氏电影产业的运作方式

邵醉翁退出电影界之后，1950 年南洋影片公司由邵邨人更名为"邵氏父子公司"进行经营，但是进入 20 世纪 50 年代后期，由于电懋的成立，香港电影业竞争愈发激烈，"邵氏父子"的小成本制作策略已经无力招架新挑战。邵邨人萌生退意，收缩电影制作的业务，转而大量收购戏院及从事地产业。1957 年邵逸夫因为不满二哥的作为，从南洋来到香港接掌制片业务，于 1958 年成立"邵氏兄弟（香港）有限公司"主管制片业务，"邵氏父子"则只经营戏院及影片发行。邵逸夫在电影经营中的运作方式主要有如下几种。

招贤纳士，起用新人。为了在竞争中站稳脚跟，邵逸夫在公司建立之后，一面建设邵氏影城，一面在报纸上大登广告招聘人才。广告中说："本公司有感于当今电影水准之低，决心改良设备，引进新技术，发掘制片人。本公司已选址清水湾建邵氏之影城，急需如下人才：制片、化妆、剪辑、配音及暗房等，公司将与同仁并肩奋斗，同甘共苦！"① 不久，陶秦、李翰祥、卜万苍、岳枫、罗臻、何梦华、严俊等名导演，林黛、李丽华、东蒂、张仲文、丁红、丁宁、陈厚、赵雷、关山等名演员都齐集在邵氏门下。此外，邵氏公司还物色到一大批摄影、制片、化妆、剪辑等方面的人才，不少剧作家也前来应聘。

为了打响邵氏影城的第一炮，邵逸夫亲自挑选剧本，大胆起用新

---

① 伍宏：《影视大亨邵逸夫》，团结出版社 2008 年版，第 52 页。

人搞大制作。他针对市民口味选取剧本，然后投入大量资金进行拍摄。比如《江山美人》的预算达到 100 万港币，并且起用年仅 30 岁的李翰祥担任导演，结果一炮打响，不仅创造了当时香港电影票房最高纪录，还囊括了第 5 届亚洲电影节 5 项大奖。这部电影不但使邵氏公司站稳了脚跟，也使李翰祥一举成名。紧接着，邵逸夫又不惜重金，把《杨贵妃》《梁山伯和祝英台》搬上了银幕。这两部倾注着邵逸夫心血的巨片上映后，在香港、台湾以至东南亚一带掀起了一股中国片的狂潮，当时各种报刊争相发表文章评论邵氏出品的电影，欧美人也纷纷前来订购邵氏的影片。到 20 世纪 70 年代初，日本、泰国、新加坡、澳大利亚等几十个国家和地区建立了 200 多家邵氏影片的发行网点，专门放映邵氏公司拍摄的中国影片。自邵氏公司成立以来，在历届亚洲电影节中获得多项大奖，创下了中国电影史上的高纪录。

厂棚式制片和科学管理。 邵逸夫又将好莱坞的大制片厂制度引进邵氏，实行厂棚式制片和科学管理。所谓的厂棚式制片就是采用流水线式的制片模式对影片拍摄及人员进行科学管理。作为一个精通业务的电影企业家，邵逸夫熟悉电影制作的每一个环节。从剧本、摄影到导演、演员的选聘以及化妆、剪辑，他样样在行，对影片的推广、发行、剧院管理更是行家里手。邵氏影城拥有多个摄影棚，可以多片同时开拍，并且严格按照制片流程作业。电影拍摄的标准时间是 40 天，古装武侠片因为有动作和服装、场景等问题，拍摄周期可能是 80—200 天不等。邵氏影城内电影设备先进，有配音间，同时为影片加配国语和粤语两种语言，或根据需要配其他语言或语种；彩色冲印间可以每天冲洗彩色影片 1.2 万—1.4 万米；拍摄特技需要的设备，都有单独的人和车间安排；拍摄古装片需要的服装、刀剑，历朝历代配备齐全。一部影片从剧本策划到最终发行拷贝的各个步骤，都可以在邵氏影城内完成，完全不需要借助外力。香港从黑白电影普及到伊思曼七彩电影、从普通银幕普及到"邵氏综艺体弧形阔银幕"，都是在邵氏的引进下完成的。

在人员管理上，邵氏有着一套独特的方法。由于清水湾远离市区，邵氏影城内建有 4 座职工宿舍，保证了制片人员的机动性。影城内人员分为技术人员和演员两大类：技术人员通常是签订合约，住在职工宿舍，常驻技术人员（包括木工、电工、布景师、美术人员、录音师、摄影师等）有 500 余人；而演员的情况相对复杂一些，邵氏早期从各大公司高薪挖大明星，包括李丽华、林黛等人，每部电影签约 1 次，而从 1967 年垄断地位确立后，就开始施行"捧明星制度"，即公司内开设演员培训班，从社会上招收年轻人进行培训，如果发现新人具有发展潜力，就签订长达 5 年的合约，在工资和接片方面控制演员。

电影明星制。邵逸夫是最早在香港推行"电影明星制"的人。邵氏公司设立了"南国演员训练班"以及后来的"无线艺员训练班"，招考新人，然后签下有潜质的新人予以力捧，使之成为红星。邵逸夫创办《电影周刊》，设置"影星生活""邵氏明星""国际影坛消息"等栏目，吸引影迷。在一系列宣传策略的推动下，他的影视王国创造了无数大明星、大导演和名编剧，如当今走红的周润发、张曼玉、梁朝伟、王菲、梅艳芳、张国荣、"四大天王"、周星驰、谢霆锋、王祖贤、古天乐、汪明荃等大明星，以及吴宇森、杜琪峰、王晶、李翰祥等大导演，几乎目前香港娱乐圈 80% 的人物都是出自邵氏，邵逸夫也当之无愧地成为世纪华人影坛最有影响力的人物。从 1959 年建厂到 1979 年的 20 年间是邵氏称霸天下的时代，尤其前 10 年是邵氏王国的黄金时代，阵容强大，出片水准高，当时实施的计划就是投大资、拍大片、赚大钱。而如李翰祥、胡金铨、张彻等大导演逐渐组建自己的制作队伍，演变出不同的派系阵营。在邵氏转向电视经营以后，无线电视台在邵逸夫带领下好戏连台：《上海滩》《射雕英雄传》《神雕侠侣》《鹿鼎记》等巨制红遍华语电视圈，同时捧出了"五虎将"黄日华、刘德华、梁朝伟、苗侨伟、汤镇业；女星则在汪明荃、赵雅芝、郑裕玲之后捧出了陈玉莲、曾华倩、戚美珍、黎美娴、刘嘉玲等各具特色的花旦，创造了一代电视王国的辉煌史。

重产量更重质量。在生产流程上，邵氏制片有着一套有效的方式，保证影片的产量和质量。一是引进配音组，影片拍摄过程中演员只念"ABCD""1234"来加快拍片速度，拍完之后由配音组统一配声效和对白，使南北演员不受方言阻碍；二是为适应不同市场的审查标准，把影片剪成 3 个版本，最激烈的版本提供欧美和日本市场，最温和的版本提供给新马市场，中庸版本供香港市场；三是以制片部为核心部门，旗下有编剧组、导演组、演员分配、剧务部、厂务部、美术组、布景、宣传等一系列部门，负责各个步骤，分工有序，保证了各个步骤之间可以紧密衔接。邵逸夫会对影片严格把关，每个月开拍影片剧本、故事，他要亲自审阅，自己不看剧本时，由导演或看剧本人向他报告，由他最后裁决。为了树立邵氏的良好形象，他强调要以"邵氏出品，必属佳片"为准则，出现劣片，往往亲手烧掉，毫不手软。邵逸夫认为如果对此放任，会使观众失去信心。邵逸夫自称自己是全世界看电影最多的人，看电影是他的工作也是他的娱乐。在 20 世纪 70 年代，他每年要看六七百部影片，最高纪录是一天看 9 部影片。在这种管理之下，邵氏电影得到了空前发展。1959 年邵氏影城正式投入生产后年产量超过 20 部，而从 1966—1983 年，每年的年产量都超过 30 部，1974 年时达到了 50 部的高峰。每年的十大卖座电影，邵氏影片从不少于 2 部，有时多达 7 部。

参加影展和扩大舆论宣传。邵氏公司通过不断地参加影展评奖来扩大自己的影响，同时还通过强大的宣传来吸引片商和观众的注意。虽然邵氏电影未能成功打入欧美主流市场，赢得欧美国际电影节的认可，但是在亚洲影展上却屡获殊荣。从 1959—1968 年邵氏几乎虏获所有奖项，包括最佳影片、最佳导演、最佳演员等。而邵氏影城内也吸收了日本、韩国众多的电影人参与工作，以强势的地位在亚洲地区发行、放映电影。"邵氏"电影以其垄断性和稳定性奠定了香港作为"东方好莱坞"的地位。

邵氏公司通过强大的舆论宣传扩大影响。邹文怀离开邵氏公司之前负责邵氏的对外宣传，他把邵氏的宣传工作做得有声有色，往往在一部影片上映之前，影片名字就已经家喻户晓，从而保证了影片的上座率。此外邵氏公司办有自己的电影刊物《南国电影》，在刊物上发布新片预告，介绍电影圈的趣闻轶事，并且吸引广大观众发表电影评论，进一步扩大了邵氏公司的影响。

不过，随着时代的变化，邵氏的制片厂制度在 20 世纪 70 年代后逐渐显得僵硬，导致许多导演、演员离开了邵氏，而电视业的兴起又出现了新的生长点，因此邵逸夫果断转向电视业。在经营思路上，公司主要生产电视剧，多采用厂棚拍摄，仍然走类型片的制作方针和路线；演员仍然是合约制，签订合约后才会捧红年轻明星；邵氏仍然控制着最终的窗口环节，掌握着电视频道的转播权——这就像当年的电影院线。

二 张静庐的经营策略

张静庐亲手创办的几个出版社，除了现代书局开办时较有基础外，其余的都近乎白手起家。创办上海杂志公司，除了要操心出版流程的各个环节外，还要操心融资、同业间竞争、人事管理、发行网建设等方面的问题。在这些必须认真面对的问题上，张静庐都有不俗的表现，展现了他在经营管理上的才干。

多样化的融资方式。上海杂志公司开办时只有 20 元资金，所以他要面对的第一个问题就是融资。开办之初，张静庐除了凭借与业内的关系，赊欠出书应付一时之外，主要是靠融资的方式获取周转资金。张静庐的融资方式多种多样，有募捐、邀股，也办读者俱乐部或预约出书。1926 年年初，光华书局为了有自家的门市店面，顶下了光华药堂的店基。当时的资本十分短缺，日子很不好过。在这种情况下，"由光华书局和静庐出面在一家春西菜馆请了一次客，邀请一些主要是静庐认识的工商界朋友，请他们对光华书局投资，连捐带募，筹集了一二千元钱"①。正是由于有了这笔钱，光华书局的业务才能比较顺利地发展起来。

1929 年夏，张静庐离开了偏重于文艺出版的光华书局，独资创办了一家偏重于社会科学书籍出版的书店——上海联合书店。在经营上海联合书店的 1 年时间里，张静庐曾经组织儿童读书会，读者预先交纳一定的会费后便成为会员，出版者除了给会员购买本版书一定的折

---

① 沈松泉：《关于光华书局的回忆》，《出版史料》1991 年第 2 期。

扣外，还对某些特定的本版书予以大幅度的价格优惠。设读者俱乐部或读书会，对于读者，可以节省一笔购书经费，对于出版者则因预收会费在前，吸纳了读者的部分资金，既是融资手段之一种，对促销本版书也不无帮助。

1931 年夏，张静庐在洪雪帆的苦劝之下，重返现代书局，主持出版业务。在现代书局，张静庐继续着力于读者俱乐部的发展。除了将他原来在联合书店的儿童读者俱乐部带过来，发展为"现代儿童读书会"外，还在现代书局组织了针对女性读者的"现代妇女读书会"和针对一般成人读者的"现代读书会"，制定出详细的会员入会章程，并且刊发定期出版的会员会刊——《读书俱乐部》半月刊。

办读者俱乐部，可以解决部分资金不足的问题。而后，张静庐在1931 年 8 月 16 日以现代书局的名义购买了《申报》一整幅的版面，借现代书局创办 5 周年纪念之际，大张旗鼓地对外公开招股，每股100 元，计划集资 10 万元。尽管在当时的书业界，招募股款不易到手，张静庐还是利用了多方面的关系，做了很大的努力。

预约出书，也是一种行之有效的融资方式。在过去的出版界，一般大部头图书的出版，基本上都采用这种方式。其程序是，出版社出书前，在报上大登广告，向读者广泛征订，预收读者部分书款。读者交钱在先，便可以享受到出书后较高的价格优惠；出版者让利在后，便可以鼓励读者多多预订，既促进了图书的销售，也免除了书款难收之顾虑。对于资金短缺的小出版社，更是可以先借读者的钱造货，真正可谓一举多得。"中国文学珍本丛书"是上海杂志公司出版的一套大型丛书，张静庐便采用了这种借鸡生蛋的方式，出齐了丛书的第 1集，共计 50 种。

应对同业竞争的策略。"五四"运动以后，上海的出版业相互跟进，同类著作的大量出版。面对同业之间的竞争，张静庐根据市场需要调整策略。他当初办上海杂志公司，以贩卖期刊为业务内容，经过1 年多的经营，稍有资本积累后，开始把业务拓展到图书出版领域。1935 年 9 月，古籍出版在中国出版界方兴未艾，"中国文学珍本丛书"就是在这个时期出台的。张静庐邀约施蛰存、阿英等名家负责编辑校对，以"珍本大众化"和"丛书杂志化"相号召，广泛征订，预约出书。所谓珍本大众化，就是将一些流传较为罕见的古籍，用低廉的价格将它们选印出来，供应给一般大众读者；所谓丛书杂志化，就是规定丛书的刊行，每逢星期六出版 1 部，其情形类似于定期出版的周刊杂志，同时为避免读者阅读时感到枯燥和单调，更是有意将诗词文曲调剂开来，在出版时间上错杂分配。在当时商务印书馆、中华书局、开明书店等大书局都在大张旗鼓出版古籍的兴头上，张静庐将"中国文学珍本丛书"做这样一种选题安排和出版策略，从商业竞争的角度而言，应该说是别具匠心的。但是，在当时由于计划得不够严密，加上印刷技术等方面的限制，丛书在在编选和校印的质量上并不尽如人意。

　　事实上，当时像上海杂志公司"中国文学珍本丛书"这些古籍的出版，其竞争对手还不仅限于商务印书馆这样大的书局，角逐者当中还有像上海中央书店这样一些平时出版"一折八扣"书的书店。《金瓶梅词话》是"中国文学珍本丛书"中之一种，也是整套丛书中最有商业卖点的重要品种之一。当时，上海中央书店老板平襟亚①也在一声不响地请人删节、标点《金瓶梅词话》，交印刷厂排印，并且特别提高排字工资，要求印刷厂赶在上海杂志公司以前把他们的《金瓶梅词话》抢先印出。张静庐听到这个消息，估计他的书势必要落后一个多月才能出版，这对他是非常不利的。于是，张静庐请平襟亚吃饭，直截了当地和他谈判，晓之以理，许之以利。张静庐说，他的《金瓶梅词话》是整个丛书之一种，"词话"的销数，连带影响到丛书其他各种的销量。而中央书店的"词话"是单种书，销数多少，和其他书没有关系。因此，张静庐要求平襟亚把排好的"词语"让上海杂志公司先印一版，然后将全副纸版送给中央书店印行，所有排字工资都由上海杂志公司负担。谈判的结果是，平襟亚接受了张静庐的建议。就这样张静庐以他在竞争中的积极态度，挽回了营业中可能造成的重大

---

　　① 平襟亚（1892—1978），名衡，笔名网蛛生、襟亚阁主人、秋翁，江苏常熟人，评弹作家，小说家。1927 年开设中央书店，1941 年创办万象书屋。

经济损失。

为读者着想的营销手段。张静庐曾经多次对人说过，他自己从少年时期就酷爱读书和写作，对书刊有特殊的爱好，在上海当学徒的时候，经常在福州路几家书店里流连忘返，深知爱书又无钱买书的尴尬心情。1925年他和其他人一起创办光华书局的时候便采取开架售书，从而开启现代中国开架售书之先河。1934年他自己创办上海杂志公司时，第一件事就是把所有的新书新杂志都公开地摆放出来，竭诚欢迎没有钱买书的读者自由自在地翻看所需要的书籍和杂志。起初，出版界的同仁还以为他是由于添置不起贵重的玻璃柜、为了节省装修费才这样做的，但是后来看到杂志公司的书店读者拥挤、都在站着看书的热闹场景后，都纷纷仿效，以至相沿至今。

张静庐办的诸多书局中，以上海杂志公司的名气最响，影响也最大。作为全国第一家专门贩卖杂志的公司，它的创办最能说明张静庐富于开拓，敢为人先的胆识与气魄。在创办上海杂志公司时，张静庐决心要把上海杂志公司办成"杂志市场"，只要你进了上海杂志公司的门市部，便能够看到全国各地出版的杂志，不管多么专门、冷门的杂志，别处没有的，"杂志市场"里都能够买到。张静庐认为，只有这样做才能树立上海杂志公司的声誉，真正做到"切实为读者服务"。为使上海杂志公司名副其实，做到读者需要什么杂志便会很自然地想到上海杂志公司，张静庐在业务上提出3点要求，即"快、齐、廉"。所谓"快"，是指杂志的时间性很强，过期杂志经常没有人过问，所以必须做到供应迅速及时，只要杂志已经出版，在上海杂志公司的门市部便能够买到。为做到这个"快"字，宁可做点亏本生意。当时上海杂志界有个惯例，读者直接到出版单位购买可以享受9折优待，新出版的杂志经常在出版后3天之内不向同业批发，除非到他们自己的门市部去零买。上海杂志公司不惜零买，按原价转卖给读者。所谓"齐"，是指上海杂志公司不仅备有当时常见的畅销的杂志，专门、冷门的杂志也照样备货。张静庐认为，专门、冷门的杂志印数不会多，读者不容易买到，所以也要适量备几本，不能考虑有可能卖不出去而不备货。所谓"廉"，是指要减轻读者负担。上海杂志公司采取"两天生意一天做"的办法，譬如说，一天的营业额要达到 20 元才能维持开支，现在用廉价销售的办法，使它一天的营业额达到 40 元。从表面上看这样做盈利少，但是从全局看实际上并不少，"薄利多销"只有好处没有害处。张静庐认为，"快、齐、廉"这 3 点要求，是办好上海杂志公司，使上海杂志公司真正成为"杂志市场"必须做到的最基本的条件。上海杂志公司在上海和各地同业的支持下，又采取了种种方便读者和符合读者利益的经营办法，业务发展很快。紧接着，张静庐又提出了读者在上海杂志公司订阅杂志，有"改定、退定的绝对自由"，并且公诸报端，这就更增加了读者对上海杂志公司的信任和支持。

"改订、退订的绝对自由"看来是相当大胆的经营方法，并且证明是成功的经营方法，这正是具有远见的出版家张静庐的风格，而迥然不同于一般出版商之处。在张静庐的心目中，读者订阅某种杂志，经常只是看到广告，没有见到刊物，后来看到刊物，觉得它的内容与自己原来想象的不一致，不打算续订下去。也有的杂志，创刊号和开头几期内容较充实，后来有了变化，内容不如以前，感到不满意。张静庐根据自己当读者时的体验，认为发生这种情况是常有的，上海杂志公司应当允许读者有退订的自由。如果读者中途兴趣改变，或者看到有更适合于自己阅读的杂志，打算改订，也应该同样享有这个自由。张静庐还说，也有一些杂志，办了几期后因种种原因而停刊，为了不让读者经济上受到损失，必须尽快将余款退还。上海杂志公司还想方设法为一部分通讯地址不固定流动性较大的读者想了不少提供方便的服务办法。张静庐说，上海杂志公司是以经销为主的发行机构，读者购买力低下，出版界的竞争又十分激烈，不得不动脑筋想出各种办法，尝试着走别人所想不到走也不愿意走的崎岖的小路。这些符合读者的需要策略，使读者订阅和配补各种杂志感到特别方便，因而对上海杂志公司产生亲切之感。张静庐采取的经销效果十分显著，在最初的 2 个月里，每天的营业额从 10 余元迅速增加到了 200 余元。到了第 3 个月，1 个月的营业额竟达 9000 余元，几乎可以同当时上海的一些大书店相比。上海杂志公司开业 5 个月，除去各项开支，纯赚了几千元。

销售方式的灵活。1949 年以前的中国书业界，在图书销售渠道上，从未建立起将出版者与零售店联结起来的图书批发机构。这种中介机构的缺失，使得图书出版者不得不一一地与书籍零售商打交道，效率低下且不说，最令人头疼的是，书款往往难有着落。旧时的书业行业规矩是"吃倒账"，零售店欠账进货，卖后给钱，一年三节①是双方结算的日期，信誉好的尚能按时结算，信誉不好的则是长期拖欠。不催是呆账；催时又是全国各地星星点点的这里 3 本、那里 2 本，讨回来的钱可能连路费都不够。张静庐在《自传》中对出版人的这种无奈，有着深刻的体会和痛心的描述。过去的很多小出版社，因为这种"账底"的关系，资金周转不灵而最终倒闭的大有人在。针对这种书业现实，大一点儿的出版社多走自办发行的路线，除了在上海设立总店外，还在全国的各主要城市开设分店，主要是销售本版书，之余也贩卖一些外版图书。过去的商务印书馆、中华书局、世界书局、开明书店、正中书局等大书局，基本上都采用这种发行模式。小一点儿的出版社，为了避免过于被动，在无力开设分支机构的情况下，也热心于与外地的某家书店建立特约经销的契约关系。外地书店交纳部分保证金，便可以享受某一区域该社图书的营业独占。出版者在给予特约店特权的同时，对其每年的营业额也做出一些硬性的规定与要求。双方既互惠互利，又彼此牵制。出版社用这种方式建立的发行网，相对来说，在资金往来上就较有保证。

张静庐因地制宜，相机而动地在一些地方设立分支机构。比如，在 1926 年年底，1927 年年初，张静庐去南昌考察，发现南昌对新书刊具有强烈需求，因此便在南昌开设了第一家贩卖新书刊的书店。果然，这家开张不久的书店生意大好，书店里挤满了读者，从上海每次运来的大批新出版物，不到一两天就全部卖空。南昌的这家书店是光华书局的第一家分支店。第二家分支店则是 1928 年夏在北平开设的，也是张静庐到北平旅游，看到北平经营书店的商人多很守旧，销售新

---

①　一年三节：指端午、中秋和春节。旧时工商界多在这 3 个节日结算账目。

书刊的北新书局又偏在翠花胡同，便建议在北平热闹的中心地区王府井开设分支店。这家小书店对北平新书业①的发展起到了推动作用。

在外地建立分支店，是张静庐拓展图书销售渠道的重要手段。除此之外，他还注意利用上海出版中心的地理位置，试图在自家的店堂内大做发行方面的文章。包括为学校、学术团体、图书馆等机关单位开展外版书刊的代购代销业务，为内地书店同业开展上海版书刊的配购批发业务等。1934 年 3 月 8 日现代书局在《申报》上刊登的一个告示《现代书局敬告全国各图书馆、杂志社、学校、书店公鉴》，正表明了张静庐这些打算，其中贯穿的就是一种他利与自利相结合的经营理念。

三 马承源对上海博物馆的管理与经营

马承源是上海博物馆的第 4 任馆长，任职时间是在 1985—1999 年。这个时间段正是中国改革开放的变革年代，马承源对上海博物馆的经营管理也充分体现了观念变革时期的时代特色。

业务体制的改革。马承源对业务体制进行了大刀阔斧的改革。中国博物馆的业务体制，大都还是沿袭 20 世纪 50 年代的苏联模式。苏联模式主要强调行政领导的作用，而欧美博物馆的体制则较多强调专家的作用。马承源改革了组织机构的设置，解散原有的陈列研究部，成立了青铜器研究部、陶瓷研究部、工艺研究部、书画研究部、陈列设计部、文物保管部、考古部及宣传教育部等部门，建立讲解组和电化教育组及文化交流办公室，并且把原来群工部的讲解员、陈列室的保管员、清洁卫生员的职责分解。陈列室的安全保卫工作由市保安公司担任，陈列室的清洁卫生工作由临时工包干，讲解员则把精力集中在提高讲解质量和馆外宣传教育上。这些改革使得上海博物馆出现了新的生机。

用人体制的改革。在业务体制改革的基础上，马承源又着手人员

---

① 新书业是指采用新式石印、铅印技术，出版新学、新小说、新式教科书，并且建立分支发生机构的近代书局，它与古老的雕版印卖书业有明显区别。

的调配。1985 年，中国的"拨乱反正"刚刚结束，那些曾经整过领导的人心中有许多顾虑。马承源认为，凡是有才能、愿意为上海博物馆服务的知识分子、专家，都应该给予充分的信任，不应该计较恩怨，把这些知识分子和专家安排到业务工作的领导岗位上，发挥其专业特长。而对那些学有专长、有组织能力的年轻同志也委以重任，提拔到业务工作主要的或副手的领导上，同时让更多的有培养前途的年轻同志担任各部门的组长，在专业研究和行政业务能力上加以锻炼。对于已经退休但是仍然可以工作的老专家，不论是学术方面或技术方面，把他们请回来给予一定的待遇和职位，使他们负起实际责任来。这些人只要不丧失工作能力，就让他们发挥作用。

　　马承源还建立了一系列将专业发展与人文关怀结合起来的制度。在专业发展上，一方面为专业人员尽量提供国内考察的机会，同时又结合专业，利用出国展览的机会，选派对口的专业人员出国工作和考察，上自研究员，下到中级职称，都给出国考察见世面的机会。另一方面则通过业务技术职称的评定，调动专业人员的积极性。20 世纪 80 年代的上海博物馆一度人才流失严重，一些人到海外求学、进修，寻求更好的生活条件。为了使上海博物馆的人才不至于青黄不接，马承源有计划地进行人才调剂与招聘，以保障业务工作的开展。为了留住人才，他开始逐步改善职工的住房困难，规定住房不以进馆年限为界限，而是按学术水平高低，贡献大小予以落实。为了调动工作积极性，他又建立了竞争机制，尝试采取按劳分配、优工优酬、兼顾公平、效益优先的分配办法，将劳动报酬划分为工资（按国家规定发放）和岗位津贴两部分，并且将岗位津贴划分为 11 个档次，根据每个劳动个体在不同岗位上对博物馆做出的不同贡献，由人事部门考评后报馆务会议讨论确定其津贴等级和数额。同一学术职称、同一行政职务、同一工作岗位，可以划分出三四等津贴标准，依据个人贡献的不同，获取的不同标准的酬劳，所以较大地调动了积极性，也增强了博物馆的凝聚力。

　　经营方式的改革。这是改革的重头戏，它渗透到日常的工作中，改变了博物馆的经营面貌。它体现在征集、陈列展览、学术研究与科学实验及对外服务等各个方面。

马承源一直把征集工作放在重要位置上，除了在国内征集，也向海外收藏家征集。在他主持上海博物馆期间，夏衍捐赠了《清纳兰成德书札卷》等精品及《清代大龙邮票》等一批珍贵邮票，其价值达百万元。香港王南屏捐赠了《宋王安石楞严经旨要卷》《宋龙舒本王文公文集》，《宋龙舒本王文公文集》背面有宋人书辞300多通，都是一级品，属无价之宝。香港胡惠春捐赠了历代瓷器344件，其中有宋钧窑月白釉尊、明宣德青花琴棋书画人物图罐等，价值千余万美元。美国范季融捐赠了流失到香港的《西周中期旨鼎》，未见著录，有铭文57字，也是一级品。香港徐展堂捐赠了宋西村窑青釉凤头壶、宋白釉凤首瓶均为罕见品。香港著名钱币收藏家杜维善捐赠丝绸之路上的中亚细亚诸国的金银币200余枚，达50多个国家，在国内是第1位，在国际上仅次于美国钱币博物馆。英国朱仁明捐赠汉青釉弦纹瓷罐，也为国内所罕见。在香港还收购了一部分流散出去的重要文物，如商代青铜带铃豆、西周早期南单颇、战国错金云纹铁带钩、巴蜀兽面纹青铜械、北齐武定七年石造像碑和北朝极其精美的造像碑等，为上海博物馆增添许多无价之宝。

为了提高社会效益，马承源先是对上海博物馆提法陈旧的陈列说明进行修改，对设备落后的陈列室进行改建，其后又筹划并建成了新馆，以适应上海这个国际港口大城市的需要。改造后的陈列既具有现代气派，又有学术性及体系性的新特点，以陈列展览精品树立起了上海博物馆的对外形象。新馆展出的若干专题陈列，都是馆藏文物与全馆专业研究成果紧密结合的产物，布陈过程中精心设计、精心制作、精心施工，每个陈列都在事前分别设定1：1的模拟场景，反复进行试验，直到取得最佳展示效果，做到内容和形式的完美统一，加上展厅环境的刻意营造，色彩、灯光的巧妙运用，以及一尘不染的洁净环境，使参观者所到之处无不给人留下精品文化的突出感受。此外，马承源还支持上海博物馆在社会教育方面开展了一系列的活动，如拍摄制作文物电视录像片、幻灯片，编写与陈列内容有关的普及性读物，到学校、工厂、文化宫搞专题讲座，举办文物夏令营，组织"文博知识大奖赛"，为旅行社培训翻译等，取得了良好的社会效果。

与此同时，马承源又建立和健全上海博物馆学术委员会、上海市文物鉴定委员会，成立文物修复鉴定中心，通过对研究课题的规划、申报、考核、评估、奖惩等措施，结合职称评聘，促进以馆藏文物为主的专业研究工作向高起点、高水平迈进。他制定一系列措施推进对馆藏文物的研究及相关的科学实验。在科学研究上，本着研究题目由博物馆的业务需要和个人兴趣结合起来的基本原则，对研究项目予以落实，并且规定业务馆长 1 年至少要交 1 篇具有一定质量的论文，如果连续两年没有研究成果或工作成果，将不根据专业职称给予调动工作。压力变成动力，各学科通常都会超额完成任务。在马承源主持上海博物馆期间，世界性的学术刊物 Orientations《东方艺术》1991 年第 2 期出版了上海博物馆专辑，取得令世人瞩目的成绩。

马承源把"文物保护技术科学实验室"改名为"文物保护与考古科学实验室"，明确实验室的任务是为文物保护服务，为考古科学服务。实验室的研究项目必须针对当时博物馆的需要，提出切实的研究课题，如"浸渗处理青铜器有害锈的研究""溴甲烷熏蒸剂在文物上的应用及其废气处理""中药气相防霉剂的应用""黄柏杀虫有效提取""释解光测定陶器年代""东汉'水银沁'铜镜表面处理技术"，以及书画陈列室防霉改建需要进行的调湿剂试验等。由于文物保护科学技术涉及面广，需要各种学科的配合，因此开展横向联系，加强技术协作，聘请复旦大学、农药研究所、医药工业研究所、涂料研究所、工业卫生研究所等单位的 7 位教授、专家担任实验室顾问。由于文物科学研究采用的分析手段多种多样，上海博物馆的设备又有限，因此马承源又积极争取大专院校、科研单位的协作支持，突破了许多设备、条件的限制，使不少项目得以顺利开展。马承源主持工作的前 6 年，实验室就完成了 25 个科研项目，其中 9 个课题获得了中央文化部科技成果奖，为文物保护做出了积极贡献。

在致力于提高上海博物馆社会效益的同时，马承源也非常重视经济效益的提高。博物馆的财政来源主要靠国家拨款，经费常常捉襟见肘，使得一些活动的开展受到不同程度的限制。为了改变现状，马承源便广开财路以弥补国家财政拨款之不足。他积极组织出国展览以获取一定的经济收入，因为每次出国展览，对方主办单位要付给一定的筹备费、版税和稿费。在20世纪80年代，举办出国展览的宗旨是开展国际间的文化交流，经济收入只是副产品，所以这个思路在当时具有突破禁锢的意义。此外，马承源又设立艺术品商店，积极开发文物复制品、仿制品，不断增加经销品种，扩大经营范围，力争办成具有博物馆特色的商店。1985年前的外宾卖品部，营业额每年不超过20万元。1986年卖品部改为艺术品商店以来，扩大经营范围，年均营业额增至70万元，创汇85万美元。上海博物馆所设立的文物修复工场除了为馆藏文物服务外，还承接国内外的文物修复、书画装裱业务。在马承源主持工作的前6年，修复工场共创收171万元，创汇23.5万美元，他将这些收入全部用于陈列馆的改造及新馆建设，弥补了经费的不足。

马承源以运转高效的管理与经营体制实现了上海博物馆的飞跃性发展。他调整机构、重组资源、盘活人才，促进了专业研究和文物保护工作的开展。他将"科学管理、业务研究、陈列展览"的"软件"建设与"建筑规模、设备设施、先进技术"的"硬件"建设统一起来，从可持续发展、市场营销、竞争、以人为本等方面建立起先进的博物馆经营管理模式，通过特色化的展品与陈列形式、人性化的展览设施、多元化的产品、立体化的宣传等方式，实现了上海博物馆经济效益与社会效益的双丰收。现在看来，马承源的一系列做法已经超越了经验层面而上升为具有方法意义的基本原则，对目前的博物馆经营管理具有示范与指导意义。

第六章

宁波帮文化创意的经典案例

文化产业中文化内容要素是核心与主导，而文化内容往往是创意的结晶。文化产业能否发展与壮大，关键看是否具备好的创意，所以在一定意义上可以把创意看作文化产业的灵魂。不过，如果从宁波帮的文化创意来考察，我们会发现这样一些特点：第一是创意的领域关涉影视、音乐、广告、书刊装帧乃至京剧服装的设计，但是创意的主体与客体不仅存在于文化产业之中，还延伸到了文化产业之外。比如黄楚九策划的一系列广告创意往往一箭双雕，兼顾游乐场与其他行业；而周祥生经营的出租车公司原本与文化产业无关，但是他设计的出租车公司广告却堪称文化创意的经典。第二是宁波帮的文化创意主体既有宏观策划者，也有具体设计者，前者提供思路和方向，后者则完成具体的构思和技术处理。一般说来，创意的策划者多是产业经营者，而创意的设计者则多是具有特定技能的专业人士。在文化产业初兴的年代，宁波帮的文化创意没有接受过什么理论指导，但是凭着个人的天赋与智慧，他们却找到了为产品增值的最佳方法，让我们不得不叹服宁波帮创意之高妙。

第一节　类型策划：邵逸夫的电影创意

邵逸夫作为电影企业的管理者，他的创意不是具体的作品制作，而是一种整体策划。他依据当时的情况，判断电影的接受趋势，确定可能实现的目标，并且据此来设计和选择能够产生最佳效果的电影题材。他策划的黄梅调电影一度走红香港、台湾，乃至整个东南亚地区的华语电影市场，这一创意开创了邵氏类型电影的先河，并且由此激发出许多新的电影类型。

一　黄梅调歌舞音乐片

黄梅调电影是中国电影史上的一种独特类型，它以传统戏曲舞台表演为基础，将山歌民谣、江南小调、时代流行曲等民间歌唱艺术的精髓合而为一，同时又把舞蹈与当代电影拍摄技巧结合起来。这些特点使黄梅调电影成为华语电影发展的一个重要里程碑，并且带动了以歌舞贯穿始终，以歌言志抒情的歌舞片的发展。

邵逸夫在接手邵氏公司之后，就开始针对观众的心理需求设计拍摄题材。1958 年先以《貂蝉》投石问路，票房口碑皆佳，次年推出《江山美人》更是观者如潮，卖座空前，取得了巨大成功，由此邵氏公司带起电影的一种重要类型——黄梅调。1962 年 9 月，邵氏公司进入"彩色时代"，邵逸夫在当年的生日宴会上表明了彩色世纪的制片方针：配合观众需求，保持"邵氏出品，必属佳片"的荣誉，生产更多更好的影片。他拟定的制片计划主要是拍摄历史故事片和民间故事片，前者如《妲己》《香妃》《西施》《珍妃》《六朝金粉》《红拂》《倾国倾城》《精忠报国》，后者如《乔太守》《描金凤》《花魁》《潘金莲》《刁刘氏》《卓文君》《翠屏山》《木兰从军》《王宝钏》《宝莲灯》《牛郎织女》《观世音》《十八罗汉》《蝴蝶梦》《画皮》等，显然在这个思路中已经显现了邵氏电影制作的类型化趋向。

由邵逸夫投资、李翰祥拍摄的黄梅调影片《貂蝉》取得了不俗的口碑与票房，随后再接再厉，推出《江山美人》《梁山伯与祝英台》《王昭君》等作品，奠定了黄梅调影片在邵氏电影中的重要地位。邵逸夫集中香港一流的音乐人才来创作，并且聘请了一流的歌唱家将京剧昆曲、山歌民谣，甚至是时代流行曲等元素加以糅合，使得黄梅调电影尽可能地非地区化、现代化、大中华化等，以吸引尽可能多的观众。再加上黄梅调本身的秀丽婉雅，朗朗上口，自然受到当时不少人的喜欢，《梁山伯与祝英台》在台湾上映时就出现了万人空巷的轰动效应。

李翰祥的黄梅调电影是这种类型的集大成者。他不是在叙事上着力去表现传统文化的心理结构，而是从另一个角度秉承了中华文化的传统，在外在形式上大胆地吸取了中国地方戏曲的长处，充分传达出了黄梅戏无声不歌、无动不舞的特点，并且通过精致的通俗化包装使得这一剧种发扬光大。由于香港以及南洋地区移民众多，黄梅调影片理所当然地成为华侨投射乡愁、满足文化想象力的对象，许多民间故事、历史传奇经过黄梅调的演绎透射出浓郁的文化亲和力，诠释了

（黄梅调影片《梁山伯与祝英台》）

"中国梦"的不了情，富丽堂皇的宫闱布景、精致逼真的情节道具、朗朗上口的黄梅调配乐，都成为演绎"中国梦"最好的注脚。这些因素引发了整整10年的"黄梅调"高潮。

20世纪60年代中期，一连拍了数年的"黄梅调"影片终于盛极而衰，渐渐失去观众，但是却留下了不少精品，如陶秦的《千娇百媚》《花团锦簇》《万花迎春》等3部曲，引进日本导演井上梅次拍摄的《春江花月夜》《花月良宵》《钓金龟》等至今仍然富有魅力。

二　新派武侠动作片

黄梅调电影渐失观众之后，邵逸夫审时度势，又开始策划第二种电影类型。他借鉴当时的美国西部牛仔片和日本武士片，结合中国传统侠义及武术文化，拍摄武侠功夫片。邵逸夫起用当时尚属新锐导演的胡金铨、张彻分别拍摄出开创港台武侠片新纪元的《大醉侠》和《独臂刀》，这两部风格奔放浪漫的影片，不仅在当时受到观众广泛热烈的欢迎，更令其后数十年武侠功夫片风潮越演越烈，最终发展完善为香港向世界电影贡献的独特类型。

　　武侠动作片是华语电影中的一种独特的类型，早在 20 世纪 20 年代，明星公司就凭借改编自武侠小说的"火烧红莲寺"系列而扬名，而邵氏公司的前身天一制片公司在早期也是凭着武侠片《女侠凤飞飞》受到极大关注。邵氏公司在 20 世纪 60 年代中期后最有影响力的武侠动作片，并非传统的套路，它从技巧到内容都是革命性的。张彻通过《独臂刀》《十三太保》《大刺客》等影片，坚定地实践着"阳刚电影"的理念，"以其对男性之间忠肝义胆、深情厚谊的描绘，在传承儒家文化的过程中，将港台武侠、功夫电影推向一个更具个性化魅力的叙事层面和更具个体写作特征的精神领域，并且在很大程度上影响着 20 世纪 80 年代以来的香港电影面貌"[①]。他把侠义精神集中体现在带有悲剧意味的义薄云天的男性情谊中，让狭义的民族英雄摇身一变成为笑傲群雄的江湖好汉。他的电影除丰富的镜头感外，更将传统中国的尚武侠义精神赋予现代的生命力，还把现代青年的反叛形象投射在古之侠者身上，与时代毫不脱节。侠客不再是远离人间烟火、可以飞天入地的神奇侠客，在更大程度上是一个令人信服的人。

　　新武侠片的另一个导演胡金铨则另有风格。他的《大醉侠》更强调动作在画面上的美感，给人留下许多想象的余地。他把武打场面设计的像芭蕾舞那样飘逸流畅、虚实

（新武侠片《大醉侠》）

兼备，融合京剧的舞台动作与现代的武术设计于一体，强化了舞蹈化的视觉效果。李道新曾经评价说："以《龙门客栈》、《侠女》为代表

---

　　① 李道新：《中国电影文化史（1905—2004）》，北京大学出版社 2005 年版，第 341 页。

的胡金铨武侠电影，在大量新派武侠片中独树一帜，不仅为中国武侠电影确立了经典的类型形态，而且以其作者电影式的追求，在对中国传统艺术的倾心追慕和对儒释道文化的悲怆感悟中，展现出中国武侠电影独创性的精神深度和文化蕴涵。"①

风格独特的楚原又将文艺片的唯美、浪漫与古龙小说的唯美、浪漫及悬疑性相互融合，拍摄出了有特别意境的影片，如《流星·蝴蝶·剑》的虚无缥缈，《天涯·明月·刀》的忧郁伤感，《楚留香之蝙蝠山庄》的诡异悬疑等。他导演的影片，"大多具有诡秘的线索、复杂的故事与悬疑的情节，并以唯美的场景和诗意的动作呈现出奇诡中的哲理；同时，通过主人公特有的身世背景与各异的精神气质，流露出一种无家可归的'孤儿'情结与漂泊意识，并在对自我身份的追寻中传达出一种内在的悲情体验"②。这不仅使邵氏电影更受观众欢迎，也使楚原成为邵氏公司与李翰祥、胡金铨、张彻齐名的四大导演之一。

"侠"文化是中国传统文化谱系中的一个支脉，侠客作为乱世中的英雄，身披轻裘，手持长剑，扬鞭策马，豪饮狂歌，或扶弱济贫，救人于"急难之事"，或除暴安良，解国于"危困之时"。其言必信，其诺必诚，其行必果，故常以信义显名于天下。在文艺的熏陶中，"侠义"情结逐渐沉淀并成为中华民族心理结构的有机组成部分，作为一种集体无意识抚慰着普通大众的心灵创伤，搭起连接理想和现实的精神桥梁。邵逸夫正是深谙观众的这种心理，因此才有了这个成功的创意。

三 其他类型片

"美人"与"武侠"这两大类型使邵氏电影取得了商业上的巨大成功，在此基础上又派生出许多新的类型。

一是爱情文艺片。爱情作为生活与电影中的重要主题，是邵氏电

---

① 李道新：《中国电影文化史》（1905—2004），北京大学出版社 2005 年版，第 300 页。

② 同上书，第 344 页。

影的一种重要武器，影片以"眼泪与女人"作为基本元素，显现人间的悲欢离合。其中比较优秀的作品有《后门》《蓝与黑》《新不了情》《明日又天涯》《何日君再来》《雪儿》《非法移民》等，涌现出了不少优秀的文艺片导演，如李翰祥、袁秋枫、秦剑等。

二是艳情片。 20世纪70年代的香港电影虽然还没有三级片的分级说法，但是以情色为卖点的艳情片也逐渐成为邵氏电影20世纪70年代的一个热点，特别是在李翰祥回归邵氏公司以后，为邵氏公司拍摄了一系列的带有情色成分的作品，如《风月奇谈》《金瓶双艳》等。张曾泽导演的《面具》（根据香港小说家依达的同名小说改编），也是通过一个个情色故事讲述一个年轻人在社会现实中的迷惘、无奈等内容。

三是写实片。 邵氏电影除了强调娱乐之外，也关注社会的世情变化。这类影片大拍社会奇案和新闻内幕，结合警匪片、黑帮片、心理惊悚片、奇情打斗片等特色，将摄影机带到街头巷尾，实地取景，捕捉大城市的黑暗角落和人性的沉沦，见证了香港社会的剧变以及由此产生的一系列问题。1974年邵氏发行的《天网》和《成记茶楼》都是反响热烈的写实片。前者根据20世纪60年代非常轰动的三狼绑架案所改编，并且大量收集了相关的内幕资料，拍摄为这部由犯罪、侦缉、内讧到破案、死刑过程组成的作品，影片环环相扣，丝丝推进，给观众一种警世的意义。而后者的描写范围更加的广泛，以一个茶楼（香港人喜欢喝茶，而茶楼是日常生活的地方）老板的见闻串联起当时香港的种种社会问题，如打劫伤人、逼良为娼等，更是道出了当时不少香港人的那种缺乏归属感和缺乏生命保障的悲哀。《成记茶楼》的续集《大哥成》将现实问题更为尖锐地指了出来，并且以大量的实景拍摄使得观众共鸣。此类影片还有程刚、华山和何梦华共同执导的《香港奇案》，蓝乃才的《城塞出来者》《暗渠》等。

四是喜剧片。 这种类型常以夸张的方式制造娱乐效果。邵氏的喜剧电影是在楚原的《七十二家房客》后兴起的，影片以不俗的口碑和票房促使了港产粤语片的复兴，也使得喜剧片重出江湖，此后邵氏公司又陆续地推出《香港73》《多嘴街》《贼公计小偷才》等小市民生活喜剧。李翰祥一度离开邵氏，回归后曾经推出的"片集"式影片《一乐也》就是喜剧中的佳作。影片由 3 个民初故事《十粒金丹》《千万小心》《一乐也》串联而成，由主持过滑稽电视集的许冠文主演。在第 3 个故事中，小乐子因为常年练习剃西瓜，实战时忘记这是人头而将剃头刀往上一戳的场景，仿佛侯宝林相声的再现。由新加坡喜剧谐星野峰和香港著名喜剧演员王沙共同演绎的"阿牛"系列（包括《阿牛入城记》《阿牛出狱记》《阿牛发达记》《阿牛奇遇记》等）则是邵氏公司的喜剧佳作系列，以土头土脑的乡下人入城因不懂得城里"规矩"而不断闯祸式的模式，造成一种喜剧效果。另外，邵氏发行的根据港产漫画《老夫子》改编的系列电影，则是把不美的人性或者不美的体形作为喜剧的对象呈现出来，带给观众喜剧效果。

除以上几种主要类型外，邵氏公司还推出过一些新的类型影片。如特工片，借鉴"007"系列的基本模式，呈现出现代都市人的危机感和身份变幻所带来的迷幻与惊悚感，如《铁观音》《金菩萨》《谍网娇娃》《亚洲秘密警察》《特警零零九》《千面魔女》等，都是其代表作。另外，还有恐怖片、科幻片等。这类电影主要以离奇怪诞或扣人心弦的情节，配合上阴森可怖的场景或音响来吸引带有一定好奇心的观众，如《鬼眼》、"降头三部曲"（包括《降头》《油鬼子》《勾魂降头》）、《星际钝胎》、《猩猩王》、《银翼杀手》等。

由 20 世纪 50 年代后期到 80 年代初期，邵氏公司雄霸香港影坛。邵逸夫的创意策划立足于传统文化来迎合观众心理，各种不同类型的影片全方位地对准不同年龄、不同层次、不同性别的观众口味，从而将电影的魅力发挥到极致，创造了不凡的商业价值，其打造的精品将市场与艺术完美融合，从而造就了一个辉煌的电影时代。

第二节　出奇制胜：黄楚九的营销创意

黄楚九是民国时期上海的商界奇人，是中国西药业、娱乐业的先驱人物，一生创业横跨诸多领域，时人称他为"百家经理"。黄楚九创办了中国第一家民族资本制药企业龙虎公司，开设了中国第一个综合性娱乐场所上海新世界，开办了亚洲最大的娱乐中心上海大世界，发行了中国第一家娱乐报纸《大世界报》，建立了拥有 21 个医药企业的医药帝国——黄氏医药集团，横跨医药、娱乐、金融、房地产等行业，其涉足领域之广，几乎无人匹敌。作为一个精明的商人，黄楚九不但善于经营，而且深谙广告术，时刻不忘用广告提升自家公司产品的知名度，他的许多广告创意至今仍然为人们所津津乐道。

一 "艾罗补脑汁""百龄机""龙虎人丹"等营销创意

黄楚九堪称自学成才的广告大师，他用各种广告手段和广告创意为事业铺路，在市场上抢占更多的份额。黄楚九曾经在英国租界内开店行医，深知要靠坐堂问诊飞黄腾达等于痴人说梦，因此办起了西药房。黄楚九药房推出的系列补药，琳琅满目，让人眼花缭乱。从清末到民国，几乎每年他旗下的药房都会推出新产品，其中比较成功的有"艾罗补脑汁""百龄机""龙虎人丹""人造自来血"等。

1905 年，黄楚九偶然从一位药剂师手中得到了一个安神健脑的补剂药方，他决定生产、销售这种安神补脑汁。为了迅速打开市场，黄楚九针对当时风靡上海的崇洋风尚，给安神补脑汁起了个洋名："艾罗补脑汁"。然后，他又大肆宣传这个处方是由美国医学博士艾罗医生发明的。为了证明其真实性，黄楚九特地在瓶子上的说明标签上用大字书写"艾罗补脑汁"几个字，再配上英文名称与英文说明书。这一招果然奏效，艾罗补脑汁一投放市场，就受到消费者青睐，销路极佳。但是没想到恰好有位名叫艾罗的美国人看到了黄楚九的商标，便声称艾罗博士是他的父亲，进而控告黄楚九侵犯专利权，一时间这件事闹得沸沸扬扬。黄楚九就来个移花接木，弄假成真。在上海一家大饭店里，黄楚九设宴招待了艾罗，给了他 1000 多元，然后要求艾罗写下一张收据，证明他的父亲老艾罗的确发明了艾罗补脑汁，并且交给中法大药房独家经销。黄楚九把那张买断专利的契约悬挂在中法大药房的店堂，于是艾罗补脑汁真正成为了美国人艾罗的"发明"。黄楚九化被动为主动，继而大肆炒作此事，并且请《二十年目睹之怪现状》小说作者、清末的畅销书作家吴趼人写了一篇《还我灵魂记》，描述服用艾罗补脑汁后文如泉涌、妙笔生花的情景。这篇文章在《申报》广告专版上曾经连续登载了 1 个多星期，众多为科举考试犯愁的读书人因此蜂拥采购，使得艾罗补脑汁成为黄楚九药房中经久不衰的名药。至此，艾罗补脑汁深入人心，销路大增，一时供不应求，还远销到南洋一带。

　　黄楚九药房的另外一个主打产品乃是百龄机。1923 年，百龄机由中法大药房投入批量生产，黄楚九决定大张旗鼓地进行宣传。除了在报纸上大做广告之外，还雇用大批人到市内各处张贴广告，在电线杆、广告牌、房角屋墙等公共场所，随处可见"百龄机"如何好的广告。黄楚九不再用洋文给自己的产品命名，而是立足于民族文化创立自己的品牌。"百龄机"用的是"九福牌"商标，图案上 9 只蝙蝠围绕一个"福"字飞。"福"是中国民俗文化中最令人喜爱的一个字，"9"表示多，"蝙蝠"为福，多福多寿之意。黄楚九准确把握住消费者的心理，为"百龄机"设计这样一则广告："多年不退之症，唯（百龄机）能除之；虚不受补之病夫，唯能疗之；年高血衰之老人，唯能补之；久婚不孕之妇女，唯能治之；教育不全之童子，唯能救之。有意想不到之效力。"为了进一步扩大广告宣传的覆盖面，让"百龄机"家喻户晓、妇孺皆知，黄楚九除了在报刊上刊登广告，挖空心思鼓吹宣传外，还别出心裁，用特大的风筝，上挂箱笼，内装广告、海报，将风筝放飞，飞到市内上空，箱笼自动打开，宣传"百龄机"的广告、海报便满天飞舞，飘飘落下，引得街上万人驻足，争抢海报。黄楚九又嫌风筝飞得不够高，便租了一架直升机，在整个大上海遍撒"百龄机"广告，结果使"百龄机"一炮走红。对"百龄机"的宣传，黄楚九可谓不遗余力，他高薪聘请绘图高手绘制了《唐伯虎九美图》，并且印制成精美挂历，赠送给上海各家酒馆在显眼的地方悬挂；在炎热的夏季，他又大量定做印有"百龄机"广告的纸扇，免费赠送顾客；甚至还不惜工本精印了几万册《百龄机画报》，选择照片和用户来信宣传、表扬"百龄机"功效。此外，黄楚九还特制大批"百龄机热水瓶""百龄机毛巾"，按成本廉价委托出售，还印制"百龄机美人图月份牌"，赠给购买"百龄机"的顾客。他还托人到美国印制了上有"谨防假冒"字样的福禄寿三星彩图证券，在每盒"百龄机"里放1张。这些手段大大提高了民众对"百龄机"的认知度。1928年，黄楚九又别出心裁地宴请100多位七八十岁的"老寿星"到"大世界"游玩，名为"万龄大会"。除了所谓的百岁老人之外，上海各界名流也纷至沓来，一时间鼓乐齐鸣，车水马龙，可谓盛况空前。黄楚九将这次活动用纪录片的形式拍摄下来，到处播放，强调这些老寿星之所以延年益寿是因为服用了"百龄机"的结果。百龄机由此名声大振，长期热销。

清末年间，日本在中国大量倾销商品，打击中国民族工商业。日本制造的"翘胡子仁丹"在中国各地畅销。1907年黄楚九与夏粹芳等人合资创办五洲药房，针对日本"仁丹"大量倾销到中国市场的状况，按中国古方"诸葛行军散"自拟处方，制销龙虎人丹，与行销中国城乡的日本货"仁丹"竞争。他们注册了"龙虎"商标，其标志为圆环内左侧一条腾云驾雾的飞龙，右侧一头蓄势待发的猛虎。两个神物彼此凝望，相互比拟，栩栩如生地刻画了一幅龙争虎斗、永不服输的蓬勃画面。"龙是吉祥物，虎是兽中王"，取名"龙虎"，意味日后在市场竞争中能立于不败之地。龙虎品牌承载着中华民族深厚的传统文化底蕴，代表了中国制药业自强不息的奋斗精神。

黄楚九为龙虎人丹策划的广告词为"旅行不可不备，居家不可不备，急救之大王，济世之宝物"。他不仅在上海各主要大报上大做广告，还在铁路沿线、轮船码头、各繁华城镇遍设广告路牌。另外又在一些城市招雇一批儿童，身穿引人注意的制服，手敲铜鼓边走边唱："龙虎人丹怀中宝，除百病，有奇效，中国人请服中国人丹。"结果，龙虎人丹销路大开，日商无可奈何，以商标侵权向当时的北洋政府提起诉讼。黄楚九聘请律师，与日本商人前后打了近10年的官司。到了"五四"运动时期，国内抵制日货运动风起云涌，在此时代背景下，北洋政府内务部裁定黄楚九胜诉。一场诉讼不仅未告倒龙虎公司，反而更进一步扩大了龙虎人丹的名声。黄楚九利用这场官司不断宣传产品，终使龙虎人丹畅销国内，并且成为国货的象征。黄楚九还顺势在广告上以醒目字眼标示"中华出产""完全国货"等字样，与日本仁丹展开竞销。有的人丹广告在版面右上角突出"完全国货"的字样，有的广告"人丹"两个大字是由许多小字的"国货"堆砌而成，以此表明人丹为中国完全自行制造。这样的广告创意完全契合了人们抵制日货的心理，取得了营销上的成功。

"人造自来血"也是黄楚九旗下的五洲大药房推出的补药。对这款号称能补血强身，添精益髓，效力奇大的产品，黄楚九极为重视，他采取密集广告轰炸策略，在报纸上大肆宣传。人造自来血广告密度之频繁，为其旗下产品之最。为促进销售，药房还采取了销售奖励的办法：每瓶人造自来血都附有1张奖券，累积达到100张奖券以上的顾客，即可凭奖券向药房换取刻有"人造自来血"标志的手表1块；不足百张券者，可以换取其他物品，如雪花膏、牙粉等。黄楚九的一系列成功的广告策划，出奇制胜，取得了不凡的销售效果，使他长期立于不败之地。

二　"小囡牌"香烟等广告设计

黄楚九在经营药房的同时，又涉足烟草业。英美烟草公司在上海设立分公司后利润丰厚，黄楚九看到烟草有利可图，加上"艾罗补脑汁""龙虎人丹"等产品在当时"洋货一统天下"的局面下为国货争得一席之地，因此他雄心大振，萌生了创办烟草公司的念头。1917年他创办大昌烟公司，开始经营香烟。生产卷烟首先要注册商标，当时英美烟草公司走红市场的是"婴孩"牌卷烟，而上海人习惯昵称小孩为"小囡"，黄楚九认为"小囡"比"婴孩"叫起来更感亲切，而且更能够讨巧上海人。于是，他派出得力干将，以最快速度到当时的国家农商部办理了"小囡"商标注册手续。为了打开市场，他策划了"红蛋"广告，使"小囡"牌卷烟风行一时，这则广告也成为一个经典创意。

在20世纪20年代初，中国的报刊尚未有套色印刷。黄楚九在《申报》《新闻报》等大报上包下第1版作为全幅广告版面。第一天，整个版面上印着1只大红蛋而未加任何文字说明。报纸套红本来就是首次，再加上没有任何说明的红蛋，引起人们极大的兴趣。第二天报纸的同一版面上出了 1 个翘着小辫子的小孩脑袋，人们还是猜不出结果，只好耐着性子等第三天报纸。第三天，出现了 1 个梳着根辫子的招人喜欢的胖娃娃，娃娃头上多了一条套红标语："祝大家早生贵子"。祝贺谁呢？仍然不知谜底。直到第四天，几家报纸同时揭晓，原来是大昌烟公司开业，推出"小囡"牌香烟，并且公告烟友，随烟奉送红蛋 1 个。至此，读者才恍然大悟。得子吃红蛋是中国人的传统习俗，黄楚九以红蛋借喻"小囡"牌卷烟的诞生，非常巧妙。这种猜谜似的广告，产生了各种各样的心理反馈：有的想试试这种新烟的味道，有的想赶个热闹，有的出于好奇，有的想看个究竟，还有的觉得买包烟而得一个红蛋，既吉利又划得来，但是不管如何想，许多人都争着去买上 1 包"小囡"牌香烟。

　　除了在报纸上刊登"红蛋"广告，黄楚九还派人到处张贴"红蛋"广告，一时间"红蛋"广告和"小囡"牌卷烟在上海滩家喻户晓。由于商标广告设计巧妙，"小囡"牌卷烟从一问世便具有了极高的知名度和美誉度，烟民们为了图新鲜、讨吉利，纷纷购买"小囡"牌卷烟。为了推销小囡牌香烟，黄楚九曾经装扮成阔老板，坐着小轿车去"买烟"。在让司机到杂货店里买烟的时候，他故意从车里对司机大喊："只买小囡牌香烟，其他牌子勿要咯！"路人见状，也竞相购买这种香烟。此外，黄楚九还特别拍摄了一部小囡牌电影专题片，并且利用他的"大世界"游乐场广做宣传，甚至在出售门票时奉送卷烟以供试吸，因此进入游乐场的游客大多口叼"小囡"牌卷烟。没多久，"小囡"牌香烟便与英美烟草公司的"大英""老刀"比肩而立，成为上海知名的香烟品牌。"小囡"牌卷烟一炮打响，令英美烟草公司大感恐慌，为了保持其卷烟"独霸天下"的局面，他们凭借雄厚的实力，与黄楚九达成协议，以大昌烟公司总投资的数倍价格买断并销毁了"小囡"牌卷烟商标。

　　黄楚九后来又开了一家福昌烟公司，首先推出了"至尊"牌香烟。除了包下整个报纸版面做广告，还以赠送礼品券的方式吸引顾客，即每包"至尊"牌香烟都附有 1 张礼品券，顾客积累 30 张就可以到公司领取美丽仕女画礼品1张，积累60张可领取上等毛巾1条。后来黄楚九又推出"翠鸟""红玫瑰"等牌的香烟，除利用大登广告、大肆宣传的方式外，还想出了一种"强刺激"的策略，即在每包烟中放1张画片。这些画片可以组成金陵十二钗、二十四孝等系列，凑齐某个系列，可到公司换取1张奖券。到了预定时间，当众开奖，头名给以重奖，奖品是1辆当时极其贵重的小轿车，而且保证信誉，说话算数，谁得了奖，当场把汽车开走。

　　黄楚九还有一个具有轰动效应的广告是福昌烟公司推出的"马占山将军香烟"广告。1931年11月日军进逼黑龙江，马占山将军打响了举世瞩目的江桥抗战第一枪。当《申报》于1931年11月16日介绍了马占山将军抗日事迹后，黄楚九的福昌烟草公司迎合时势，仅用10多天时间就创作出了《马占山将军》系列广告，并于1931年12月1日在《申报》广告中放置马占山将军全身照片，广告语是"黑龙江省主席马占山将军，铁血卫国，男儿自强，精忠神勇，万古流芳"。之后，福昌烟公司立即将原有"金字塔"牌香烟改为"马占山将军"牌香烟。这一系列广告宣传产品、宣传抗日，具有双重主题和意义，取得了巨大成功，在那个动荡的时代，除了收获了巨大的经济效益外，也造成了广泛的社会影响。

三　"大世界"的品牌策划

　　"大世界"是黄楚九创造的娱乐品牌，其出奇制胜的策划取得了商业上的巨大成功。

　　黄楚九对"大世界"进行品牌策划时首先强调娱乐项目的"多"与"好"。有些项目别人虽然已经有了，但是"大世界"要成为"集大成者"。在黄楚九的策划下，"大世界"可说是五花八门，样样都有。除了各种游乐项目、电影，还有魔术、杂耍、猜字谜、各种戏曲表演，尤其值得一提的是表演剧种之多，至今还是空前的。京剧、评剧、淮剧、沪剧、扬剧、滑稽戏、黄梅戏、梆子戏、评弹、说唱、昆曲、大鼓、文明戏，各种传统戏曲艺术都在"大世界"的舞台上得到了充分展示。

（上海大世界）

除数量多以外，黄楚九觉得更重要的是节目要精彩。在"大世界"演戏的人一般都是当时的头牌，如唱北方京韵大鼓的是两位"泰斗"刘宝全和白云鹏，山东大鼓小白姑娘，京韵大鼓小艳芳，唱苏滩的是有"皇后"之誉的王美尘，弹词是"描王"夏荷生、赵稼秋，还有滑稽戏的祖师爷王无能，文明戏的"骄子"顾无为、汪优游，无锡滩簧名伶袁仁仪等。这些演员都在"大世界"施展了才能，并且受到观众的喜爱。"大世界"里京剧也很吸引游客，当年京剧名伶孟小冬、张文艳、萧湘云、马金凤等也在此献艺，轰动一时。很多演员都是在"大世界"唱红，由此名扬四海的。黄楚九在戏曲角儿的选用上颇费心思，首先是"名"（名角），再是"新"（新人）。"大世界"内最受游客欢迎的是大京班，虽然进场要另外买票，然而能够看到当时上海久负盛名的文武老生李顺来、红生林树森、武艺超群的盖叫天、著名男旦小杨月楼等名角演的戏，还是感到很合算。黄楚九曾经从小世界挖来年仅14岁的女老生孟小冬，与露兰春合演连台本戏《宏碧缘》，引起很大轰动。大京班因为有了坤角上台演出而改名"乾坤大剧场"。接着，他请来北派孙悟空郑法祥，与南派猴子戏打擂台，剧场又因此改名"齐天舞台"。唱苏滩出身的王美玉和丈夫王君达、妹妹王宝玉、王爱玉演"文明戏"（即方言话剧），也吸引了大批观众。演双簧和变戏法的骆彩武，在表演《巧变活人》时，一抖搭褡，变出才4岁的小姑娘[①]，站在台口唱了一段京剧，赢得满堂彩声。黄楚九将演出做到极致，财源也就滚滚而来。

黄楚九除了强调娱乐项目的数量与质量外，还特别注重具体节目

---

①　这位小姑娘就是唱京韵大鼓的骆玉笙。

的花样翻新。除了常规的演戏、放电影、猜灯谜、坐风车、击电磅、拉杠铃、打落弹、套金刚、吹橡皮牛等游戏外，他还举办一些上海人难得看到的大蟒、两头蛇、蜘蛛美人、怪侏儒和两百磅外国美女展览会等节目。到了夜里，一颗流星弹放到天空，弹匣炸开，撒落无数奖券，让游客们争抢，又笑又闹，一片欢腾。为了满足人们爱寻刺激的心理，"大世界"在节目的"新""奇""怪"上真是下足了功夫。

每逢节日，"大世界"又会有出人意料的新奇节目。比如在中秋节，黄楚九命人在"大世界"底层空场上用木架塔成一个周长 2 丈、高 3 层的巨大月饼。游客花 2 角钱，从大月饼东面底层的一个小洞进去，在月饼里绕一圈，再从西面洞口出来，出口处有人会送给你 1 块真月饼。端午节时，"大世界"天桥四周用白布扎成白蛇，各剧种都演《白蛇传》，演出前，剧中饰演白娘子、小青和许仙的男女演员穿着戏装，在锣鼓声中围着天桥兜一圈，带领游客入场。演到端午节白娘子喝雄黄酒后原形毕露时，竟然从床上的纱帐里窜出 1 条真蛇，扮演许仙姐夫的演员便耍弄真蛇，观众们又怕又喜，大声叫好，到了七月七，底层空场上彩扎出比真人还高出 2 倍的牛郎织女绸像。演出时，牛郎竟会牵着真牛上台，牛叫出的"哞哞"声引来观众阵阵笑声。过元宵节时，游客凭入场券，可以 8 折优待吃 1 碗汤团。举办花神会时，整个"大世界"百花齐放，花香扑鼻；"财神会"上，则有演员扮成五路财神，恭祝游客发财。"大世界"里几乎季季有节，月月有会。每逢佳节盛会，观众潮涌，热闹非凡。更为有趣的是，一般戏馆演员在台上演戏，观众在台下看戏，两不搭界，"大世界"却是场子内外，戏台上下，游客和演员打成一片，走进"大世界"就像进入了五光十色、皆大欢喜的大观园。

黄楚九没有满足于游乐项目的出奇制胜，他还要对"大世界"进行文化包装，利用文化机制提高"大世界"的文化品位。他请文人为"大世界"的各个景观命名，将"飞阁流丹""层楼远眺""亭台秋爽""风廊消夏""广厦延春""花畦赏月""霜天唳鹤""瀛海探奇""莺亭听曲""雀屏耀采"等 10 景题上彩色匾额，游客们到此都要留影，或题上"到此一游"。"大世界"还特别办了一张报纸《大世界报》，在开张之前半个月创刊。这份报纸 8 开 4 版，每份售价 3 个铜板，就放在进口处出售。内容除了介绍"大世界"各个场子的演出节目广告，还辟了副刊专版，发表沪上文人写的随笔、小品和诗词，以及海上漱石生等人写的长篇小说连载。这样一张报纸，让各色人等都满怀期待，也吸引了一些舞文弄墨之士，经常来到"大世界"聚会。后来"大世界"又设一个诗谜摊，让风雅之人有一个好去处。

黄楚九的"大世界"是一个大众化的品牌。其门票价格低廉，人人都消费得起。除了门票价格低廉外，这张门票还有其他用处。游客入场，检票员凭票发 1 张优惠券，可以 7 折购买黄楚九所办烟厂出品的"小囡牌"香烟一包，在 100 包香烟内又有彩票 1 张，可兑换 1 元钱；每 1 包香烟还有购物优惠券 1 张作为赠品，超过 10 张，可以到黄楚九开办的中法大药房 8 折购买药品。同时，凭门票在"大世界"内的餐厅吃饭，可以获吃西菜 8 折优惠，吃中菜 7 折优惠，吃满 30元再赠"大世界"门票 1 张。"大世界"在门票上采取的"赠上加赠，奖中有奖"绝招，吸引了大批市民前来游玩，同时又为黄楚九所办的药厂、烟厂的药品和香烟打开了销路。不久，黄楚九又在"大世界"附近开了 1 家日夜银行，1 元钱就可以开户，凡存满 10 元者赠送"大世界"门票一张，多存多赠。结果，不但"大世界"的观众多了，银行存款数也增加了，"大世界"成了出售他的商品的"大卖场"。

第三节　自成风格：陈之佛书刊封面的创意设计

陈之佛作为工艺美术家，曾经为多种杂志与书籍做过封面设计。他的设计包涵着艺术创意，体现出个人的审美观念，也展示出民族的审美特色，显示了深厚的文化内涵。

一　杂志封面设计的民族气质与异域格调

陈之佛为《东方杂志》《小说月报》《青年界》等杂志设计过封

面，其设计各有特色，显现了设计者的理念与风格。

《东方杂志》封面设计的世界视野和中国气派。《东方杂志》1904 年 3 月 11 日在上海创刊，1948 年 12 月停刊，是中国期刊中影响最大的百科全景式的老牌期刊。陈之佛为《东方杂志》设计封面的卷数是从第 22 卷到第 27 卷。他为《东方杂志》设计的封面显现了"世界视野和中国气派"。他一方面吸取中国传统元素，如书法艺术、汉代石刻图案、中国传统吉祥图案、唐代锦绣图案，再通过自己的灵活运用，创造了极具历史文化感和书卷气的封面；另一方面也"大量运用来自古埃及、古希腊、古波斯、古代印度、古代美洲，以及西方文艺复兴直至新古典主义的各种装饰母题、装饰元素与装饰风格，通过中国式的经营布局、版式设计与字体运用，使之转化为中国式、民族化的艺术气质和艺术品格，严谨而不拘束，端庄而不死板，华丽而不艳俗，兼容而不驳杂，充分体现出多变而又统一的视觉形象特征"①。

《东方杂志》第 22 卷第 5 号到第 24 号，其封面上半部分采用剪影式的中国汉代砖刻画中的人物图案、鸟图案、车图案、马图案，人物形象生动，色彩采用浑厚稳重的褐色色彩，排版有旧式的竖式排版，也有受西方影响的横式排版。但是为了强调民族风格和气派，其排版还是以旧式的竖式排版为主。封面的刊名字体是采用中国书法字体中皇帝画家赵佶的瘦金书，瘦直挺拔，点画有力，横笔带钩，撇笔如匕，捺如切刀，连笔如游

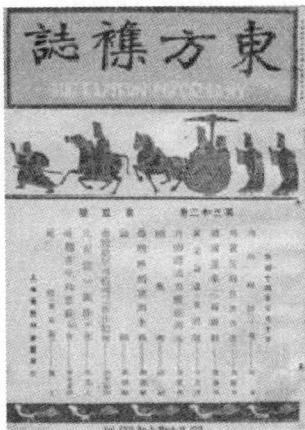

（**《东方杂志》第 22 卷第 5 号**）

丝，总体看来舒展劲挺，非常符合封面的整体风格和《东方杂志》的民族复兴思想。

---

① 袁熙旸：《陈之佛书籍装帧艺术新探》，《南京艺术学院学报》，2006 年第 2 期。

《东方杂志》第26卷第7号的图案则是采用中国传统木刻的艺术形式，黑白对比强烈，线条遒劲有力，表现了幽雅的江南山水，一叶扁舟漂浮在湖面之上，诗意盎然，有着浓厚的书卷气息。《东方杂志》第26卷第15号封面上的图案采用中国民间木雕画的形式，刻画了树下2只对立而站的小绵羊，线条朴拙，敦厚，富有民间风味。其边饰采用青铜器上的回纹，经过艺术处理，显得清新流畅，毫无沉重凝滞之气。《东方杂志》第26卷第15号封面设计的图案选取典型的中国传统阁楼图案，以及传统的水纹和云纹，并以线条的艺术手法加以表现，具有浓厚的东方韵味。《东方杂志》第25卷第24号封面设计的图案也是具有吉祥寓意的云纹和凤凰图案，通过饱满舒展流畅的线条表达形式进行表现。

《东方杂志》第27卷第1号，封面设计的排版用色彩分割为2个部分，上半部分以深邃的蓝色为主色调，下半部分是素净的白色。下半部分占有2/3的绝大部分版面空间，在这一期的封面设计上，擅长图案设计的陈之佛是唯一一次用字体作为主要视觉元素，而图案居于次要地位。在占主导地位的下半部分的版面中，封面的刊名"东方杂志"是采用中国最古老的书体篆书。采用篆书字体，体现期刊的民族精神的宗旨，显得更加具有中国历史文化沉淀感。深蓝色的上半部分占有大概1/3的版面，书名下面的小字体"中国美术号"则采用的是隶书，其他的标明第几卷第几号和日期的说明性文字则采用宋体。在深蓝色背景之上，画有中国古代的吉祥图案狮子，表现方式采用中国传统的白描方式，在整个封面的设计上中国气派盎然纸上。

《东方杂志》第24卷第7号设计的封面图案，土黄色的背景上以黑色的古埃及象形文字点缀。主体图案采用典型的古埃及人物程式图案：正侧面的头部，正面的眼睛，人的上身为正面双肩，腰部以下、臀部和大腿为正侧面。《东方杂志》第24卷第7号的封面设计则体现的是古埃及艺术对陈之佛期刊设计的影响。在排版上，把整个杂志的封面分为3个部分，即上半部分为白底，写有隶书的书名"东方杂志"4字，占整个封面的1/4左右。中间部分占大概1/2以上的版面，中间部分的上下两边绘有粗黑线，用以隔开上部分和下半部分的空间；下半部分为白底，中间部分采用古埃及绘画手法绘有 3 个人物，一个直立的人物，两个弯腰的人物，其背景为深黄绿色，还绘有古埃及的象形文字。《东方杂志》第 25 卷第 9 号的封面设计"虽然采用作者偏爱的波斯装饰风格，然而通过边框纹饰的运用，使之带上了中国式的雍容与华贵。通过线条与节奏等造型语言的改造与简化，使之显示出 20 世纪 20 年代的时尚气息"①。《东方杂志》第 26 卷第 17 号的封面设计，陈之佛采用了欧洲近代文艺书籍常见的装饰形式，通过优雅流畅的线条和刚健有力的汉字书名，体现作者对中西艺术形式和表达方式的精通。

《东方杂志》第 25 卷第 9 号

陈之佛为《东方杂志》设计的封面与杂志的民族精神定位相一致，表现了期刊设计的民族气派，在此前提下又强调期刊设计的多样性和新颖性，因此《东方杂志》在 20 世纪 20 年代表现出的新面貌，与陈之佛持续 6 年的封面设计是分不开的。

《小说月报》封面设计的浪漫格调。《小说月报》1910 年 7 月创刊于上海，是中国创刊最早、发行量最大的文学期刊。1923 年郑振铎任《小说月报》主编，他邀请陈之佛设计《小说月报》的封面。这种邀请，一方面体现了陈之佛的设计实力，得到了社会的认可；另一方面则从一个侧面证明了陈之佛为《东方杂志》进行封面设计的成功。陈之佛一共为《小说月报》设计了第 18 卷、第 19 卷的封面，共 24 期。

陈之佛对《小说月报》的封面设计严格把握其"新文学"的定位，风格清新雅致，与《东方杂志》强调民族精神和民族气派的特点形成了鲜明的对比。《小说月报》一经陈之佛的装帧设计，立即改观

---

① 袁熙旸：《陈之佛书籍装帧艺术新探》，《南京艺术学院学报》2006 年第 2 期。

了原来那种单调呆板的装帧面貌，而以生动、活泼、多样的艺术风姿出现。如陈之佛对《小说月报》第 18 卷（1927），每一期的封面都做了不同的装饰设计，不仅刊物名称字体做了不同的更换，而且各期都以不同环境中的不同女性人物形象出现，表现不同女性健康的形体美。这些不同的女性有的手捧香盒，漫步海滨；有的双手掬花，亭立花丛；有的婀娜多姿，神态轻盈；有的荷下静坐，远眺夜空；有的虔诚默祷，宁静闲谧；有的月下沐浴，潇洒脱俗；有的斜倚花丛，沉思冥想；有的欢聚塘边，轻歌曼舞；有的假寐郊野，心旷神怡；有的吹奏管乐，似神似仙；有的饲养庭鹿，怡然自得，给人以无限的遐想。神态、性格、服饰各异，加之艺术表现手法的不同，有淡雅的水彩画，有浓重的水粉画，有金碧辉煌的镶嵌画，有清丽柔畅的线描画，更使人得到不同意趣、各有观感的艺术享受。

在设计《小说月报》封面的过程中，陈之佛运用自己原创性的图案。这些图案较少看到模仿的痕迹，陈之佛通过自己的生活经验，根据具体杂志的内容定位，设计不同的人物造型，少了历史文化的沉淀感，多了一份清新自然，抒情性较强。《小说月报》第 18 卷第 1 号的封面设计，将刊名放置在封面的顶部，图案占了 3/4 的版式空间。图案用西洋画的手法表现，描画一位婀娜多姿的少女在蔚蓝的天空之下，碧绿的海水旁，金黄色的沙滩之上漫步，远处屹立绿树，少女近处是茂盛的花朵，整个画面表现了浪漫气息。《小说月报》第 18 卷第 5 号图案主体是跪在草地上梳头发的裸体少女，采用的是线描的方式。图案下是篆书书写的刊名及期刊卷数和号数。整个封面设计充满少女的情怀，

《小说月报》第 18 卷第 5 号

强化了新文学期刊的浪漫、活泼、现代、年轻的特点，从而与《小说月报》1921 年以前特点的有明显的不同。《小说月报》第 18 卷第 8 号描写的是一个窈窕修长的少女在湖边驻足观赏花草和碧绿的湖水，

整个场景恬静，充满诗意。《小说月报》第 18 卷第 10 号，描绘的是婀娜多姿、长发拂地的少女斜躺在地上，若有所思，头的侧面还有 2 只蝴蝶在翩翩起舞，远处的绿树也似乎充满感情。其整体的设计风格与《小说月报》的文学追求相得益彰。

《新中华》《中山文化教育馆季刊》封面设计的开放式民族风。1933 年 1 月 10 日《新中华》创刊，开始时由周宪文、钱歌川等人担任编辑，后由钱歌川、章丹枫等人担任编辑，是以时事政治为主的综合性刊物。《中山文化教育馆季刊》创刊于 1934 年，是综合性刊物，三民主义理论是这个刊物主要的研究对象，介绍各类政治、哲学思想，发表有关学术论述和书评，以及报道世界及中国政治、经济动态。蔡元培、陈立夫、胡愈之、马寅初、闻一多等人都曾经为该刊撰稿。1935—1937 年，陈之佛为《新中华》设计了第 3 卷和第 4 卷封面，一共 24 期；为《中山文化教育馆季刊》设计了第 1—4 卷封面，共 24 期。他为这两种期刊设计的封面风格与《东方杂志》期刊的封面相似，均以中华民族为核心，兼收其他民族的艺术元素，体现了一种开放式的民族化风格。

《新中华》第 3 卷第 13 号的封面设计整体上端庄大方，民族气息浓厚，刊名字体选用中国传统的极富金石韵味的魏碑体，是从张猛龙碑中挑选出来的，字体遒劲有力，刊名的外围用中国传统的回纹装饰。《新中华》第 4 卷第 14 号的封面设计同《新中华》第 3 卷的设计保持了一致性，只是把回纹改成了其他传统纹样，体现了期刊设计的系统性。

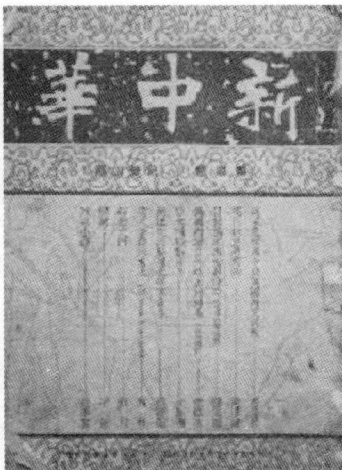

（《新中华》第 4 卷第 14 号）

在《中山文化教育馆季刊》1935 年秋季号和冬季号的期刊设计中，刊物名称竖着排列在左边，字体端庄，约占整个封面的 1/3 版面，图案采用的是古埃及的艺术造型手法描绘

《中山文化教育馆季刊》
1936 年春季号

（《青年界》第 12 卷第 1 号）

的人物。1936 年《中山文化教育馆季刊》的春季号，刊名由左边移置居中，刊名选择的字体仍然和 1935 年《中山文化教育馆季刊》一样，图案采用中国汉代画像砖的艺术处理手法。《中山文化教育馆季刊》1937 年夏季号封面版式恢复和 1935 年一样的封面版式，图案也采用古埃及的艺术处理手法。

两种刊物的定位都是立足中国，同时放眼世界，所以陈之佛在为这两个刊物进行设计的时候，都是通过中国传统的视觉元素，表现中华民族的自尊心和民族气派，同时也用世界其他国家艺术的视觉元素，表现刊物放眼世界的学术视野。

《现代学生》《青年界》和《文学》封面设计的现代派风格。 1930 年，《现代学生》创刊于上海，主编为刘大杰，阅读对象包括中学生和大学生，这个杂志与叶圣陶主编的《中学生》被誉为 20 世纪 30 年代两本最令人瞩目的学生杂志。《青年界》创刊于 1931 年 10 月，是对当时青年一代具有深刻影响力的杂志。1933 年《文学》在上海创刊，郑振铎、茅盾是《文学》的主要发起人。《文学》是左翼作家、进步作家发表创作的阵地，具有反帝反封建的倾向。陈之佛在为这 3 种杂志进行封面设计时，风格简练而现代，充分显示了他对西方兴起的立体主义、构成主义等艺术流派风格的吸收和运用。

《现代学生》第 2 卷第 8 号的封面设计，其视觉元素如人物，房子等，都非常简练、抽象、概括，颜色对比强烈，具有非常强烈的西方现代艺术的造型特点。《青年界》第 12 卷第 1 号的封面设计是一个青年右手举着火把在奔跑，颜色只有褐色和黑色 2 种，对比非常强烈，显示出青年向上的精神风貌，其风格明显受到西方现代艺术的影响。

《文学》第 1 卷第 4 号封面设计图案占据绝大部分的版面，刊名"文学"居于左上角，宋体繁体字，文字从右往左排列。主要图案是滚动的车轮、飞马和从底面耸立而上的长方形建筑，这些都采用几何图形的图案处理方法，显得现代、简练，表现新文学一派欣欣向荣的景象。《文学》第 2 卷第 1 号封面更加抽象，所有图案中没有具体的形象，全都是几何分割式的图案，显得冷静、理性、简练、概括，显示出西方现代艺术对他的期刊设计的影响。

陈之佛把《现代学生》《青年界》和《文学》的封面设计成现代和简练的风格，是和这些期刊的创办背景和宗旨直接相联系的。这 3

（《现代学生》第 2 卷第 8 号）

（《文学》第一卷第 4 号）

种期刊的阅读对象大多数是青年，刊物的内容在当时都具有一定的前卫性。为了体现这些刊物的特点，陈之佛把西方兴起的现代艺术的造型语言运用到《现代学生》《青年界》和《文学》的设计当中，使期刊内容和设计得到了统一。

二　图书封面设计的古典风格与现代元素

陈之佛的图书封面设计主要是为天马书店做的。天马书店是上海一家小书店，成立于1932年，1938年停业。天马书店创始人郭挹清没有把书店开在上海的棋盘街和四马路（今福州路）一带，而是开在北河南路的一条不显眼的里弄内。陈之佛为天马书店设计了"天马"书标，其构图完全是装饰性的，颇有童话意趣。马为黑色，像儿童乘坐的木马。在马身上画有两翼，写有"天马书店"之名，马身的弧形下写有天马书店的英文名。

天马书店主要出版文艺书籍，著名的有鲁迅、茅盾、郁达夫等人的自选集，以及周作人的《苦雨斋序跋文》《知堂文集》，楼适夷和叶以群合译的《苏联短篇小说集》《婚姻与家庭》《小小的心》，洪深的《洪深戏曲论文集》，叶以群的《文艺创作概论》，圣旦著的中国古代历史题材短篇小说集《发掘》等。天马书店出版

天马书店标志

的书大多印制得较精致，用纸很考究，非常重视印刷和装帧质量。每出1种书，都请陈之佛设计书面图案，扉页和封底各有1页印有奔腾式的两匹"飞马"作为出版社的标志，作家自选集一律用道林纸精印，因此深得读者和各地代销店的好评。天马书店也随着这些书的出版发行而逐渐出名。

陈之佛为天马书店进行的书籍设计，其风格特点是多样化的。每种书的具体风格根据书的内容进行定位。不同的书籍内容，便设计成不同的风格，使书籍内容和设计统一起来。有的书籍设计成简练的现代派风格，有的书籍则设计成典雅的传统风格。选择的图案有古典工

艺图案，也有现代几何图案。方格纹样、石刻纹样、青铜器上的纹样等图案都能够在陈之佛为天马书店设计的书籍上发现。另外，为天马书店设计的书籍版权页中，都有陈之佛的签名，这一方面说明天马书店对于书籍设计师的尊重，另一方面也表明天马书店对于陈之佛设计的认可。

《创作的经验》的端庄素雅。《创作的经验》由楼适夷编辑，陈之佛设计封面。封面设计以图案为主，书籍名称为深红色，由鲁迅亲自提笔书写，竖着排列在右边。背景的图案是古代连锁式花纹，颜色为浅黄色。整个设计端庄、素雅、充满文人气息。这本书出版以后，受到全国青年文学爱好者的欢迎，7 个月内再版 2 次，销量达万册。

《恋爱日记三种》的温馨神秘。《恋爱日记三种》的作者是吴曙天，1933 年 3 月由天马书店出版。封面设计以粉红色调为主，主要视觉元素是少女和象征爱情的心型，线条柔和。中心图案是用头发遮住左眼的少女，右眼睁大，少女的左下角是红烛，给人一种温馨而又神秘的感觉。书名的美术字体设计也非常令人夺目，书名从右到左排列，其字中的点都设计成天上闪耀的星星，更加渲染了"恋爱"的美好感觉，增加了青春爱情童话般的美感，使书籍设计和书籍的内容相吻合。

《恋爱日记三种》

《忏余集》的古朴幽静。《忏余集》是郁达夫著的短篇小说和散文集，1933 年 2 月出版。陈之佛设计的封面边框图案由先秦青铜器图案构成，框内是线描的阁楼、青山、绿树等图案画的形象。上端的书名是按照封面的图案设计风格设计的美术字体，字体和图案互相呼应。整个封面设计古朴、幽静，充满意境，体现了浓厚的文学情感色彩。

《英雄的故事》的异国韵味。《英雄的故事》封面设计采用竖构图，划分为 2 个部分，右边用了赭、黑两色，画着对称的雄鸡图案，顶部和底部边上的装饰纹样上下呼应而富于变化，图案有古希腊、古埃及的韵味。左边美术体的书名旁用了一条赭色的文武边，构图稳定，书名的字体采用简写的美术字体，美术字体的连笔、简笔等笔画的处理，使书名的美术字体非常美观。

《战烟》

《战烟》的内容呈现。《战烟》是黎锦明的中篇小说，1933 年由天马书店出版。1932 年黎锦明亲眼目睹了"一·二八"日本对上海进攻和侵略的整个过程，第二年完成《战烟》的创作，赞扬第 19 路军和人民英勇抗战。陈之佛为这本书设计的封面为竖构图，右边是占 2/3 版面空间的图案，左边是占 1/3 版面空间的书名。陈之佛用成群的战斗机和无数的刺刀体现战争的残酷性与激烈性，天空的深蓝色、云朵的白色和刺刀的鲜红色，形成强烈的对比。书名美术字体的笔画粗细不等，错落有致，有的设计成像刺刀，有的设计成像是步枪，体现了书籍的抗战内容，和左边的图案互相映衬，体现出书籍所要表达的内容。

作家自选集的简炼前卫。由天马书店出版发行的民国时期著名作家自选集如《鲁迅自选集》《达夫自选集》等，是陈之佛书籍设计中的代表作。这些自选集的内容主要是体现了作家对社会批判和反省以及新潮的思想，这些思想在当时比较前卫，所以陈之佛把这些书设计得比较现代，设计上受到了构成主义的影响，比较简练。书籍设计都采用统一格式，只是不同书籍的环衬和扉页所安排的底色调不同而已。书籍的封面设计简练大方，环衬是用白色的线条，绘制 2 匹长着翅膀的飞马迎着太阳奔去；扉页是用中国古代青铜器上的装饰纹样，组织成四周的花边，中间是竖着排列的仿宋体字书名，左边下方竖着排列仿宋体字书店名称；书脊也只是用仿宋体写着书名和"天马书店印行"，而没有作者的名字。封面则是竖构图，色彩只有底色和白色，书名直接竖着写在竖白条上，简练至极。

整体地看陈之佛的书刊封面设计，其特点一是钟情于图案的运用，在中外传统装饰性图案中汲取精华，形成了自己独特的风格特点；二是书刊设计的"书卷气"，包含着深厚的精神内涵和审美内涵；三是根据书刊的内容和定位进行设计，使内容与形式达到高度一致。陈之佛的书刊设计实现了艺术性和商业性的有机统一，其设计之中体现的世界视野和民族气派，开创了中国现代书刊装帧设计的新时代。

第四节　巧智妙用：宁波帮的其他经典创意

宁波帮的许多创意都可以称作是"巧智慧心"之作，几十年以后的今天看来，仍要大赞其妙。那些创意有灵性，有美感，它不是来自于头脑而是来自于心灵。做出这些创意的人，有些并不是经营文化产业的，但是在为自己的产品做广告宣传时，也以自己的心智参与到文化创意活动中，并留下了许多经典作品。

一　周祥生电话号码广告之"巧"

周祥生①创办的祥生出租汽车公司曾经创造一时辉煌，这与他独特的广告创意是分不开的。20 世纪 30 年代，客户雇车的习惯方式是电话叫车。当时外商经营的"云飞"车行电话号码是 30189，谐音为"三人一杯酒"，易记易叫，而祥生公司只有一个普通号的电话，不容易被人记牢。凭着商人的精明，周祥生意识到应该有一个用户背得出、记得牢的电话号码。他利用本公司的 1 位职员与电话公司营业部主任的关系，多方与之周旋，得到了 40000 号的电话号码。为了让

---

①　周祥生（1895—1974），原名锡杖，又名锡祥，后改名祥生，定海周家塘人。1919年经营出租车业务，1932 年正式登报宣布成立祥生出租汽车有限公司，任董事长、总经理。

40000 电话号码叫响上海滩，周祥生在广告、营销方面着实动了一番脑筋。

（祥生出租汽车公司第三车行）

当时，中国市场正处在大力宣扬抵制日货提倡国货的热潮里，巧合的是，当时中国的人口总数正好是 4 亿（4 万万），周祥生利用 40000 号电话号码的巧合，推出了"4 万万同胞请打 4 万号电话""中国人请坐中国车""我们中国人应坐华商车"等一系列既贴切自然又激动人心的广告语。广告一出，大大增加了祥生公司的知名度和营业额。祥生公司的汽车外壳也很有特色，一律为墨绿色，车头上钉着圆形的铜牌标志，白底蓝圈，车尾部也喷涂了公司标志和 40000 号码，甚至司机的号衣、帽子上也不例外。这种统一的标识给人们留下了深刻的印象。平时乘坐祥生的出租车会被赠予印有"40000"和爱国广告语的青绿色饭碗；年底时，祥生车行则到处分送日历，日历底板上当然也是"40000"和爱国广告语。

周祥生又从细节入手将自己的公司广而告之。当时的电话机通常是挂在墙上使用，听筒无处搁放，周祥生抓住这个细微的旁人疏忽之处，请人设计了一种小巧的金属搁架，架子上方压着祥生公司的标记和 40000 号码，然后派人到处免费安装，共安装数万只，几乎是有电话的地方就有祥生公司的金属搁架和 40000 号码，普及率极高。尤其是舞厅、酒店、戏楼、赌场、赛马场等用电话较多的场所，更是无一遗漏。祥生公司此举出钱出力，分文未取，但是收获之大非同寻常，只要人们一走近电话，就会看到祥生的 40000，只要用车，也就立刻会想到祥生公司。另外，祥生 40000 电话还开通了问讯服务，提供天气预报、报时及查询轮船、火车的始发时间，那些问询火车、轮船始发时间的顾客，常常还会要求租车，无形中生意又做大了。周祥生还在上海各主要报刊及电话簿封面上大做"祥生40000"广告，比如《新闻报》头版的刊头下面就长期刊登祥生公司的广告，电话簿的封面和书脊上也有显眼的祥生广告，这样的广告策略使祥生的40000号电话在上海几乎是家喻户晓，公司的营业额随之直线上升，压倒美商的"云飞"而成为近代上海最大的一家出租车公司。

二　郑子褒①《四五花洞》唱片策划之"智"

1931年6月，上海大亨杜月笙的杜氏祠堂落成，京剧名伶云集上海，其中"四大名旦"②与雪艳琴、高庆奎、金少山合演的《五花洞》是杜氏祠堂会最精彩的节目。《五花洞》是一出热闹的京剧，一般多在堂会、农历腊月二十三小年的封箱戏时上演，剧情荒诞搞笑，插科打诨，热闹非凡。其剧情是蜈蚣、蝎子、壁虎、蛤蟆、毒蛇等在五花洞修炼成精，因为恨仙道张天师与它们作对，遂前往京都作乱。路上恰遇武大郎携妻潘金莲寻访其弟武松，二人一矮丑、一娇媚，相映成趣，妖精遂幻化成2人模样相戏。真假武大郎、潘金莲相貌言语一般无二，难辨真伪，乃互相扭至阳谷县衙申告。知县吴大炮难以判识，五毒精又变出一假知县与之哄闹。恰逢包拯（另有版本为张天师）巡视至此，以照妖镜辨出真伪，又请来天兵天将降服了众妖。原戏中有一真一假2对，后来越加越多，4对（两真两假）演就叫"四五花洞"，8对演（四真四假）就叫"八五花洞"，10对演（五真五假）被称为"十五花洞"。杜氏祠堂会结束后，长城唱片公司经理叶庸方③灵机一动，打算请"四大名旦"共灌《四五花洞》1张。此前，长城唱片公司曾经请梅兰芳、杨小楼录制了1套6张的《霸王别姬》，引起了市场的关注。若这张唱片能够录制成功，定将为刚成立不久的长城唱片公司再添上精彩的一笔。

---

① 郑子褒（生卒年不详），浙江余姚人，戏曲剧评家。

② "四大名旦"指的是京剧界的梅兰芳、程砚秋、荀慧生、尚小云，1927年北京《顺天时报》举办"首届京剧旦角最佳演员"活动时评出。

③ 叶庸方（1903—1944），浙江定海人。他主办的永兴国剧社为天津近百年史上三大票房之一，在上海和张啸林合资创立长城唱片公司，为中国京剧唱片事业做出卓越贡献。

叶庸方请梅花馆主郑子褒共同策划此案。郑子褒是上海著名的剧评家，曾经任《半月戏》《十日谈》《金刚画报》《戏剧画报》的主笔，并且与众多名伶有深交。"四大名旦"很快就答应了他们的邀请，但是具体的实施方案却令他们颇费一番心思。第一个困难是词腔的处理。若按舞台上的唱法，真假潘金莲各分 2 名，先由两人合唱一句，再换两人接唱一句，但是这样前后词腔均无变化，而且在唱片中无法显示每个人的特色。经斟酌，后定为每人独唱一句，唱词各异，唱腔自谱。每人独唱一句，就出现了第二个困难，演唱之先后问题怎么处理。安排梅兰芳唱首句，大家都同意；程砚秋自谓可唱第二句，尚小云称第二句应该由他唱；荀慧生则表示若唱第三、四句，宁可不干，这项策划因此几乎告吹。郑子褒出面斡旋，先对程砚秋说他是饱学之士，以他目前的声望若和梅兰芳做神龙首尾相应，将受人嘉许；又找荀慧生说他的嗓音低柔，第二句须翻高，如有逊色，反而不美，而第三句婉转低腔更显荀腔特色。程砚秋和荀慧生皆允，尚小云便如愿以偿。《五花洞》遂成《四五花洞》。稀世珍品来之不易，万事俱备后，荀、尚、梅、程自右而左并立于收音机前，4 人同声念白："咳，这是从哪里说起……"接着拉过门，梅、尚、荀、程依次各唱 1 句，最后合唱"十三嗨"。一张由"四大名旦"合作的唱片，终于大功告成，《四五花洞》之佳音终于得以永存。

唱片灌录完成后，又出现一个困难，名字的排列顺序问题怎么处理。梅兰芳众望所归，程砚秋正当红极一时，荀慧生声誉日隆，而尚小云资历最老。4 人排名问题引起了梨园界与戏迷的议论，大家都等着看这张唱片的排名结果。最后，策划人匠心独运，特制一轮轴心名牌解决了这个难题。这张唱片还未制作完成，就已经引起舆论关注，并且对四人排序问题展开讨论，所以唱片一上市就处在热卖中，使长城唱片成为名牌。今天回看这张京剧唱片的稀世珍品，果然如长城唱片公司广告词所说的那样，是"空前绝后千古不朽之佳作"。

三　任士刚"鹅牌"广告之"美"

1924 年，任士刚[①]与 5 位同学共同创办了五和织造厂。"五和"是"5 个老板和气生财，团结致富"的意思。在宁波方言中，"鹅""和"读音相谐，因此他们决定用"鹅牌"作为五和织造厂的产品商标。1928 年"鹅牌"汗衫诞生，其产品质量在全国名列前茅，而由任士刚策划的广告宣传推广，在全国也属一流。

任士刚策划的广告独居一格。别的厂家做的是平面广告，他们推出的鹅牌广告则是立体广告。通过王万荣的荣昌祥路牌广告公司的精心设计，五和织造厂在中华商业第一街南京路与成都路相交路口的仙乐斯草坪上，用当时较少见的斯门汀（即水泥）浇塑了 5 只红顶白羽的白鹅雕塑。它们嬉戏在芳草如茵的草坪上，或引吭高歌，或振翅欲飞，或追逐嬉戏，形态逼真，各异其趣。在绿地后面竖立了 1 块高大的"鹅牌"汗衫广告牌，这使得观赏者很自然很容易地把街头景点同"鹅牌"汗衫、五和织造厂这个生产企业联系在一起，起到了很强的宣传企业及其产品的作用。这种立体广告在当时也是一个创新，引来众多过路人的驻足观看，并且由此成为当时南京路上一个有名的景点。人们既看了商标"鹅牌"，又欣赏到漂亮的雕塑作品，可谓一举两得。这则"鹅牌"广告像 1 尊艺术珍品一直保存至今。登广告的五和织造厂曾经说过：只要这片绿草地存在 1 天，5 只白鹅和它周旋到底，我们的广告也决不停做 1 天。

任士刚还在风景如画的杭州西湖专门打造了数条形态各异的鹅型游船，供游客泛舟西湖。船工平时总是把游船内外打扫得干干净净，招待温馨而周到。在风和日丽的日子，人们远远地看去，总有几只巨大的"白鹅"游船缓缓地游弋在碧波荡漾的西子湖上，成为五和织造厂的活广告。登上游艇的广大游客既观赏到西湖美景，又享受到"鹅牌"为游客的服务。这样一来，一批批游人也成为"鹅牌"的义务宣

---

① 任士刚（1896—1946），江北区慈城镇下横街人，中国实业家，近代纺织业先驱之一。

（鹅牌商品广告）

传员。对乘船游客来讲，泛舟是一种情趣高尚的户外活动，对岸上的游客来讲，白鹅游船又是一种引人注目的广告宣传。经过广泛的宣传，"鹅牌"卫生衫"绒厚暖热"，麻纱汗衫"凉爽细洁"，棉毛衫"柔软舒适"的理念深入人心，广大市民认同了五和织造厂的产品"冬暖夏凉，唯'鹅'独尊"的名牌地位。

"鹅牌"汗衫广告在浙江绍兴也做得非常有特色。任士刚利用闻名中外的书法圣地绍兴兰亭大做"鹅牌"汗衫的宣传。兰亭四周浅溪淙淙，幽静雅致。园内"鹅池""曲水流觞""兰亭碑""御碑亭""右军祠"等建筑精巧古朴，具有非常深厚的文化底蕴。鹅池池水清碧，白鹅戏水，与鹅池碑相呼应。相传碑上的"鹅池"2字，"鹅"为王羲之所书，"池"为王献之所书，父子合璧，被人称为"父子碑"。在这个与书圣王羲之以及他所爱的"鹅"有关的景点上，任士刚悬挂上"兰亭鹅池为东南第一胜景，鹅牌汗衫为东南第一佳品"等大型书法条幅，又把大群喂养的白鹅引入，以此宣传自己的品牌。广大书法爱好者、旅游者来到茂林修竹、清流急湍、风景清幽的鹅池旁，既能够欣赏到一块块珍贵的书法碑碣，又能够看到他们长期认养的一群群美丽、多姿的白鹅，只只白鹅就这样成了"活体"广告，从而使人们加深了对"鹅牌"的印象。选择著名旅游风景区中的书法圣地兰亭鹅池旁做"鹅牌"广告，真是绝妙的创意，既宣传了产品，又增加了文化内涵。

任士刚的五和织造厂还经常在上海等地的报纸杂志上，采取与众不同的广告宣传手法来提高"鹅牌"的社会影响。他们在报纸杂志上选登各种"鹅牌"图样的画谜吸引社会各界人士踊跃参加。如谜画上印有一幅5只鹅嬉戏于5株荷花的池塘，要求读者根据图意作短文或诗歌。每次均有上千人投稿应征。一位消费者撰诗高度赞扬"鹅牌"：

"白鹅映碧荷，妙理谐音罗；韵事追千古，商标说五和；品高差比拟，色洁胜如何？料想风行日，口碑载道多。"这就很能够说明当时"鹅牌"的影响。

任士刚五和织造厂的"鹅牌"广告宣传具有丰富的想象力，又有深厚的文化涵蕴，他们构思、策划出一次次高规格的"鹅牌"宣传创意，在今天仍然在放射着光彩。

四 马友友"丝路计划"策划之"高"

马友友①一直致力于将音乐化为一种沟通的语言，跨越世界不同种族，拉近人与人之间距离。为此，他投身研究国乐、中国传统乐器、非洲卡拉哈利的丛林音乐等，并于1998年富有创意地开启了"丝绸之路"音乐计划。

1998年，"丝绸之路"音乐计划（以下简称"丝路计划"）正式创建。这是一项非盈利性的大型音乐艺术工程，其灵感来源于古丝绸之路上各种文化和思想的交融，这条古商道就像一个网络连接了从公元前第1个千年直到公元后第2个千年中期欧亚大陆的各个民族和传统。马友友认为丝绸之路代表着中西方文化的交流与融合，他要将这一切融入到音乐之中，以音乐增进文化的融合和人类的相互理解。"丝路计划"好比一支"文化旅行队"，旅行过程中，世界各国音乐家们重新发现了世界共同的历史——原来全世界50%以上的人口都与"丝绸之路"有渊源。他的"丝路计划"旨在通过一场跨时空的历史之旅，展现丝绸之路沿途各国的风俗民情，将从地中海延伸至太平洋的古丝绸之路商队的文化、艺术、人文等传统重新介绍给世人，最终目标是要通过把全世界的艺术家和观众聚集在一起拉近各地域间的距离，使这些国家的文化遗产重见天日，促进艺术的创新和学习。《芝加哥论坛报》评价说："'丝绸之路'以一种奇特美妙的方式穿行于世界各地。我们不能忘记当代音乐家长期以来对于诠释多元文化所做出的努力，而'丝绸之路'对此不仅是一

---

① 马友友（1955— ），大提琴演奏家，祖籍宁波鄞县，生在法国，长在美国。

种实践，也是一种实现。"①

"丝路计划"的核心是丝绸之路合奏团，这是从来自不同文化和国际音乐传统的表演家和作曲家中精心挑选出来的人员组成的一支合奏团队。这支团队汇集了众多对发掘东西方音乐之间传统和创新的关系感兴趣的音乐家、作曲家以及编曲，他们找寻代表此地传统的声音，发掘资料，一起创作，一起研讨，一同编曲，2001 年 8 月在纽约完成了第 1 张专辑。他们的演出遍及欧洲、亚洲和北美。在音乐传播的过程中，丝绸之路合奏团还联合其他的一些机构共同展现来自丝绸之路的音乐、视觉和叙述传统，探索文化的关联，建立学习和教学同为一体的对话过程。2001 年，"丝路计划"以北京为起点开始丝绸路音乐之旅。多年以来，马友友和他的合作伙伴们，成立了"丝绸之路专案小组"到古丝绸之路沿线进行实地考察，发掘各国各民族优秀的音乐家，用自己的大提琴与中国的琵琶和笙、日本的尺八、印度的鼓等东西方各种乐器同场演奏，同时也把这些音乐家和他们优秀的作品介绍给西方听众。目前，丝绸之路合奏团已经去过 29 个国家，举行约 150 个演出场地的巡回演出，演出遍及欧洲、亚洲和北美。其包含民族音乐精髓又结合现代音乐元素的演出风格受到观众热烈欢迎，几乎场场票房售空，观众达数千人。丝绸之路合奏团的演出富于创新和活力，他们从各人不同的背景中发掘传统和现代音乐形式，这为他们自身的艺术成长提供了创造性的平台，并且使观众对丝绸之路有了更深的了解。他们毫不吝啬地在舞台前后贡献出他们的音乐才能，开启了许多足以永远改变生命的对话。

丝绸之路合奏团拥有来自 20 多个国家的音乐家，除了艺术总监马友友外，其成员包括世界各地成功的音乐家，如华人作曲家盛宗亮、谭盾、赵季平、朱践耳，琵琶名家吴蛮，摇滚乐手吴彤，美国小提琴家托德·瑞诺德、打击乐手约瑟夫·格莱姆雷、贝司手埃德加·迈耶，印度手鼓艺人桑蒂普·达斯，伊朗音乐家基汉·卡罗，日本尺

---

① 赖睿、潘笑天：《"格莱美"上寻常见金色大厅几度闻：扫描国际乐坛上的"中国脸"》，《人民日报海外版》2009 年 2 月 27 日第 13 版。

八演奏家梅崎小次郎，阿塞拜疆作曲家法兰兹·阿里萨德，蒙古声乐家甘巴塔尔等。丝绸之路合奏团在继续保持传统文化艺术完整性的同时也建立着全球性的联系，并且致力于取得卓越的艺术成就及定期推出新的作品。现在来自18个不同国家的作曲家已经创作了超过60首（部）的音乐作品。其中包括赵季平的《关山月——丝绸之路写意》、朱践耳的《丝路梦寻》、法兰兹·阿里萨德的《阿尔比风格》等。《丝路梦寻》主要描写了丝绸之路上的商队从沙漠归来，途经中国西北山区的情景；《关山月——丝绸之路写意》则描写了中国塞外风光以及人类对远方无穷无尽的想象。在这两首曲子中，中西方的乐器彼此交织，进行音乐上的对话。如今，凸显丝绸之路沿途各个国家音乐精髓的"丝绸之路"，已经成为世界音乐的顶尖品牌。

丝路之路合奏团还联合其他的一些机构共同展现来自丝绸之路的音乐、视觉和叙述传统，他们通过演出、教育项目以及大学、学院、博物馆和学校的一些场所吸引了来自美国及全世界的观众和各种团体。现在"丝路计划"又增加了建立本地乐团的内容，以使这个计划长线发展。目前，已经有了4个这样的乐团：一是中国的"喜鹊"乐队，由吴彤和2位同道者组成；另外三个分别在印度、阿塞拜疆和伊朗。"丝绸之路"将横跨欧亚的古丝绸之路沿线的音乐艺术、人文风景重新呈现，连接起不同的文化。马友友的"丝路计划"的意义，在于利用音乐把不同国家、不同民族的人们吸引在一起，在这个日益开放、相互依赖的世界中，为全世界的音乐家树立起一个榜样，让人们亲身感受到民族音乐也能够提升到古典室内乐那样的高度和水平。

五　周信芳"改良靠"设计之"妙"

京剧服饰带有强烈的中国特色，按种类可以分为大衣、二衣、三衣和云肩4大类。其中大衣类的服装包括：蟒、改良蟒、旗蟒、官衣、改良官衣、学士官衣、判官衣、开氅、鹤氅、帔、八卦衣、法衣、僧衣、褶子、宫装、古装、裙、裤、袄以及其他服饰配件；二衣类服装包括：靠、改良靠、箭衣（其中含龙箭衣、花箭衣、素缎箭衣、布箭衣）、马褂（其中含龙马褂、黄素缎马褂、铲子马褂）、抱衣

（含花、素）、夸衣（含花、素、绒、布）、卒坎、龙套、大铠、青袍、茶衣、大袖等及其他配件；三衣类服装主要包括靴鞋及内衣装束等；云肩也叫披肩，常用四方四合云纹装饰，并且多以彩锦绣制而成。

"靠"属于二衣类服装，也称甲衣，源于清朝将官的绵甲戎服，后来演变为传统戏曲中武将的服装，象征甲胄。因为紧护着人的身体而名之为"靠"。靠分硬靠和软靠，硬靠可插三角形的靠旗（一般用4面绣"单龙戏珠"的缎料靠旗），即表示人物全副武装，已经处于临战状态。穿靠而不扎靠旗称"软靠"，用于非战斗场合的武将。"靠"的款式比较复杂，其样式是：圆领、紧袖、身长至足，由靠身、护肩、腰窝、靠肚、吊鱼、后斗、靠腿、靠领、靠旗、靠杆、靠枕、靠穗、靠掌、靠绸、靠绳等附件组成。全身共有绣片31块，其中有3块可移作他用。穿蟒或穿箭衣者围靠领，象征武将；单用2块靠腿者，象征丢盔卸甲的败将，具有符号意义。"靠"的色彩也很丰富。一般来说红、蓝、紫3色花脸用得较多，白色多用于英俊武将，杏黄色多为老年武将穿用，绿色为红生、红净专用，黑色多用于勾黑色脸谱的人物，粉红、湖色多为小生穿用，其他杂色多为配角人物穿用。

硬靠　　　　　　　　软靠　　　　　　　　改良靠

还有一种"改良靠"，为周信芳所创。1915年，周信芳进了丹桂第一台，在演汪笑侬改编的历史新戏《张松献地图》时，由于周信芳饰演的刘备是个配角，如果按照传统的扮相，刘备要穿上红蟒的帝王服装，色彩鲜艳，气派又大，相比之下就会压过主角张松的扮相。周信芳根据既不失刘备的身份，又不可抢了张松的戏份为原则，给刘备设计出了一种特别的"靠"：把腰部绣有大虎头的"靠肚"去掉，系紧腰栏，外面斜穿着红官衣，露出一只臂膀，又将插在背后"靠旗"的尖角剪去，原先的四面三角形小旗变为长方形镶花边的"靠旗"，还把底下"靠腿"的卷角由外翻改为里翻。这一身"靠"的服饰既符合角色的身份，紧巧而显得精神，又与主角的改良装束交相辉映。这个创意被称作是"海派"京剧的一大创举，因为这种服装样式在京剧舞台上，一来不失大将风度，二来减轻了演员的表演负担，其轻便性特别适用于高难度的武打动作，成为男、女武将的轻便铠甲。

周信芳"改良靠"的创意，除满足了"靠"本身的表意功能外，还对整体的艺术表现起到了很好的作用，所以在京剧界得以广泛使用。经过不断加工，"改良靠"现在已成定式：靠腿分前后左右共 4 块，软带上及肩部有半立体虎头。甲片缀排穗（不扎靠旗）。这种服装造型具有简洁轻便的特点，由于不及传统靠的样式威武，所以一般用于普通将官，更多的是用于"番邦"将官（番将用时需加"狐尾"）。"改良靠"作为与硬靠、软靠并列的一种类型，在京剧舞台上已经有着不可或缺的地位。

宁波帮的上述创意经典，已经载入历史史册，但是它不独属于历史，还属于现在。他们将脚跟稳稳地建立本民族文化的基础上，广泛吸纳其他文化的营养，运用自己的聪明才智，将想象与灵感发挥到了极致。他们的创意既是商业的也是精神的，所收获的附加值也不仅是经济的，更是文化的。当我们重回历史现场，翻阅文化产业初兴时代宁波帮留下的这些创意"财富"时，不得不惊叹他们前瞻性的眼光与超前的行动能力。他们的实践不仅为后人留下了宝贵的经验，启发他们的创意思维，而且还将继续推动文化产业的建设与发展。

宁波帮在中国现代文化
产业发展进程的意义

从 20 世纪初叶到 21 世纪，宁波帮的文化产业可谓高潮迭起，精英荟萃。他们领风气之先，走在了中国文化产业发展的前列。在中国现代文化产业的发展进程中，宁波帮文化产业家及产业精英的作为具有历史性影响。他们是中国现代文化产业的开路先锋，在诸多领域都有开创之功；他们在产业发展过程中留下了许多经营管理经验，至今仍具有启迪意义；他们奋斗的成功与失败又对从业者的素质与定位提供了有价值的参考。这些都是宁波帮在中国现代文化产业发展进程中的意义所在。

一　宁波帮是中国现代文化产业发展进程中的开路先锋

宁波帮在中国现代文化产业的诸多领域中独领风骚。在电影业、娱乐业、新闻出版业、文博物业、体育业、艺术业，他们以原创性、开拓性、个性化的特征首开先河，创造了无数的"第一"。在电影界，张石川组织经营了中国第一个电影制片公司新民公司，导演了中国第一部有情节的故事片《难夫难妻》、第一部新闻片《上海战争》，第一部多集武侠片《火烧红莲寺》，第一部有声电影《歌女红牡丹》；在娱乐界，黄楚九创办了中国第一家屋顶花园"楼外楼"、中国第一家综合娱乐场"新世界"，建立了远东第一大游乐场"大世界"，创办了中国第一家发行量最大的娱乐企业报"《大世界报》"；在创意领域，王万荣的荣昌祥广告公司在同业中独占鳌头，被称作"路牌广告大王"，陈逸飞的视觉艺术创意公司的成立意味着创意产业在中国开始萌芽；在出版界，鲍咸昌主持的商务印书馆铸造了民族出版业最著名的品牌，创造了中国现代出版业的诸多第一。张静庐首创我国第一家以代定、代办、代理杂志发行业务为专业的新型书店，邵洵美从德国引进代表了中国当时出版最先进水平的全套影写版照相、制版、印刷设备；在报业，金臻庠创办的《时事公报》是宁波历史上发行时间最长、发行量最大的报纸；在文博界，马衡是"中国金石学第一人"，他主持了历时十余年的故宫文物"长征"。马承源是文物抢救第一人，他主持建造的上海博物馆是"二十世纪最后的绝唱"；在体育界，应昌期第一个提出世界围棋规则要统一，第一个倡导举办世界职业围棋锦标赛，第一个举办世界电脑围棋赛，第一个推出应氏杯世界青少年围棋赛。王正廷是第一位中国奥运会委员，舒鸿是第一位奥运会篮球决赛裁判，林海峰是日本第一位名人本因坊，傅其芳教出了第一位中国乒乓球世界冠军，魏纪中是新时代第一位体育产业的掌舵者……这些辉煌既是宁波以及中国的骄傲，也是宁波帮对中国现代文化产业做出的巨大贡献。

宁波帮能够在中国现代文化产业发展的进程中独领风骚，其内在的精神动力便是他们"敢为天下先"的精神。"敢为天下先"，是一种观念的创新与突破，是一种个性的培育与张扬。它需要有敢于"第一个吃螃蟹"的巨大勇气，需要有"吃得苦中苦"的奉献精神，需要有"走自己的路，任人评说"的博大胸怀。正是这种合力，才使他们抓住了历史的机遇，创造了宁波帮文化产业的辉煌，成为中国现代文化产业发展进程的开路先锋。

二　宁波帮为中国现代文化产业提供了诸多经营管理经验

宁波帮在中国现代文化产业的经营中积累了丰富的经验，他们的管理方式与经营手段在今天依然具有重要的指导价值。对于营利性文化产业，宁波帮基本的经营管理思路是重视现代化管理，重视市场，重视服务，重视营销，重视人才与先进技术，实行管理与竞争互补，产品与市场接轨、服务与营销共进、人才与技术并重的管理方针。而对于公益的文化产业，他们从使命感与事业心出发，用心经营，从而形成自己的特色和品牌。

　　宁波帮的文化产业重视引进先进的经营管理理念，但是他们不是照搬照抄，而是依据行业特点建立自己的管理制度与经营模式。比如从"明星"到"邵氏"等电影公司，均借鉴西方制片厂制度的一些管理模式，分工合作，各尽其能。他们以明星号召票房，以内容吸引观众，发展电影院线，参与市场竞争。这样的管理与经营模式，使明星公司红极一时，也使邵氏称霸三十多年；黄楚九的娱乐业经营，则走大众化路线，既在内容上以新奇怪满足观众的好奇心，又以贴心的服务让观众来后还想再来。他建立自己的产业链，重视广告宣传，有效的经营策略把他的事业推向巅峰。张静庐的出版经营不仅重视内容选择，也重视读者的需求，他率先采用的开架售书方法到现在仍在延用。

　　宁波帮文化产业重视人才和先进技术，依靠人才出效益，依靠技术进步推动产业发展。商务印刷馆因为一大批知名学者和专家加盟，才迅速成为一个真正意义上的出版企业。而不断进行的设备更新和技术改造，又使该馆印刷质量及印刷规模在东亚名列首位，最终打破了外国人垄断中国印刷业的局面，铸造了民族出版业最著名的品牌。电影产业不仅网罗表演人才，也特别重视电影技术人才，"明星"公司因为有了摄影师董克毅，才使电影特技走上银幕，取得了如梦如幻的电影效果；邵逸夫因为有了许多后来扬名四海的一流导演、一流明星，一流宣传策划者，才使邵氏很快进入发展的鼎盛时期。宁波帮文化产业的一系列经营管理理念与实施策略在当代文化产业的发展进程中仍然具有现实意义。

　　公益性文化产业的管理与经营最重要的是事业心与使命感。这是从事这类行业的精神基础，能否在寂寞中守护这块精神家园，是否千方百计将那些宝贵的遗存集中起来留给后人，全在于心中一念。在商业大潮的冲击中，能够坚持这一点尤为重要。有了使命感与事业心，才会对那些古代流传下来的文物书籍进行全力搜求并且想尽办法予以保护，才会采取各种手段让文物与文献的价值得到最大的实现。马衡、马承源、谈家桢、张寿镛、冯孟颛等人就是在这种精神的推动下，才在文博与藏书事业中做出了巨大贡献。藏书家们一边管理经营，一边著书立说，藏以至用，传播文化。随着现代图书馆制度的建立，私人藏书虽然已成为历史，但是藏书家们倾情奉献的藏书却丰富充实了现代图书馆的馆藏。现在博物馆事业方兴未艾，在常设陈列与临时展览相结合的经营方式中，在充分利用媒体资源，深入宣传提升博物馆形象的过程中，在吸纳社会各界财力资源，积极开拓市场渠道，充实博物馆藏品资源的运作中，都能够发现曾被宁波帮文博家推行过的办法。这当是宁波帮文化产业家们给我们留下的宝贵财富。

三 宁波帮给文化产业的从业者提供了定位上的参考

文化产业是一个特殊的行业，它既与经济效益有关，又与人们所追求的精神价值有关。如何平衡这两者之间的关系，宁波帮文化产业的从业者以自己成功或失败的经验为我们提供了有益的借鉴和参考。

先从文化产业经营者的角度来看宁波帮给我们留下的启示。张石川以娱乐性的商业电影创出了中国电影的票房奇迹。作为第一个"敢于吃螃蟹的人"，他工作的轴心始终围绕着"票房价值"而展开。鸳鸯蝴蝶派影片赚钱就拍鸳蝴片，武打片卖座就拍武打片。左翼电影兴起，他也拍了《脂粉市场》《前程》《压岁钱》等片。为了配合国民党剿共，他又拍了纪录片《剿匪纪实》……由于赚钱是其首先考虑的要素，因此在电影生产上往往"唯利是图"，产品质量也因此参差不齐。比如当众多小公司以低成本重复制作"神怪片"导致泛滥的时候，张石川为占据市场不惜以量代质，以致一些影片荒唐怪异且错漏颇多，负面作用明显，被政府当局电影检查委员会严令禁摄。只考虑赚钱的结果最终变成了没钱可赚。

邵洵美则从另一个方面让我们深思。邵洵美是一个出色的出版家，却不是一个合格的商人。他开办金屋书店、时代图书公司，出版了一系列有影响的期刊，培养了很多作家、编辑、漫画家；他主持的《声色画报》、"论语丛书"、"自传丛书"、"新诗库丛书"、"时代科学图画丛书"等，至今仍为人所津津乐道。然而邵洵美的苦心经营只实现了文化价值却几乎没有商业回报。他很少去做市场调查，也极少去做通盘考虑，做事常常随性而至，认为只要自己觉得有意义，就会受到社会的欢迎，结果总是事与愿违。他从德国订购了全套影写版设备，但是从没有考虑过印刷业务量的问题，以致有一段时间，机器停工的时间远比开工的时间要长。《万象》画报创刊时宣称要"将现代整个尖端文明的姿态，用最精致的形式，介绍于有精审的鉴别力的读者"，但是却不去考虑读者的"欣赏兴趣"和"购买力"，以至于内容丰富，装帧堪称豪华的刊物只出了三期就不得不停刊。邵洵美虽然给后世留下了很多精彩漂亮的出版物，但是一份偌大殷实的家产也因此被他消耗殆尽，一度要靠夫人点当首饰来度日。邵洵美不在意生意的成败，也很少总结经验教训，只一味地从头再来。他不懊悔自己做了不赚反赔可心里喜欢的事，但是作为出版商对商业经营没有一点擘画，显然在定位上也有失偏颇。他们的经历告诉我们，文化产业的经营者要把"文"与"商"结合起来进行定位，否则就会像跷跷板一样，或者因追求商业利益而失了文化品位，或者因追求品位而商业收益甚微，以至于产业难以为继。"文"与"商"的不平衡所带来的损失是双重的，粗制滥造在失去当局及观众认可之后自然也失去了经济收益；不思商业经营带来的坐吃山空则致使文化品位的追求因不能持续出版而难以实现。

　　对于文化产业的从业者来说，在专业上有所成就当是最大的追求。那些成功者都有一种对事业执着的追求精神，不计较金钱名利，只要能够从事自己心爱的事业，一切都在所不惜。应云卫为了他所热爱的戏剧、电影事业，放弃了收入丰厚的稳定职业，去做生活没有保障的"戏剧买办"，一度生活窘困到连自己的孩子都只能寄养在亲戚家里，但是最终成为著名导演；张寿镛藏书十数万，广收善本、珍本及乡贤遗著，最终编成《四明丛书》……为了自己追求的目标，他们练就了过硬的专业本领：袁牧之被称为戏剧"千面人"，周信芳可以表演各种行当，林海峰是一代棋王，马友友是跨界高手，丁景唐既是编辑也是学者，傅其芳既能够打球也能够写书……这一群人，他们以高超的专业能力在各自领域里独领风骚，体现了超越功利的事业心与传承文化的责任感。他们的经验告诉我们，执着的追求精神与过硬的专业素质（包括天赋才能与后天的训练）是事业成功的前提和条件，它们缺一不可。

　　不过，在一些特殊领域中，对某些精英的价值评判有其复杂的一面。比如陈布雷作为一个独立的报人时，能够以满腔的正义感关注社会时事，揭露社会弊端，而一旦成了国民党的宣传家，其锐气便不复以前，思想也渐趋平淡；而伴随新华通讯社一起成长的陈克寒，其围绕和服从党派的政治利益来开展工作的作风一向都被夸赞，但是在做人上显然他并没有得到普遍的认可。他是合格的"齿轮"和"螺丝钉"，但是作为"人"却有许多欠缺。这种情况启示我们，在内心追求与职业要求之间往往会有冲突，如果把握不好定位，就会造成终生遗憾。陈布雷最终在内心的矛盾、痛苦与思索中选择了自杀，陈克寒在"文革"后遭遇同人一致的冷遇之后开始检讨自己性格上的弱点，都说明专业能力只是人综合素质的一个方面，只有在做人与做专业方面都取得了成功，才能真正体会到自我实现的愉悦。

　　总之，宁波帮在中国文化产业发展时程中具有重要地位，其产业家及行业精英们也给我们留下许多启迪和思考。张静庐曾经说过，应把账单与使命兼顾起来，不能关心了账单却忘记了使命。从商勿忘使命，从业要有专长，只有术业有专攻，经营有方略，才能在文化产业这面旗帜下找到自己的位置并且有所成就，这是宁波帮文化产业家与行业精英用实际行动告诉我们的人生至理。

参考文献

1. 胡惠林：《文化产业学》，高等教育出版社 2006 年版。

2. 欧阳友权：《文化产业通论》，湖南人民出版社 2006 年版。

3. 李向民、王晨、成乔明：《文化管理概论》，书海出版社、山西人民出版社 2006 年版。

4. 胡惠林、单世联：《文化产业学概论》，书海出版社、山西人民出版社 2006 年版。

5. 邵仁培：《文化产业经营通论》，四川大学出版社 2007 年版。

6. 宫承波、闫玉刚：《文化创意产业总论》，中国广播电视出版社 2008 年版。

7. 蔡尚伟、温洪泉：《文化产业导论》，复旦大学出版社 2006 年版。

8. 顾作义：《文化产业论》，广东经济出版社 2001 年版。

9. 刘吉发、陈怀平：《文化产业学导论》，首都经济贸易大学出版社 2010 年版。

10. 刘吉发、岳红记、陈怀平：《文化产业学》，经济管理出版社 2005 年版。

11. 李思屈、李涛：《文化产业概论》，浙江大学出版社 2007 年版。

12. 李向民：《中国文化产业史》，湖南文艺出版社 2006 年版。

13. 李向民：《中国美术经济史》，人民出版社 2013 年版。

14. 沈芸：《中国电影产业史》，中国电影出版社 2005 年版。

15. 刘思平：《张石川从影史》，中国电影出版社 2000 年版。

16. 詹幼鹏：《邵逸夫全传》，天津人民出版社 2009 年版。

17. 窦应泰：《邵逸夫家族传》，华夏出版社 2008 年版。

18. 郭学勤：《千面人生——袁牧之传》，浙江人民出版社 2005 年版。

19. 应大白：《应云卫》，重庆出版社 2007 年版。

20. 刘澍、马中兴：《风华绝代王丹凤画传》，中共党史出版社 2009 年版。

21. 陈鸣：《周信芳：海派京剧宗师》，上海教育出版社 1999 年版。

22. 沈鸿鑫等：《周信芳传》，河北教育出版社 1996 年版。

23. 沈鸿鑫：《梅兰芳周信芳和京剧世界》，格致出版社 2004 年版。

24. 王重光等：《马友友琴系故土》，宁波出版社 2007 年版。

25. 惊鸿、林煜：《不可复制的神话陈逸飞传奇》，中央编译出版社 2005 年版。

26. 杨长勋编著：《视觉人生：陈逸飞传》，上海书店出版社 2006 年版。

27. 岑其编著：《陈之佛》，西泠印社出版社 2007 年版。

28. 尚可、张曼华：《陈之佛》，东南大学出版社 2012 年版。

29. 徐虹：《潘天寿传》，中国美术学院出版社 1997 年版。

30. 卢炘：《大笔淋漓——潘天寿传》，杭州出版社中 2004 年版

31. 黄仁柯：《沙孟海兄弟风雨录》上海文艺出版社 2005 年版。

32. 司马烈人：《黄金荣秘传》，中国文史出版社 2004 年版。

33. 吴天成：《张啸林大传》，中国华侨出版社 2010 年版。

34. 曾宏燕：《上海巨商黄楚九》，人民文学出版社 2004 年版。

35. 秦绿枝：《海派商人黄楚九》，上海书店 1999 年版。

36. 张静庐：《在出版界二十年》，上海书店影印 1984 年版。

37. 林淇：《海上才子邵洵美传》，上海人民出版社 2002 年版。

38. 邵绡红：《我的爸爸邵洵美》，上海书店出版社 2005 年版。

39. 宁波市新四军历史研究会等编：《金臻庠与时事公报》（内部资料），2010 年版。

40. 俞信芳：《张寿镛先生传》，北京图书馆出版社 2003 年版。

41. 俞建伟、沈松平：《马衡传》，上海教育出版社 2007 年版。

42. 王泰栋编著：《陈布雷大传》，团结出版社 2006 年版。

43. 陈冠任：《蒋介石的秘书陈布雷》，中国青年出版社 2010 年版。

44. 陈布雷：《陈布雷回忆录》，东方出版社 2009 年版。

45. 完颜绍元：《王正廷传》，河北人民出版社1999年版。

46. 李建树：《应昌期传》，理艺出版社1999年版。

47. 李家驹：《商务印书馆与近代知识文化的传播》，商务印书馆2005年版。

48. 上海市出版工作者协会、编辑学会编：《上海出版人》，学林出版社2003年版。

49. 杨杨：《商务印书馆：民间出版业的兴衰》，上海教育出版社2000年版。

50. ［法］戴仁：《上海商务印书馆》，李桐实译，商务印书馆2000年版。

51. 冯春龙：《中国近代十大出版家》，广陵书社2006年版。

52. 郭学勤：《宁波帮与中国近现代电影业》，中国文史出版社出版时间2006年版。

53. 时影编著：《民国电影》，团结出版社2005年版。

54. 李多钰主编：《中国电影百年　1905—1976》，中国广播电视出版社2005年版。

55. 陆弘石：《中国电影史　1905—1949》，文化艺术出版社2005年版。

56. 李道新：《中国电影文化史》，北京大学出版社2005年版。

57. 李道新：《中国电影史研究专题》，北京大学出版社2006年版。

58. 宋路霞：《上海的豪门旧梦》，中国友谊出版公司2002年版。

59. 蒋中崎编著：《甬剧发展史述》，浙江文艺出版社1991年版。

60. 宁波市政协文史委编：《宁波帮研究》，中国文史出版社2004年版。

61. 周千军：《甬人风采》，宁波出版社2007年版。

62. 丁言伟等：《百年商旅》，广东经济出版社2001年版。

63. 金普森、孙善根主编：《宁波帮大辞典》宁波出版社2001年版。

64. 宁波市政协文史委编：《宁波帮研究》，中国文史出版社2004年版。

65. 政协宁波市委员会编：《宁波帮研讨会文集》，宁波出版社2004

年版。

66. 王永杰：《文化群星——近现代宁波籍文化精英》，中国文史出版社1998年版。

67. 宁波市政协文史资料委员会编：《群星灿烂——现当代宁波籍名人》（上中下），宁波出版社2003年版。

68. 宁波市文史资料研究委员会编：《宁波以文史资料》第1—22辑，其中第1—5辑、第9—16辑为内部发行，分别印刷于1983—1987年（第1—5辑每年一辑）、1991年（第9—11辑）、1992年（第12—13辑）、1992—1995年（第14—16辑每年一辑）；第6—8辑由浙江人民出版社分别出版于1987年（第6辑）、1989（第7辑）、1990年（第8辑）；第17—22辑由宁波出版社分别出版于1996年（第17辑）、1997年（第18、19辑）、2000—2002年（第20—22辑每年一辑）。

69. 各类志书：《上海出版志》《上海文化艺术志》《上海博物馆志》《上海体育志》《上海电影志》《上海图书馆志》《浙江电影志》等。

70. 中国期刊网及网上的相关文章，因数量巨大，恕不在此一一列举。

后　记

　　年过不惑方来宁波，对于这块土地十分陌生。在戴光中老师的引导下，我开始走近"宁波帮"，接触相关材料，并准备《宁波帮志·文化卷》的写作。宁波帮在电影、演艺、娱乐、报刊、图书、体育等方面做出的贡献，让我惊叹，也让我敬佩，由衷感受到宁波确是一块神奇的土地，它蕴藏了巨大的能量，让无数的豪杰精英在属于他们的时代开天辟地，创造奇迹。《宁波帮志·文化卷》出版后，一直希望能在已有材料的基础上再做进一步的扩展和挖掘，在不断的思考中，宁波帮与文化产业之间的连接点慢慢清晰起来，于是便有了本书的构思和写作。

　　文化产业理论及文化产业史对我来说是一个全新的知识领域，为了写作本书，曾经阅读过大量的资料，并在此前提下对宁波帮的相关材料做进一步的搜集和选择。在对材料斟别的过程中，既感觉到自身知识学养上的不足，也慨叹为中国现代文化产业的兴起与发展做出如此贡献的宁波帮，至今还少有这一视角上的整体关注。因此虽然力有不逮，但仍然勉力为之，意在让世人了解宁波帮在中国现代文化产业发展进程中的重要地位，并由此抛砖引玉，让更多的人关注这一研究领域。书中不当之处，敬请批评指正。

　　本书在写作过程中，参考了许多相关的研究资料，图书方面已尽力列入参考文献，期刊网上的相关论文因为数量巨大，只能从略，在此特作说明。对于家人、同事和朋友的热心帮助，一直心怀感激，而对于编辑宫京蕾女士的感谢更是难以言表，她为本书的巨大付出我会铭记在心。

2013 年 10 月 6 日完稿

2015 年 3 月 13 日改定